Aspekte junior

Mittelstufe Deutsch

Kursbuch C1
mit Audios zum Download

von
Ute Koithan
Helen Schmitz
Tanja Sieber
Ralf Sonntag

Filmseiten von Ralf-Peter Lösche
und den Aspekte-Autoren

Ernst Klett Sprachen

Stuttgart

Von: Ute Koithan, Helen Schmitz, Tanja Sieber, Ralf Sonntag
Filmseiten von Ralf-Peter Lösche und den Aspekte-Autoren

Redaktion: Cornelia Rademacher, Projektleitung: Felice Lembeck
Layout: Andrea Pfeifer
Zeichnungen: Daniela Kohl
Satz und Repro: Satzkasten, Stuttgart
Umschlaggestaltung: Studio Schübel, München (Foto Schmetterlingsraupe: Worraket – shutterstock.com, Foto Planierraupe: mihalec – shutterstock.com)

Verlag und Autoren danken Andy Bayer und Thomas Polland für die Begutachtung sowie allen Kolleginnen und Kollegen, die *Aspekte | junior* erprobt und mit wertvollen Anregungen zur Entwicklung des Lehrwerks beigetragen haben.

Aspekte	junior C1 – Materialien	
Kursbuch mit Audios zum Download	605258
Übungsbuch mit Audios zum Download	605259
Medienpaket (4 Audio-CDs und Video-DVD)	605261
Lehrerhandbuch	605260
Aspekte junior digital mit interaktiven Tafelbildern	605264

Symbole im Kursbuch	
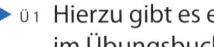 1.2	Hört Track 1–2.
▶ Ü 1	Hierzu gibt es eine Übung im gleichen Modul im Übungsbuch.
	Rechercheaufgabe
	Hierzu gibt es ein interaktives Tafelbild.

**Die Audios zum Kursbuch findet ihr als mp3-Download unter www.klett-sprachen.de/aspekte-junior/medienC1
Der Zugangscode lautet: aJpd35)**

In einigen Ländern ist es nicht erlaubt, in das Kursbuch hineinzuschreiben. Wir weisen darauf hin, dass die in den Arbeitsanweisungen formulierten Schreibaufforderungen immer auch im separaten Schulheft erledigt werden können.

Zu diesem Buch gibt es Audios, die mit der Klett-Augmented-App geladen und abgespielt werden können.

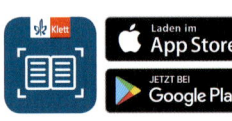  

| Klett-Augmented-App kostenlos downloaden und öffnen | Bilderkennung starten und **Seiten mit Audios** scannen | Audios laden, direkt nutzen oder speichern |

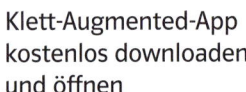 Scannt diese Seite für weitere Komponenten zu diesem Titel.

Apple und das Apple-Logo sind Marken der Apple Inc., die in den USA und weiteren Ländern eingetragen sind. App Store ist eine Dienstleistungsmarke der Apple Inc. | Google Play und das Google Play-Logo sind Marken der Google Inc.

1. Auflage 1 ⁴ ³ ² | 2022 21 20

© Ernst Klett Sprachen GmbH, Rotebühlstraße 77, 70178 Stuttgart, 2019
Alle Rechte vorbehalten.
www.klett-sprachen.de

Das Werk und seine Teile sind urheberrechtlich geschützt. Jede Nutzung in anderen als den gesetzlich zugelassenen Fällen bedarf der vorherigen schriftlichen Einwilligung des Verlags.

Druck und Bindung: Print Consult GmbH, München

ISBN 978-3-12-605258-0

Inhalt

Moment mal — 1

Auftakt	Geschichten oder Dialoge zu Situationen auf Bildern schreiben		8
Modul 1	**Zeitgefühl** Wichtige Aussagen zu einem Interview über das Thema „Zeitgefühl" zusammenfassen	**Grammatik:** Konnektoren *(andernfalls, folglich, außer wenn …)*	10
Modul 2	**Vereine heute** Aussagen über das Engagement in Vereinen verstehen und andere von der Mitgliedschaft in einem Verein überzeugen	**Strategie:** Gemeinsamkeiten in Äußerungen und Aussagen erkennen	12
Modul 3	**Zuletzt online …** Notizen zu einem Artikel über Handynutzung machen und sich über eigene Erfahrungen austauschen	**Grammatik:** Verben mit Präfix (trennbar und untrennbar)	14
Modul 4	**Unser Zuhause** Wichtige Informationen aus einem Text schriftlich zusammenfassen Über Probleme in Wohngemeinschaften diskutieren und gemeinsam Lösungen finden		16
Porträt	**Dinge des Alltags – Made in D-A-CH**		20
Grammatik	**Rückschau**		21
Film	**Dorf der Nachhaltigkeit**		22

Hast du Worte? — 2

Auftakt	Über Witze und Cartoons sprechen		24
Modul 1	**Immer erreichbar** Vor- und Nachteile moderner Medien aus einem Artikel herausarbeiten und Meinungen aus dem Artikel wiedergeben	**Grammatik:** Möglichkeiten der Redewiedergabe	26
Modul 2	**Gib Contra!** Strategien aus einem Interview zum Thema „Schlagfertigkeit" zusammenfassen und schlagfertige Antworten geben		28
Modul 3	**Sprachen lernen** Einen Fachtext über „Sprachen lernen und erwerben" kommentieren	**Grammatik:** Nominal- und Verbalstil	30
Modul 4	**Sag mal was!** Aussagen von Personen mit dialektalen Färbungen verstehen und über die Verwendung von Dialekten sprechen Einen Leserbrief zum Thema „Dialekt" schreiben	**Strategie:** Redemittel verwenden	32
Porträt	**LaBrassBanda**		36
Grammatik	**Rückschau**		37
Film	**Mit den Händen sprechen**		38

Inhalt

Schule und dann? — 3

Auftakt	Einen Selbstfindungstest für den passenden Beruf machen.		40
Modul 1	**Schule aus – und nun?** Einem Flyer Informationen zum Thema „Berufswahl" entnehmen und Tipps zu möglichen Angeboten geben	**Grammatik:** Subjekt- und Objektsätze	42
Modul 2	**Probieren geht über Studieren?** Über die Vor- und Nachteile von Studium und Ausbildung sprechen und Stichworte zu einem Studienberatungsgespräch notieren		44
Modul 3	**Multitasking** Einen Artikel zum Thema „Multitasking" zusammenfassen und darüber diskutieren	**Grammatik:** Weiterführende Nebensätze	46
Modul 4	**Erstmal ein Praktikum** Kurze Vorträge zum Thema „Praktikum" halten Einen Lebenslauf und ein Bewerbungsschreiben verfassen	**Strategie:** Das gehört in einen Lebenslauf	48
Porträt	**Bekannte Universitäten in D-A-CH**		52
Grammatik	**Rückschau**		53
Film	**Wie wird man … und was macht eigentlich …?**		54

Wirtschaftsgipfel — 4

Auftakt	Im Rahmen eines Spiels Wortschatz zum Thema „Wirtschaft" klären		56
Modul 1	**Vom Kohlenpott …** Einem Vortrag über die Entwicklung des Ruhrgebiets Informationen entnehmen und einen eigenen Vortrag halten	**Grammatik:** Nominalisierung und Verbalisierung von Temporalsätzen **Strategie:** Mit Notizen frei sprechen	58
Modul 2	**Mit gutem Gewissen?** Sich mit „Gewissensfragen" auseinandersetzen und eine Stellungnahme schreiben		60
Modul 3	**Die Welt ist ein Dorf** Einen Begriff definieren und zu Texten über die Vor- und Nachteile der Globalisierung Stellung nehmen	**Grammatik:** Nominalisierung und Verbalisierung von Kausal- und Modalsätzen	62
Modul 4	**Wer soll das bezahlen?** Das Konzept von Crowdfunding verstehen und eine Projektidee beschreiben Ein Gespräch über Crowdfunding-Projekte verstehen und eine eigene Projekt-Idee entwickeln		64
Porträt	**Junge Unternehmen**		68
Grammatik	**Rückschau**		69
Film	**Perfektes Timing – ein Crowdfunding-Video**		70

Ziele 5

Auftakt	Über Ziele und Wünsche sprechen und die eigenen Ziele in einem Blogeintrag formulieren		72
Modul 1	**Fairness im Netz** Notizen zu einem Interview über das Verhalten im Internet machen	**Grammatik:** Negative Konsekutivsätze mit *zu …, um zu / als dass*	74
Modul 2	**Null Bock auf Politik?** Einen Blogbeitrag zum Thema „Politisches Engagement" schreiben		76
Modul 3	**Ab morgen!** Einen Artikel über gute Vorsätze verstehen und Tipps zum Erreichen von Vorsätzen geben	**Grammatik:** Nominalisierung und Verbalisierung von Konzessiv- und Finalsätzen	78
Modul 4	**Ehrenamtlich** Einen Aufsatz über freiwilliges Engagement schreiben Kurze Berichte zusammenfassen	**Strategie:** Auf Textzusammenhänge achten	80
Porträt	**Hilfsorganisationen**		84
Grammatik	**Rückschau**		85
Film	**Lügendetektor der Zukunft**		86

Gesund und munter 6

Auftakt	Einen Gesundheitstest machen und über die Ergebnisse sprechen		88
Modul 1	**Zu Risiken und Nebenwirkungen …** Notizen zu einer Radiosendung über ein medizinisches Thema machen und über Heilmittel sprechen	**Grammatik:** Infinitivsätze in Gegenwart und Vergangenheit	90
Modul 2	**Fritten oder Früchte?** Einen Zeitungsartikel zu Ernährungsgewohnheiten verstehen und einen Kommentar schreiben		92
Modul 3	**Schmeckt's noch?** Informationen über Lebensmittelsicherheit und Schadstoffe in Lebensmitteln mit der Situation im eigenen Land vergleichen	**Grammatik:** Nominalisierung und Verbalisierung von Konditionalsätzen	94
Modul 4	**Alles nur Show?** Einen Kommentar zu einem Text über Castingshows schreiben Ein Handout für ein Referat analysieren und ein Referat halten	**Strategie:** Aktiv zuhören	96
Porträt	**Dr. Eckart von Hirschhausen**		100
Grammatik	**Rückschau**		101
Film	**Lernen, richtig zu essen**		102

5

Inhalt

Recht so! — 7

Auftakt	Über Gesetzesverstöße sprechen und eine Tat beschreiben		104
Modul 1	**Dumm gelaufen** Zeitungsmeldungen verstehen und über Vorgänge berichten	**Grammatik:** Besonderheiten des Passivs	106
Modul 2	**Jugendsünden?!** Grafiken Informationen entnehmen und den Inhalt einer Diskussion detailliert verstehen		108
Modul 3	**Da lacht Justitia …** Anhand eines Artikels über Vorschriften und Gesetze diskutieren, was man alles juristisch regeln kann	**Grammatik:** Modales Partizip	110
Modul 4	**Kriminell** Einen Artikel über Krimis zusammenfassen Verschiedene Vorschläge diskutieren und eine Entscheidung aushandeln	**Strategie:** Eine Zusammenfassung schreiben	112
Porträt	**Ursula Poznanski**		116
Grammatik	**Rückschau**		117
Film	**Computer vor Gericht**		118

Du bist, was du bist — 8

Auftakt	Über ein Lied sprechen und seine Lieblingsmenschen beschreiben		120
Modul 1	**Wusstet ihr schon …?** Ergebnisse von Experimenten aus der Alltagsforschung zusammenfassen	**Grammatik:** Subjektive Modalverben: Behauptungen ausdrücken	122
Modul 2	**Vom Glück** Einen Vortrag zum Thema „Glück" verstehen und einen Forumsbeitrag verfassen		124
Modul 3	**Was ist das Problem?** Eine Radiosendung zum Thema „Mobbing" verstehen und Vermutungen äußern	**Grammatik:** Subjektive Modalverben: Vermutungen ausdrücken	126
Modul 4	**Grenzen überwinden** Berichte über ungewöhnliche Erlebnisse und positive/negative Erfahrungen verstehen Einen Vortrag zu einem kontroversen Thema vorbereiten und halten	**Strategie:** Vorträge üben	128
Porträt	**Namika**		132
Grammatik	**Rückschau**		133
Film	**Intuition – das schlaue Gefühl**		134

Die schöne Welt der Künste   9

Auftakt	Über Bereiche der Kunst sprechen und Kunstschaffende vorstellen		136
Modul 1	**Kreativ** Ein Fazit aus Texten zu Methoden der Kreativität ziehen	**Grammatik:** Nominalisierung und Verbalisierung von Präpositionalergänzungen	138
Modul 2	**Film ab!** Filmbeschreibungen zusammenfassen und über eine Grafik zum Thema „Medien" schreiben		140
Modul 3	**Ein Leben für die Kunst** Einen Artikel über das Leben als Künstler kommentieren und Ratschläge geben	**Grammatik:** Konnektoren *(allerdings, mittlerweile, vielmehr …)* **Strategie:** Texte abwechslungsreich gestalten	142
Modul 4	**Leseratten** Einen autobiografischen Text verstehen und über Lesegewohnheiten sprechen Einen Text über das Thema „Bücher und Leseverhalten" schreiben und ein Buch vorstellen	**Strategie:** Informationen aus Texten und Grafiken wiedergeben	144
Porträt	Rund um Kunst in D-A-CH		148
Grammatik	Rückschau		149
Film	Der Schimmelreiter		150

Erinnerungen   10

Auftakt	Über Dinge, die einen an etwas erinnern, lesen und sprechen		152
Modul 1	**Erinnern und Vergessen** Informationen zu Texten über die Funktion des Gedächtnisses geben	**Grammatik:** Besonderheiten von Konditionalsätzen	154
Modul 2	**Falsche Erinnerungen** Einen Forumseintrag zu einer Radiosendung zum Thema „Falsche Erinnerungen" schreiben		156
Modul 3	**Kennen wir uns …?** Ein Gespräch verstehen und Fragen zu einem Artikel über Gesichtsblindheit stellen und beantworten	**Grammatik:** Modalitätsverben	158
Modul 4	**Vergangene Tage** Einen literarischen Text über Erinnerungen lesen und Vermutungen über die Beweggründe der Personen im Text äußern Einen Kurzvortrag halten	**Strategie:** Literarische Texte erschließen	160
Porträt	Katharina Hagena		164
Grammatik	Rückschau		165
Film	Es war einmal		166

Anhang:
Redemittel	168
Grammatik	183
Prüfungsvorbereitung	204
Auswertungen	205
Quellen	206

Moment mal

Ihr lernt

Modul 1 | Wichtige Aussagen zu einem Text über das Thema „Zeitgefühl" zusammenfassen

Modul 2 | Aussagen über das Engagement in Vereinen verstehen und andere von der Mitgliedschaft in einem Verein überzeugen

Modul 3 | Notizen zu einem Artikel über Handynutzung machen und sich über eigene Erfahrungen austauschen

Modul 4 | Wichtige Informationen aus einem Text schriftlich zusammenfassen

Modul 4 | Über Probleme in der Wohngemeinschaft diskutieren und gemeinsam Lösungen finden

Grammatik

Modul 1 | Konnektoren *(andernfalls, folglich, außer wenn …)*

Modul 3 | Verben mit Präfix (trennbar und untrennbar)

▶ ÜB Wortschatz

1a Seht die Bilder an – was ist hier seltsam?

b Arbeitet zu zweit. Wählt ein Bild aus und schreibt eine Geschichte oder einen Dialog dazu.

c Spielt oder lest die Geschichte / den Dialog in der Klasse vor.

Zeitgefühl

1a Wählt ein Wort und erklärt es in der Klasse.

> Zeitgeist zeitweise Zeitverschwendung Zeitdruck Zeitpunkt
> zeitraubend zeitaufwendig zeitgemäß Zeitunterschied
> zeitgleich Zeitraum zeitsparend zeitlos Zeitalter zeitig

▶ Ü 1

> **SPRACHE IM ALLTAG**
> Ausdrücke zum Thema „Zeit"
> Die Zeit rast.
> Mir läuft die Zeit davon.
> Die Zeit vergeht wie im Flug.
> Es ist höchste Zeit!
> Lass uns keine Zeit verlieren.

b Lest den Zeitungsartikel. Was wird zu den folgenden Themen gesagt? Notiert Stichpunkte.

A Zeit und Gedächtnis   B Zeit und Planung   C Zeit und Emotionen

Ewig lang – rasend schnell

Der Tag hat 24 Stunden und trotzdem vergehen manche Tage wie im Flug, andere Tage ziehen sich wie Kaugummi. Der Grund? Der Mensch hat ein subjektives Zeitempfinden, das von verschiedenen Faktoren beeinflusst wird.

Das Konzert gestern Abend war leider viel zu schnell vorbei. Zwei Stunden plus Zugaben und trotzdem hatte man das Gefühl, dass es doch gerade erst angefangen hatte. Schade. Heute dagegen ziehen sich die Minuten im Wartezimmer beim Zahnarzt quälend lang. Dabei sind erst zehn Minuten vergangen.

Zeitforscher erklären dieses Phänomen damit, dass wir die Zeit gar nicht wahrnehmen, es sei denn, wir achten aktiv auf sie. Denken wir einfach nur an das Beispiel beim Zahnarzt: In Situationen, die mit negativen Emotionen verbunden sind, ist das Zeitempfinden deutlich präsenter als in angenehmen Momenten. Folglich kommt uns die Zeitdauer in diesen Situationen besonders lang vor.

Wie wir die Zeit wahrnehmen, ist aber auch davon abhängig, ob wir Neues oder Bekanntes erleben: Die erste Fahrstunde zieht sich in unserer Erinnerung lange hin. Alles ist neu und aufregend. Wir können häufig noch Details davon berichten. Spätere Fahrstunden haben wir dagegen kaum noch in Erinnerung. Das liegt daran, dass die empfundene Zeitdauer länger ist, je mehr emotionale Erinnerungen das Gehirn abgespeichert hat.

Dies erklärt auch, warum der Mensch im Rückblick den Eindruck hat, dass die Zeit in der Kindheit und Jugend langsamer vergangen ist, als in späteren Jahren. Kinder erleben viele Ereignisse zum ersten Mal und somit nehmen sie diese sehr intensiv wahr, die Zeit dehnt sich. Auch für Jugendliche gibt es viele Dinge, die zum ersten Mal passieren: erste Liebe, erstes Auto, erste Arbeit. Erst, wenn sich im Alltag viele Routinen bilden, kommt es den Menschen vor, als würde die Zeit rasen. Kaum etwas passiert, was das Gedächtnis als neu oder bemerkenswert speichert. So vergeht die Zeit, ohne, dass wir sie beachten.

Aber noch ein weiterer Faktor spielt bei der Wahrnehmung von Zeit eine große Rolle: Der Mensch ist auf die Zukunft orientiert. Er plant seine Schritte und überlegt, was alles passieren könnte. Andernfalls kann er möglicherweise in unangenehme oder sogar gefährliche Situationen geraten.

Amerikanische Studien haben herausgefunden, dass uns die Vergangenheit weiter entfernt erscheint als die Zukunft. Demnach könnte es sein, dass die Natur uns mit dieser Wahrnehmung ausgestattet hat, um uns zu motivieren, rechtzeitig für die Zukunft zu handeln. Wir sollten Vorräte einkaufen, Sport für unsere Fitness treiben oder mit dem Lernen für eine Prüfung beginnen. Wir sollten also jetzt beginnen, sonst erreichen wir unsere Ziele nicht.

Wenn wir uns dann auch noch auf das freuen, was uns in der Zukunft erwartet, dann vergeht die Zeit noch schneller, wie Forscher der University of Alabama herausgefunden haben.

Modul 1

c Arbeitet zu zweit: Vergleicht eure Notizen aus 1b und formuliert anhand eurer Stichpunkte zu jedem Punkt eine passende Aussage. Vergleicht dann in Gruppen.

▶ Ü 2

d Wie sind eure Erfahrungen zu den Aussagen im Text? Tauscht euch in eurer Gruppe aus.

Ich glaube, das stimmt. In unangenehmen Situationen, werden aus Minuten Stunden, weil …
Ich weiß nicht. Es gibt auch Situationen, die ganz nett sind und trotzdem …

2a Aussagen zum Zeitempfinden. Ergänzt die Satzanfänge.

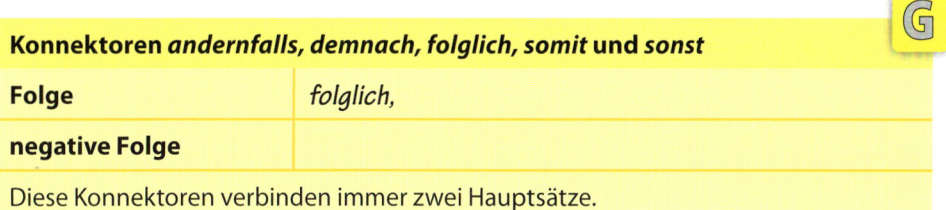

1. In unangenehmen Situationen nehmen wir die Zeit intensiv wahr, *folglich* ___.
2. Wir sollten unsere Zukunft rechtzeitig planen, *sonst* ___.
3. Für Kinder sind die meisten Erlebnisse neu, *somit* ___.
4. Unser Zeitempfinden ist stark an Emotionen gebunden, *demnach* ___.
5. Man sollte erst über die nächsten Schritte nachdenken und dann handeln, *andernfalls* ___.

b Welche Konnektoren in 2a drücken eine Folge aus, welche eine negative Folge? Ergänzt die Regel im Heft.

Konnektoren *andernfalls*, *demnach*, *folglich*, *somit* und *sonst*

Folge	*folglich*,
negative Folge	

Diese Konnektoren verbinden immer zwei Hauptsätze.

▶ Ü 3–4

c Konditionale Konnektoren. Achtet auf die Verben im Beispiel und ergänzt die Regel im Heft.

Die Zeit vergeht sehr schnell, … *es sei denn,* eine Situation ist unangenehm.
außer wenn eine Situation unangenehm ist.

Die Konnektoren *es sei denn* und *außer wenn*

Die Konnektoren *es sei denn* und *außer wenn* leiten eine Bedingung ein. Sie schränken die vorangehende Aussage ein. ___ leitet einen Nebensatz ein, ___ verbindet zwei Hauptsätze.

▶ Ü 5

 d Ergänzt die Satzanfänge.

1. Als Kind habe ich die Zeit als lang empfunden, außer wenn …
2. Komm pünktlich, andernfalls …
3. Du musst mal Pause machen, sonst …
4. In den Ferien bleibe ich zu Hause, es sei denn, …
5. Wir haben keine Zeit mehr, folglich …
6. Ich habe viel für den Test gelernt, somit …
7. Im Fernsehen gab es einen Bericht über Berufe in der Zukunft, demnach …

▶ Ü 6

3 Arbeitet zu dritt: Schreibt drei Satzanfänge mit Konnektoren wie in 2d. A liest den ersten Satzanfang vor, B ergänzt. Dann liest B seinen/ihren ersten Satzanfang vor und C ergänzt usw.

Vereine heute

1a Lest den kurzen Infotext und gebt den Inhalt in ein bis zwei Sätzen wieder.

„**Treffen sich drei Deutsche, gründen sie einen Verein.**" – Ganz so ist es natürlich nicht, aber Tatsache ist, dass es in Deutschland viele Vereine gibt und es werden immer mehr. Im Moment sind es ca. 600.000 Vereine – fünf Mal mehr als vor 40 Jahren. Und das, obwohl die Anzahl der Vereinsmitglieder abnimmt.

Die Vereine werben also eifrig um Mitglieder. Im Moment sind ca. 45 % der Deutschen Mitglied in einem Verein. Am beliebtesten sind Sportvereine. Hier hat man die Möglichkeit, zu relativ günstigen Preisen die unterschiedlichsten Sportarten zu praktizieren und Gleichgesinnte zu treffen.

b Was bedeutet das Gleiche? Ordnet zu.

1. Mitglied in einem Verein werden
2. der/die Vorsitzende eines Vereins sein
3. etwas bewirken
4. etwas ehrenamtlich machen
5. das Vereinsleben gestalten
6. der Vereinsgeist
7. die Vereinsmeierei

a eine Aufgabe übernehmen, ohne dafür Geld zu bekommen
b die Einstellung von Menschen, die im Verein sehr engagiert sind und fast kein anderes Thema kennen
c einen Verein leiten
d aktiv in einem Verein mitwirken
e das Zusammengehörigkeitsgefühl der Vereinsmitglieder
f etwas erreichen
g einem Verein beitreten

c Was macht ihr in eurer Freizeit? Gibt es bei euch Vereine oder ähnliche Organisationen? Sprecht in der Klasse.

2a Ihr hört gleich Aussagen von vier Personen zum Thema „Vereine". Entscheidet beim Hören, welche Aussage (A, B oder C) zu welcher Person (1–4) passt. Lest nun zunächst die Aussagen A, B und C.

Warum ist die Person im Verein?

A Die Person will Leute kennenlernen.
B Die Person will anderen helfen.
C Die Person will einen Ausgleich zum Alltag.

Modul 2

b Ihr hört die vier Personen gleich ein zweites Mal. Entscheidet beim Hören, welche der Aussagen A–F zu welcher Person passt. Zwei Aussagen bleiben übrig. Lest zunächst die Aussagen A–F.

STRATEGIE | Gemeinsamkeiten in Äußerungen und Aussagen erkennen

In der Prüfung passen nur Aussagen, die das Gesagte umschreiben. Achtet also auf Synonyme und ähnliche Formulierungen. Es ist nicht wichtig, welche Vermutungen ihr über die Personen habt; wichtig ist nur, was die Personen sagen.

A Ich hoffe, gemeinsam mit vielen anderen Menschen etwas zu verändern.
B Auslöser für meine Mitgliedschaft im Verein waren die günstigen Gebühren.
C Ich finde es positiv, dass ich durch meine Tätigkeit Kompetenzen z. B. auch für mein späteres Berufsleben erwerbe.
D Zum Glück kann ich mich hier auspowern, das ist gut für meine Nerven.
E Ich war schon als Kind von den Himmelskörpern fasziniert.
F Im Verein kann ich Vorträge halten.

c Tauscht euch über die Vereine aus. Welche würden euch interessieren, welche nicht? Begründet eure Meinung.

3 Überlegt euch in Gruppen einen Verein – es kann auch ein Fantasieverein sein. Stellt euren Verein vor und überzeugt die anderen in der Klasse von der Mitgliedschaft. Welcher Verein bekommt die meisten Mitglieder?

JEMANDEN ÜBERREDEN	ARGUMENTE ANFÜHREN
Ich würde vorschlagen, dass du …	Das Besondere daran ist, dass man …
Wie wäre es, wenn du mal …?	Beim/Im … kannst du viele interessante/lustige/… Dinge lernen/machen.
Du könntest doch einfach mal mitkommen?	
Spring doch einfach über deinen Schatten und komm mit!	Im Gegensatz zu anderen Organisationen kannst du hier …
Hättest du nicht mal Lust, …?	Wichtig für uns ist, dass …
	Für uns spricht …

Tauchen

Gemeinsam: Verein für Menschen mit und ohne Behinderung

Parkour

▶ Ü 1

Zuletzt online …

1 Wie oft habt ihr heute schon auf euer Handy geschaut? Wann ist es unhöflich, auf das Handy zu schauen? Wann legt ihr es weg? Wann ist es nützlich? Diskutiert in der Klasse.

2a Was ist das Gegenteil? Notiert.

1. achtsam sein 2. das Handy entsperren 3. klammheimlich 4. der Klickgarant 5. eine Runde zocken 6. überrannt werden	A das Handy sperren B stundenlang spielen C das erfolglose Internetangebot D nicht aufpassen E nicht beachtet werden F offensichtlich, nicht versteckt

b Lest den Artikel. Um welche Themen geht es? Notiert im Heft.

1. zu früher Handybesitz bei Jugendlichen
2. Bedeutung von Phasen des Nichtstuns
3. Hinweise auf Spielsucht
4. Studie zur Verbreitung und Nutzung von Computerspielen
5. Auswirkungen häufigen Spielens auf mobilen Endgeräten

Die Zeit-Raffer

Von Patrick Bauer

Kann es sein, dass Mobiltelefone ihre Besitzer klammheimlich spielsüchtig machen?

Computerspiele sind plötzlich überall. Selbst auf seriösen Nachrichtenseiten sind sie Klickgaranten. „Früher war das Computerspielen für wenige eine Pause vom Alltag, heute ist es für viele Teil des All-
5 tags geworden." So sagt es der Psychologe Florian Rehbein vom Kriminologischen Forschungsinstitut Niedersachsen, ein Experte für Computerspiel- und Internetsucht.

Fast die Hälfte der Deutschen über 14 Jahren zockt re-
10 gelmäßig, das sind 29 Millionen Menschen. 41 Prozent der Nutzer sind über 39 Jahre alt. Die mobilen Geräte haben das Computerspielen in die Mitte der Gesellschaft gebracht. Der langjährige Playstation-Chef Jack Tretton sagte: „In Zukunft wird es schwer sein, Menschen zu
15 finden, die noch nie ein Videospiel gespielt haben. Es wird bald so normal sein wie Fernsehgucken."

Mal dramatisch gefragt: Sind wir dabei, zu einer Gesellschaft der Spielsüchtigen zu werden?

Florian Rehbein ist keiner, der voreilig Alarm schlägt. Bis
20 er von einer Sucht spricht, müssen fünf von neun Kriterien erfüllt sein. Nur etwa ein Prozent der Gesamtbevölkerung, meistens junge Männer, sei demnach computerspielsüchtig, sagt er, halte sich also so viel in virtuellen Welten auf, dass Privat- und Berufsleben scheitern.

25 „Aber je mehr Menschen spielen, desto mehr werden es auch exzessiv tun", sagt Rehbein. „Durch die Handy-Games entstehen neue Vorstufen der Spielsucht. Wer mehrfach am Tag an ein Spiel denkt oder sich vielleicht schämt, es schon wieder zu spielen, und dafür auf die
30 Toilette geht, der ist im wissenschaftlichen Sinne nicht süchtig, aber es passiert etwas mit ihm."

„Wir wissen, dass sich manche Hirnareale durch übermäßiges Spielen verändern, wir wissen aber noch nichts über die Langzeitfolgen", sagt Rehbein. „Wir
35 befinden uns mitten in einem gesamtgesellschaftlichen Experiment mit offenem Ausgang."

Alexander Markowetz – langjähriger Juniorprofessor für Informatik an der Universität Bonn – sagt: „Wir wollen uns mit diesen kleinen Spielen ständig maximal zer-
40 streuen. Aber das zwischenzeitliche Nichtstun ist ja für etwas gut." In der Verhaltenstherapie unterscheidet man zwischen dem „doing mode" und dem „being mode" unseres Gehirns: Im „being mode" sind wir einfach nur da, „achtsam für unsere Umgebung, aber unbeschäf-
45 tigt", wie Markowetz sagt, „das sind Erholungsphasen, die wegbrechen. Sie denken, eine Runde Zocken in der S-Bahn entspannt Sie. Aber Ihr Gehirn wird dabei gestresst."

Mit einem Team aus Computerwissenschaftlern und
50 Psychologen erforschte Markowetz unsere Smartphone-Nutzung – und ihre Folgen. Der Anfang war eine App namens „Menthal", die aufzeichnet, wie oft und wofür das Handy benutzt wird. 150.000 Probanden haben „Menthal" freiwillig installiert. „Wir wurden über-
55 rannt", sagt Markowetz. „Das zeigt, dass die Leute über ihren Umgang mit diesen Geräten verunsichert sind."

Im Schnitt nutzen die Teilnehmer ihr Smartphone drei Stunden pro Tag, der bisherige Topwert beträgt neun Stunden – und 25 Minuten für Spiele. „Wir sollten endlich
60 aufhören, von Mobiltelefonen zu sprechen", sagt Markowetz, „denn telefoniert wird im Schnitt unter zehn Minuten am Tag. Das sind tragbare Onlinecomputer, die wir leider viel zu oft wie einen Glücksspielautomaten nutzen."

65 Was Markowetz aber vor allem nachdenklich gemacht hat: Im Schnitt entsperren die Probanden das Telefon 60

Modul 3

Mal am Tag. Zwölf Prozent sogar 96 Mal, das bedeutet: Alle zehn Minuten gucken sie auf ihr Handy. „Das müssen wir erforschen", sagt Alexander Markowetz: „Wozu führt eine solch reduzierte Aufmerksamkeit? Wie soll man sich dabei noch konzentrieren? Ich weiß nicht, ob es so etwas Extremes wie Handysucht gibt. Mich interessiert viel mehr die breite Masse, die diese Geräte bereits in einem zunehmend ungesunden Maß nutzt."

Die Zukunft der Smartphones muss Reduktion heißen. Wir brauchen gesellschaftliche Regeln für unsere Kommunikation, die verhindern, dass wir uns permanent unterbrechen. Und die Geräte müssen uns dabei unterstützen, sie auch mal liegen zu lassen. „Ein allererster Schritt", sagt Markowetz, „wäre eine App, die alle fünf Minuten daran erinnert, dass schon wieder fünf Minuten vergangen sind." Eine Art Stoppuhr, die das Spielcasinoprinzip von Las Vegas umkehren würde. Dort gibt es keine Uhren: damit man sich im Spiel verliert.

c Notiert zu den Aussagen Informationen und Beispiele aus dem Artikel.

1. Früher haben die Menschen ihre Tätigkeiten nicht so häufig unterbrochen wie heute.
2. Heute umgehen viele Menschen echte Ruhepausen.
3. Forscher haben ein Experiment mit einer App durchgeführt.
4. Wir sollten den Umgang mit unseren Handys überdenken.
5. Wir müssen dem Wunsch, ständig das Handy zu checken, öfter widerstehen.

1. im Durchschnitt alle 10 Minuten Handy entsperren → keine lange Konzentration möglich

d Arbeitet zu zweit und tauscht euch über eure Notizen aus 2c aus. Was war besonders interessant? ▶ Ü 1

3a Verben mit Präfix. Welche Verben sind immer trennbar, welche immer untrennbar? Sammelt Präfixe und Beispielverben an der Tafel.

b Lest die Beispielsätze und achtet auf die hervorgehobenen Verben. Schreibt die Verben mit Präfix in eine Tabelle.

1. Viele haben noch nicht **durchschaut**, wie oft sie online sind.
2. Ich habe eine Woche lang **durchgehalten** und mit meinem Handy nur telefoniert.
3. Ich bin dazu **übergegangen**, mein Handy öfters zu **überhören**.
4. Der häufige Blick auf das Handy **spiegelt** die Hektik unserer Zeit **wider**. Dieser Meinung haben nur wenige Leute **widersprochen**.
5. Viele fragen sich, wie das Problem der ständigen Erreichbarkeit zu **umgehen** ist.
6. Einige Nutzer haben inzwischen **umgedacht** und schalten ihre mobilen Geräte öfter aus.
7. Anfangs wurde der Einfluss der Geräte auf uns **unterschätzt**, und fast alle haben sich dem Zwang der ständigen Erreichbarkeit **untergeordnet**.

trennbar	untrennbar
	durchschauen

c Seht die Präfixe der Verben in der Tabelle an. Was fällt auf? Ergänzt die Regel.

Trennbare und untrennbare Verben

Die Präfixe ____, ____, ____, ____ und ____ können trennbar oder untrennbar sein. Die Betonung der Präfixe hilft: Präfix betont → Verb trennbar; Präfix nicht betont → Verb untrennbar

d Arbeitet zu zweit mit dem Wörterbuch. Sucht zu den Präfixen in 3b weitere Beispiele für trennbare und untrennbare Verben. Bildet je einen Satz.

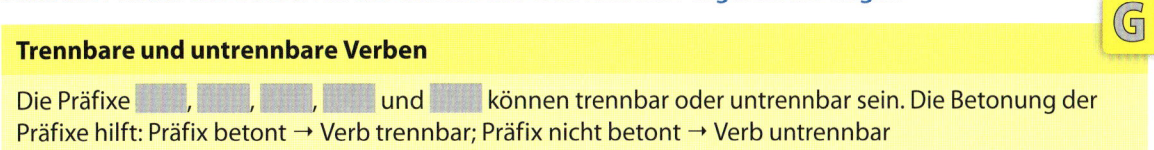

um- umwerfen   Er hat das Schild umgeworfen.   umfahren   Er umfährt den Baum.   ▶ Ü 2–4

Unser Zuhause

1a Wohnen bei den Eltern oder in einer eigenen Wohnung? Lest die Wörter und Ausdrücke und ordnet zu. Manche passen mehrfach.

abhängig sein   die Selbstständigkeit   sofort Hilfe bekommen   bequem sein
Bescheid sagen   den Haushalt organisieren   sich an Regeln halten   selbst bestimmen
Pflichten übernehmen   unabhängig sein   auf sich allein gestellt sein   Zeit sparen
Gesellschaft haben   die finanzielle Last tragen   sich weiterentwickeln   allein sein

eigene Wohnung	bei den Eltern wohnen
die Selbstständigkeit, …	…

b Junges Wohnen in Deutschland. Lest den Text und seht die Grafik an. Sammelt Informationen zu den drei Themen.

Wohnformen (Vor- und Nachteile) – Alter und Auszug – Gründe zum Ausziehen

Ich bin dann mal weg …
Von der Lust und Last, das Elternhaus zu verlassen.

Ob in der WG, zu zweit als Paar in der ersten eigenen Wohnung oder allein im neuen Appartement, es gibt viele Wohnformen, wie junge Menschen in Deutschland leben. Oder leben könnten. Denn viele wohnen
5 auch noch bei ihren Eltern, wenn sie über 25 Jahre alt sind.

Jugendliche ziehen aus den unterschiedlichsten Gründen aus den elterlichen vier Wänden aus. Oft ist es der Beginn einer Ausbildung oder ein Studienplatz in einer ande-
10 ren Stadt. Der Weg ist zu weit, um zwischen den Orten Tag für Tag zu pendeln. Viele freuen sich dann auf die neuen Freiheiten. Man kann seinen Tag selbst gestalten, muss sich an keine Zeiten halten oder lästige Pflichten übernehmen, wenn man im Moment gar keine Lust dazu
15 hat.

Auf der anderen Seite ist man nach dem Umzug aber auch auf sich allein gestellt, wenn es ums Kochen, Putzen oder Einkaufen geht. Man muss mit dem eigenen Geld auskommen und seinen Alltag alleine planen. Anderer-
20 seits macht für manche genau diese Selbständigkeit den besonderen Reiz aus. Sie suchen sich ganz bewusst ein eigenes Appartement, wo ihnen niemand Vorschriften macht. Dieses kleine Paradies muss man sich aber auch leisten können. Miete, Strom, Heizung und andere Ne-
25 benkosten, oder auch Möbel und weitere Anschaffungen für die Wohnung müssen erst einmal finanziert werden.

Für manche ist das Alleinsein eher eine abstoßende Vorstellung. Sie möchten ihr Leben mit Gleichaltrigen verbringen und die unangenehmen Seiten des Alltags
30 und Haushalts teilen. Sie suchen ein Zimmer in einer Wohngemeinschaft. Hier ist niemand allein, man hilft sich gegenseitig und es ist immer etwas los. Allerdings muss man dann auch in Kauf nehmen, dass man sich an die Regeln der Gemeinschaft zu halten hat und bei
35 Konflikten gemeinsame Lösungen finden muss. Ein echter Vorteil von WGs ist das gemeinsame Tragen der Kosten. Oft sind größere Wohnungen günstiger als kleine Appartements und viele Dinge müssen auch nur einmal angeschafft werden, wie Küchenmöbel oder eine
40 Waschmaschine.

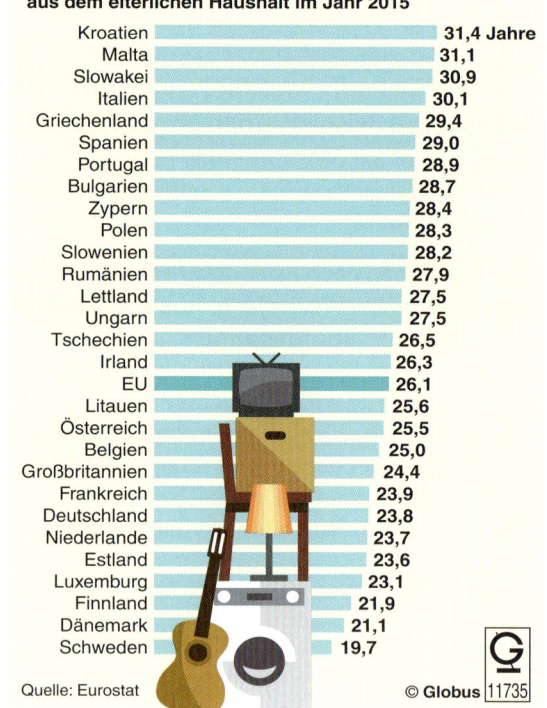

Aus dem Häuschen
Durchschnittsalter junger Menschen beim Auszug aus dem elterlichen Haushalt im Jahr 2015

Kroatien	31,4 Jahre
Malta	31,1
Slowakei	30,9
Italien	30,1
Griechenland	29,4
Spanien	29,0
Portugal	28,9
Bulgarien	28,7
Zypern	28,4
Polen	28,3
Slowenien	28,2
Rumänien	27,9
Lettland	27,5
Ungarn	27,5
Tschechien	26,5
Irland	26,3
EU	26,1
Litauen	25,6
Österreich	25,5
Belgien	25,0
Großbritannien	24,4
Frankreich	23,9
Deutschland	23,8
Niederlande	23,7
Estland	23,6
Luxemburg	23,1
Finnland	21,9
Dänemark	21,1
Schweden	19,7

Quelle: Eurostat © Globus 11735

| Fertigkeitstraining

Modul 4

Viele junge Erwachsene wohnen nach dem Schulabschluss weiter zu Hause, wenn sie am gleichen Ort oder in der Nähe studieren oder arbeiten. Manche verlassen das Elternhaus nicht, weil sie es sich finanziell nicht
45 leisten können. Besonders kleinere Wohnungen sind in Großstädten wie München, Frankfurt oder Stuttgart mit einem Gehalt von Auszubildenden nicht finanzierbar.
Andere leben einfach gerne mit ihren Eltern unter einem Dach und genießen es, dass zu Hause alles bequem or-
50 ganisiert ist. So haben sie auch mehr Freizeit für sich.

Welche Gründe auch immer die jungen Deutschen haben, zu Hause zu wohnen, generell verlassen die Frauen das Elternhaus früher als die Männer. Ziehen die Frauen bereits im Durchschnitt mit 22,9 Jahren aus, folgen die
55 Männer im Schnitt erst mit 24,4 Jahren.
Das Abnabeln von zu Hause findet oft erst dann statt, wenn ein Partner oder eine Partnerin gefunden wurde. Dann ziehen die meisten doch in die eigenen vier Wände. In die Selbständigkeit zu zweit und ohne Eltern direkt
60 nebenan.

c Vergleicht eure Notizen. Was trifft auch auf euer Land zu? Was ist anders? Sprecht zu zweit. ▶ Ü 1

2a Informationen zusammenfassen: Bearbeitet die Schritte zu zweit.

Schritt 1: Sagt in ein bis zwei Sätzen, was das Thema des Textes ist.
A In dem Text geht es um …

Schritt 2: Lest die Satzanfänge zu B bis D. Welche Informationen aus dem Text und der Grafik in 1b passen? Sprecht und notiert Stichworte.

B Jugendliche denken irgendwann darüber nach, ob sie zu Hause ausziehen sollten.
• In Deutschland wohnen …
• Die Grafik „Aus dem Häuschen" zeigt, dass junge Leute aus …
• Dagegen wohnen laut der Grafik …
• Am längsten/kürzesten bleiben …

C Warum Jugendliche von zu Hause ausziehen wollen, kann verschiedene Gründe haben.
• Zum einen kann eine Rolle spielen, dass …
• Zum anderen kann auch wichtig sein, dass …
• Ein dritter Aspekt / ein weiterer Grund kann sein, …

D Es gibt Vor- und Nachteile bei den unterschiedlichen Wohnformen junger Menschen.
• Wenn man alleine wohnt, ist es angenehm, dass … / Leider muss man auch in Kauf nehmen, dass …
• Jugendliche, die in einer WG wohnen, haben den Vorteil, dass sie … / Ein Nachteil ist, dass …
• Einerseits können junge Menschen, die noch bei den Eltern wohnen … / Andererseits müssen sie aber …
• Weitere Vorteile/Nachteile dieser Wohnform sind, dass …

Schritt 3: Was ist eure Meinung und eure Erfahrung zum Text und zum Thema? Ergänzt die Sätze in E.

E Beim Lesen fand ich besonders …, dass … / Ich persönlich denke, dass … / In meinem Land … /
Ich kenne junge Leute, die …

b Fasst jetzt den Text und die Grafik aus 1b schriftlich zusammen. Benutzt dafür die Sätze aus den Teilen A bis E in 2a und eure Notizen. Gebt dem Text am Ende eine Überschrift.

c Wie wohnt ihr? Wann würdet ihr von zu Hause ausziehen? Berichtet in Gruppen.

3a Recherchiert zu einem der folgenden Themen Grafiken und kurze Texte mit interessanten und wichtigen Informationen über deutsche Jugendliche.

Mediennutzung   Engagement im Verein   Zukunftspläne

b Sucht einen Partner / eine Partnerin mit dem gleichen Thema. Wählt zwei Materialien aus und fasst die Informationen wie in Aufgabe 2 zusammen.

Unser Zuhause

4a Leben in der Wohngemeinschaft. Welche Eigenschaften sollte ein neuer Mitbewohner / eine neue Mitbewohnerin haben? Sammelt in der Klasse.

b Was möchte man bei einem WG-Casting von den Bewerbern / Bewerberinnen erfahren? Sammelt Fragen.

▶ Ü 2

1.4

5a Hört den ersten Teil aus einem Radiobeitrag zum Thema „Leben in WGs". Lest die Fragen und notiert Informationen zu Jonas und Arne.

Was fragt Jonas Bahr?
Was und wo arbeitet Arne Wissmann?
Welche Aufgabe hat Arne?

b Welche Probleme könnten in WGs auftreten? Sprecht in Gruppen.

c Lest die WG-Regeln A–J und klärt unbekannte Wörter.

Regeln für das Zusammenleben in einer WG

A Gleich und gleich gesellt sich gern
B Gehen, wenn's noch schön ist
C Putzplan einhalten
D Nicht meckern, sondern anpacken
E Dein WG-Tag ist heilig

F Ehrlich bleiben
G Lerne teilen
H Meins ist nicht deins
I Pflege deine Freundschaften
J Partylöwe ja – Nervensäge nein

1.5

d Hört jetzt die Top Ten der WG-Regeln. Notiert die Regeln in der richtigen Reihenfolge und ergänzt Beispiele oder Vorschläge.

1 F: Bei Bewerbung Wahrheit erzählen

e Welche Regeln findet ihr am wichtigsten?
Welche Regel würdet ihr noch ergänzen?
Welche Regel findet ihr überflüssig?

6 Spielt zu dritt Casting-Gespräche. Verwendet eure Fragen aus 4b.

Fertigkeitstraining

Modul 4

7a Zoff in der Wohngemeinschaft. Lest die Rollenkarten. Welche Probleme gibt es in der WG?

Carina (22), Architekturstudentin: Sie hat das Zimmer mit dem kleinen Balkon. Sie jobbt in einem Büro und finanziert ihr Studium selbst. Jedes zweite Wochenende kommt ihr Freund Fritz zu Besuch. Dann gehen sie gerne lange aus und wollen ihren Spaß haben. Sie mag es gerne, wenn es in der WG sauber und ordentlich ist. Gestern hat sie wieder für Nele geputzt, heute ist aber schon wieder alles dreckig. Jetzt will sie endlich mal was sagen.

Timo (19), macht eine Ausbildung zum Mechatroniker: Er wohnt im kleinsten Zimmer. Er steht morgens meistens als Erster auf und fährt jedes Wochenende nach Hause. Von seinen Eltern bekommt er immer große Pakete mit Lebensmitteln, die er mit allen teilt. Er hört zwar gerne Musik, aber in der WG ist sie ihm in letzter Zeit oft zu laut. Überhaupt gehen ihm die vielen Gäste abends auf die Nerven. Kann denn keiner verstehen, dass er mal seine Ruhe haben will?

Konstantin (23), Hauptmieter der Wohnung: Er wohnt im schönsten und größten Zimmer. Seine Eltern finanzieren die Wohnung und das Architektur-Studium. Seine Freundin Sina ist Dauergast in der Wohnung, beteiligt sich im Gegensatz zu Konstantin aber weder am Putzplan noch an den gemeinsamen Kosten. Konstantin findet das okay, weil er ja auch am meisten zahlt und öfter gemeinsame Partys in der WG organisiert und finanziert.

Nele (22), studiert Maschinenbau: Haushalt interessiert sie weniger. Meistens ist sie in der Uni, isst in der Mensa und arbeitet als studentische Hilfskraft. Sie ist nicht so oft zu Hause und die nächsten zwei Monate macht sie ein Praktikum in einer anderen Stadt. Das Putzen hat Carina schon mehrfach für sie übernommen. Und ihre Katze macht auch Arbeit. Wenn sie zu Hause ist, entspannt sie gerne bei lauter Musik oder kocht mit ihren Freunden in der WG-Küche. Sie findet, die anderen könnten ruhig lockerer sein.

b Bereitet zu viert das WG-Gespräch vor. Wählt eine Rolle und sammelt Argumente, die ihr in der Diskussion anbringen möchtet.   ▶ Ü 3

c Spielt die Diskussion in der WG. Versucht, die Probleme gemeinsam zu lösen.

EIN PROBLEM ANSPRECHEN	WIDERSPRECHEN
Ich finde es nicht gut, wenn …	Es stimmt, dass … Trotzdem finde ich …
Es gefällt mir nicht, dass …	Aus meiner Sicht ist es aber wichtig, dass …
Ich habe ein Problem mit …	Ich sehe das anders: …
Es ist nicht fair / in Ordnung, wenn …	Ich kann verstehen, dass du/ihr …, aber ich …
Ich ärgere mich immer, wenn …	Das ist deine/eure Meinung. Ich bin der Ansicht, dass …
Es ist doch ungerecht, wenn …	Aus deiner Sicht ist das vielleicht richtig. Trotzdem …
EINE LÖSUNG VORSCHLAGEN	Ich sehe ein, dass … Dennoch …
Vielleicht könnten wir das Problem lösen, indem …	
Ich schlage vor, dass wir …	
Könnten wir uns darauf einigen, dass …?	
Wie wäre es, wenn …?	

d Welche Vereinbarungen habt ihr in „eurer" WG getroffen? Vergleicht mit den anderen „Wohngemeinschaften" in der Klasse.   ▶ Ü 4–6

Porträt
Dinge des Alltags – Made in DACH

Kaffeefilter

Mitte des 17. Jahrhunderts begann der Kaffee, Europa zu erobern. 1673 eröffnete in Bremen das erste Kaffeehaus Deutschlands. Die Methode, das Kaffeepulver mit brühendem Wasser aufzugießen oder die Wasser-Kaffee-Mischung zusammen aufzukochen, fand schon bald bei vielen Menschen großen Gefallen. Dennoch trübte der Kaffeesatz oft die Freude am Getränk. Eine findige Hausfrau in Dresden hatte 1908 die zündende Idee: Melitta Bentz erfand den Kaffeefilter. Ein Löschblatt ihres Sohnes, ein alter Messingtopf, der kurzerhand mit Nagel und Hammer perforiert wurde, und schon war der erste Melitta-Filter geboren.

Klettverschluss

Der Schweizer Ingenieur Georges de Mestral war viel mit seinen Hunden in der Natur unterwegs. Immer wieder kamen einige Früchte der Großen Klette mit dem Fell der Hunde in Kontakt und blieben darin hängen. Er legte die Früchte unter sein Mikroskop und entdeckte, dass sie winzige elastische Häkchen haben, die auch bei gewaltsamem Entfernen aus Haaren oder Kleidern nicht abbrechen. Die Beschaffenheit der Früchte gab ihm die Vorlage für einen neuen textilen Verschluss. 1951 meldete de Mestral seine Idee zum Patent an.

Schmerzmittel Aspirin

Schmerz, lass nach! Schon seit Urzeiten war bekannt, dass ein Sud aus Weidenrinde gegen Fieber und Schmerzen hilft. Dem deutschen Chemiker Felix Hoffmann gelang es 1897, den Wirkstoff der Weidenrinde künstlich herzustellen: die Acetylsalicylsäure, kurz ASS. Er nannte sein Schmerzmittel „Aspirin" und es wurde schnell zu einem der erfolgreichsten und meistverkauften Arzneimittel der Welt.

Strandkorb

Das Markenzeichen deutscher Strände ist der Strandkorb. Elfriede Maltzahn aus dem Ostseebad Kühlungsborn hatte 1882 die Idee, sich einen schützenden Korbstuhl für den Strand bauen zu lassen. Sie liebte den Strand, litt aber unter Rheuma. Mit ihrer Idee ging sie zum Rostocker Hof-Korbmacher Wilhelm Bartelmann, der für sie den Ur-Strandkorb aus Weide, spanischem Rohr und Markisenstoff baute. Nur ein Jahr später ging die Strandkorbproduktion in Serie und Wilhelm Bartelmann wurde der erste Strandkorbvermieter der Welt.

Schnuller

Der „Wonnesauger", mit dem sich Kinder so wunderbar ruhigstellen lassen, ist eigentlich eine alte Erfindung. Harte Sauger führten früher aber oft zu Missbildungen des Gaumens und zu Fehlstellungen der Zähne. Zwei deutsche Zahnmediziner, Dr. Adolf Müller und Professor Wilhelm Balters, machten sich daran, einen gaumenfreundlichen Schnuller zu entwickeln. 1949 gelang ihnen der Durchbruch: Sie hatten den zahn- und kiefergerechten Beruhigungssauger aus Gummi erfunden.

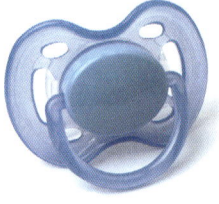

Nähmaschine

Von 1807 bis 1839 arbeitete der Kufsteiner Joseph Madersperger an der Herstellung und Verbesserung seiner Nähmaschine. Die Nadel wurde mit einer Spitze mit einem integrierten Nadelöhr ausgestattet. Vor allem erfand er aber eine Möglichkeit, mit der Maschine einen Doppelstich auszuführen. Leider gelang es ihm damals nicht, die Öffentlichkeit zu überzeugen, und er starb 1850 in einem Wiener Armenhaus.

www   Mehr Informationen zu „Dingen des Alltags".

Sammelt Informationen über Dinge des Alltags, die in Deutschland, Österreich oder der Schweiz erfunden wurden, und stellt sie in der Klasse vor.

Beispiele aus dem deutschsprachigen Bereich: MP3 – Homöopathie – Scanner – Airbag – Dübel – Bobby-Car – Currywurst – Würfelzucker – Fahrradkette

Grammatik-Rückschau

1 Konnektoren

Konnektor	leitet ein	Bedeutung	Beispiel
wenn, **falls***	Nebensatz	Bedingung	Ich achte nicht auf die Zeit, <u>wenn</u> ein spannender Krimi im Fernsehen läuft. Falls du (doch) Zeit hast, komm einfach vorbei.
außer wenn	Nebensatz	Bedingung, die die vorangehende Aussage einschränkt (= wenn … nicht)	Die Zeit vergeht schnell, <u>außer wenn</u> man jung ist.
es sei denn	Hauptsatz		Die Zeit vergeht schnell, <u>es sei denn</u>, man ist jung.
dann	Hauptsatz	meist positive Folge	Man muss die Zukunft planen, <u>dann</u> kann man Gefahren vermeiden.
folglich, demnach, somit, infolgedessen	Hauptsatz	Folge	Ein Kind erlebt täglich etwas Neues, <u>somit</u> empfindet es die Zeit sehr intensiv.
sonst, andernfalls	Hauptsatz	negative Folge	Der Mensch braucht Abwechslung im Leben, <u>sonst</u> wird ihm langweilig.

* *falls* ist weniger wahrscheinlich als *wenn*

2 Verben mit Präfix

trennbare Präfixe	untrennbare Präfixe	trennbare und untrennbare Präfixe
ab-, an-, auf-, aus-, ein-, heim-, her-, hin-, los-, mit-, nach-, vor-, weg-, zu-, zurück-	be-, emp-, ent-, er-, ge-, hinter-, miss-, ver-, zer-	durch-, über-, um-, unter- wider-, wieder-

Hilfe: Präfix betont → Verb trennbar
Präfix nicht betont → Verb untrennbar

Beispiele für trennbare und untrennbare Präfixe

Sie hat **durch** das Fenster **geschaut**.   Sie hat das Problem **durchschaut**.

Wie sind mit der Fähre nach Korsika **übergesetzt**.   Ich habe den Text **übersetzt**.

Wir hätten den Baum fast **umgefahren**.   Wir mussten den Stau **umfahren**.

Hast du dein Fahrrad **untergestellt**?   Er hat mir **unterstellt**, zu lügen!

Ich habe mir mein Handy **wiedergeholt**.   Ich habe alle Vokabeln **wiederholt**.

Die Sonne wurde vom Meer **widergespiegelt**.   Es hat niemand **widersprochen**.

Nachhaltig leben

1a Wie kann man im Alltag nachhaltig und ökologisch leben? Sammelt in der Klasse.

Weniger Müll produzieren, indem man … Regionale Lebensmittel …

b Welche Ideen aus 1a sind leicht umzusetzen, welche schwer? Diskutiert.

 2 Sieben Linden – Dorf der Nachhaltigkeit. Seht den Film ohne Ton. Notiert die Aktivitäten der Dorfbewohner.

3a Arbeitet in Gruppen und seht den Film noch einmal mit Ton. Jede Gruppe notiert die wichtigsten Informationen zu einem Thema und präsentiert sie anschließend.

A Fakten zu Sieben Linden

B Hausbau

C Gemeinschaft

b Was bedeuten die Wörter? Arbeitet in Gruppen. Jede/r wählt eines und erklärt.

ökonomisch   Bürgermeister   energieeffizient
Probezeit   Acker   dauerhaft   Verpflegung
laufende Unkosten   Küchendienst

sehen | nachdenken | diskutieren | spielen | … **1**

4a Warum entscheiden sich Menschen für ein Leben in einem Dorf wie Sieben Linden? Sammelt Gründe.

b Was kann gegen ein solches Leben sprechen? Diskutiert.

c Lest den Ausschnitt aus einem Interview mit dem Filmemacher Michael Würfel. Warum hat er sich für ein Leben in Sieben Linden entschieden und was findet er dort besonders gut?

Frage: Herr Würfel, Sie sind vor fünf Jahren ins Ökodorf Sieben Linden gezogen. Sie mussten einiges dafür tun: einen Gemeinschaftskurs absolvieren, eine Abstimmung der Bewohner gewinnen, ein Probejahr vor Ort leben und schließlich 12.000 Euro
5 für Genossenschaftsanteile zahlen. Warum wollten Sie unbedingt in die ökologisch-soziale Modellsiedlung?
Würfel: Ich war einfach genervt von der Stadt. In Hannover wohnte ich wegen meiner damaligen Freundin, obwohl ich nie dort leben wollte. Ich fand die ganze Werbung, den dichten Verkehr
10 unerträglich. Ich habe mich permanent genötigt gefühlt, dieses oder jenes cool zu finden und zu kaufen. Der Bewerbungsprozess in Sieben Linden war zwar langwierig, aber ich konnte in Ruhe prüfen, ob ich mit den Menschen dort auch leben will.
Frage: Was gefällt Ihnen in Sieben Linden?
15 **Würfel:** Ich fühle mich integriert. Die Mischung hier ist sehr bunt: von jungen hippen Menschen über Selbstversorger bis zu Eltern, die für ihre Kinder ein anderes Umfeld suchen. Ich zahle monatlich einen Betrag in die Essenskasse und kann mir in der Küche nehmen, was ich möchte. Ich habe aber auch ein Privatleben. Ob ich abends im Haupthaus mit den anderen esse oder mich mit einer Stulle in meinen Bauwagen zurückziehe, ist meine Sache.
20 **Frage:** Was könnte sich unsere Gesellschaft von Sieben Linden abgucken?
Würfel: Gemeinschaftlicher zu leben! In Sieben Linden sitzen längst nicht mehr die Einzigen, die sich für Nachhaltigkeit interessieren. Nur: In der großen Gesellschaft sucht jeder nach individuellen Lösungen. Nachhaltigkeit und Gemeinschaft gehen aber miteinander einher. Hier im Ort teilen wir Autos und Rasenmäher, kümmern uns zusammen um Gemüsebeete oder den
25 Hausbau. Nur weil jede Arbeit allen Bewohnern zugute kommt, haben wir eine gute Ökobilanz. Allein ist das kaum zu schaffen.

5 Wählt eine Aufgabe und bearbeitet sie.

A
1 Arbeitet in Gruppen und gestaltet einen Informations- und Werbeflyer für das Dorf.
2 Wählt in der Klasse den besten Flyer aus.

B
1 Auch in einer Gemeinschaft wie dem Dorf Sieben Linden können unter den Bewohnern Konflikte entstehen. Sammelt mögliche Konfliktsituationen.
2 Spielt die Situationen vor. Am Ende solltet ihr zu einem Kompromiss kommen.

Hast du Worte?

Was ist groß, grau und ruft gleich an?
Ein Telefant

A

C

B
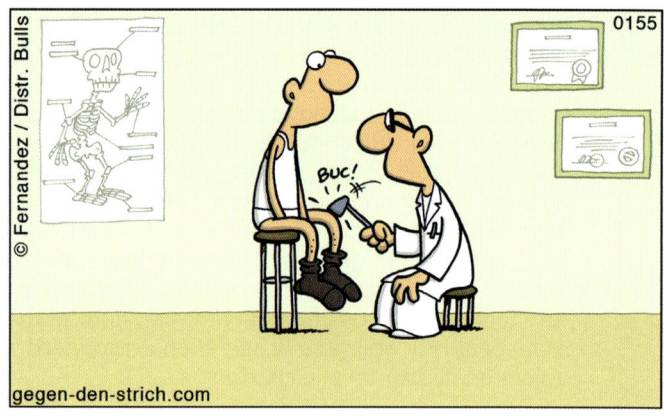

Ihr lernt

Modul 1 | Vor- und Nachteile moderner Medien aus einem Artikel herausarbeiten und Meinungen aus dem Artikel wiedergeben

Modul 2 | Strategien aus einem Interview zum Thema „Schlagfertigkeit" zusammenfassen und schlagfertige Antworten geben

Modul 3 | Einen Fachtext über „Sprachen lernen und erwerben" kommentieren

Modul 4 | Aussagen von Personen mit dialektalen Färbungen verstehen und über die Verwendung von Dialekten sprechen

Modul 4 | Einen Leserbrief zum Thema „Dialekt" schreiben

Grammatik

Modul 1 | Möglichkeiten der Redewiedergabe

Modul 3 | Nominal- und Verbalstil

▶ ÜB Wortschatz

1a Was ist witzig? Seht die Cartoons an. Worüber könnt ihr am meisten lachen? Vergebt Platz 1–3. Welcher Cartoon steht am häufigsten auf Platz 1?

b Was sind typische Witze in eurer Heimat? Welche Komiker und welche Themen sind sehr beliebt?

2 Arbeitet zu zweit. Jeder/Jede wählt und liest einen Witz. Erzählt euren Witz dann eurem Partner / eurer Partnerin.

Kommt ein Mann mit einem gefundenen Schimpansen an der Hand in ein Polizeirevier und will ihn abgeben. „Da sind Sie hier falsch", sagt der Polizist, „gehen Sie in den Zoo!" Am nächsten Tag sieht der Polizist den Mann wieder mit dem Affen an der Hand auf der Straße. „Ich sagte Ihnen doch, dass Sie mit dem Schimpansen in den Zoo gehen sollen!" Der Mann erwidert: „Im Zoo waren wir gestern, heute gehen wir ins Kino!"

Im Restaurant. Eine ältere Dame bittet den Kellner, die Klimaanlage schwächer zu stellen. Nach wenigen Minuten ist ihr warm und sie ruft erneut den Kellner: „Wenn Sie jetzt die Aircondition bitte wieder etwas höher stellen könnten." – „Aber gern." Kaum fünf Minuten später: „Mich fröstelt, drehen Sie bitte die Anlage wieder runter." Ein Gast am Nebentisch winkt den Kellner zu sich: „Macht Sie das ewige Hin und Her eigentlich nicht nervös?" – „Keineswegs, mein Herr. Wir haben überhaupt keine Klimaanlage."

 3 Recherchiert einen Witz, der euch gut gefällt. Übt zuerst zu zweit, erzählt den Witz dann in der Klasse.

Immer erreichbar

1 Seid ihr immer erreichbar? Wann seid ihr für wen erreichbar? Warum?

2a Arbeitet zu zweit. Lest jeweils zwei Textabschnitte und notiert die wichtigsten Informationen in Stichpunkten.

Müssen wir **immer** erreichbar sein?

Stress ist heute ein weit verbreitetes Phänomen. Dazu trägt auch die ständige Erreichbarkeit durch Handys und digitale Medien bei.

Eine Bestandsaufnahme von Tobias Böhmer

Das Privatleben stresst jeden Dritten zwischen 14 und 34 mehr als die Ausbildung, das Studium oder der Beruf. Das zeigt eine kürzlich durchgeführte Studie. Junge Menschen haben Angst, wichtige Neuigkeiten ihrer Freunde zu verpassen und glauben, jederzeit auf Nachrichten reagieren zu müssen. Dadurch fühlen sich drei von vier jungen Deutschen häufig müde und schlapp. Außerdem fällt es jungen Frauen noch schwerer, sich der ständigen Kommunikation mit Freunden und Bekannten zu entziehen. In ihrer Freizeit können sie sich aber besser als die Männer von ihrem Arbeitgeber abgrenzen. 37 Prozent der jungen Männer glauben, ständig für den Arbeitgeber erreichbar sein zu müssen. Da das Thema auch in der Redaktion alle beschäftigt, haben wir ein wenig herumgefragt.

Felix Miller, 18, Praktikant

Also, ich brauche Pausen zwischendurch. Diese ständigen Nachrichten von allen möglichen Leuten nerven. Meistens geht es ja sowieso nur um irgendwelche Banalitäten. Es gab Zeiten, da habe ich mehr als 100 Nachrichten pro Tag bekommen. Mittlerweile wissen die meisten Leute, dass ich nicht mehr auf jedes „Hallo" reagiere. Mich nervt es auch, wenn ich mit Freunden zusammen bin und die beantworten ständig irgendwelche Nachrichten, anstatt sich mal auf unser Gespräch zu konzentrieren. Das klingt jetzt wahrscheinlich ein bisschen spießig, aber ich finde, man kann das Handy ruhig mal zwischendrin ausschalten und sich so intensiv damit beschäftigen, was gerade um einen herum passiert.

Alexa Rüdiger, 29, Marketingexpertin

Ich finde es gut, dass ich zu jeder Zeit und an jedem Ort erreichbar bin. Dank der modernen Technologie kann ich flexibel leben und arbeiten. Durch das Internet und den dadurch ermöglichten Zugriff auf Daten und Informationen bin ich nicht an Orte und Zeiten gebunden und das empfinde ich auch als Freiheit. Große Projekte sind möglich, ohne dass man sich ständig treffen muss. Das spart Zeit und diese Zeit habe ich dann wieder für andere Dinge. Außerdem liebe ich meine Arbeit, deshalb bedeutet es für mich auch nicht Stress, wenn ich am Abend noch Mails beantworte oder ein wichtiges Gespräch führen muss.

Amelie Baumann, 21, Volontärin

Ich fühle mich nicht verpflichtet, immer und überall erreichbar zu sein. Aber trotzdem bin ich es meistens. Das ist doch heutzutage ganz normal. Allerdings empfinde ich es auch als unhöflich, wenn in der Uni ständig ein Handy brummt, während jemand ein Referat hält. In Situationen wie diesen, also Unterricht, Seminare, Vorlesungen oder ähnliches, muss man das Handy ausschalten. Selten ist eine Nachricht so wichtig, dass sie immer gleich sofort beantwortet werden muss. Außerdem weiß ja jeder, dass man sich besser konzentrieren kann. Man muss ja auch all die Informationen, die man in der Uni bekommt, verarbeiten. Das kann man nicht, wenn man ständig mit neuen und anderen Informationen bombardiert wird.

Modul 1

b Redewiedergabe in Zeitungen, Nachrichten und wissenschaftlichen Texten. Lest die Regeln und formuliert die Aussagen und Argumente aus euren Texten in 2a mithilfe der folgenden Möglichkeiten.

Möglichkeiten zur Redewiedergabe

Präpositionale Ausdrücke mit Dativ
laut	*Laut* einer Studie …
nach	*Nach* Alexa Rüdiger … / Alexa Rüdigers Meinung *nach* …
zufolge	Dem zweiten Text *zufolge* …

Nebensätze mit *wie*
Wie Felix Müller berichtet/erklärt/…, …
Wie im ersten/zweiten/… Textabschnitt beschrieben wird, …
Wie es im Text von … heißt, …

Konjunktiv I

Gegenwart	Infinitivstamm + Endung (*-e, -est, -e, -en, -et, -en*) Amelie Baumann sagt, sie **fühle** sich nicht verpflichtet, immer und überall erreichbar zu sein. Ausnahme *sein*: ich sei, du sei(e)st, er sei … Sie ist der Meinung, dass das heute ganz normal normal **sei**. Sind die Formen von Konjunktiv I und Indikativ identisch (1. Person Singular außer Modalverben, 1. und 3. Person Plural), verwendet man den Konjunktiv II (z. B. ich habe → ich hätte).
Vergangenheit	*sei/habe* + Partizip II Das **habe** eine kürzlich durchgeführte Studie **gezeigt**.

c Informiert jetzt euren Partner / eure Partnerin mithilfe eurer Sätze aus 2b über eure Textabschnitte. ▶ Ü 2–5

3 Immer erreichbar. Was denkt ihr? Diskutiert in Gruppen die folgenden Fragen.

1 Sind 50 bis 100 Nachrichten pro Tag normal?

2 Sollte man das Handy am Abend oder am Wochenende ausschalten?

3 Muss man immer sofort zurückrufen oder auf Nachrichten reagieren?

4 Braucht man Kommunikationspausen?

4a Lest die Meldung und gebt sie wieder. Verwendet dabei die Möglichkeiten der Redewiedergabe aus 2b. Was ist eure Meinung zum Thema?

Komme später!
Hat man sich früher verabredet, kam man normalerweise auch zur geplanten Zeit an den geplanten Ort. Und heute? Schnell eine Nachricht zu senden, dass man es leider doch nicht schafft oder sich um
5 eine Stunde verspätet, ist ganz normal. Man muss sich dann auch nicht der Enttäuschung des anderen stellen. Da die meisten Menschen ständig erreichbar sind, fallen Verabredungen heutzutage unverbindlicher aus. Selten gelingen Verabredungen auf
10 Anhieb, sondern meistens werden mehrere Anläufe benötigt. Zusagen bleiben oft vage, jeder hat schon mal ein „Ich melde mich" oder „Lass uns nochmal sprechen" gehört.

b Spielt Nachrichtensprecher/in. Recherchiert einen interessanten Artikel und gebt den Inhalt wieder. Verwendet die verschiedenen Möglichkeiten der Redewiedergabe.

Laut einem Bericht der Bundesregierung wird es im nächsten Jahr …

▶ Ü 6

Gib Contra!

1a Was bedeuten die Aussagen? Ordnet zu.

1. Jonas *nimmt den Mund aber ganz schön voll*. Er sollte vorsichtiger sein.
2. Jonas war so unverschämt. Fritz *war wirklich sprachlos*. Der Arme.
3. Levin ist wirklich *schlagfertig* und kann gut *Contra* geben.
4. Meinem Bruder darfst du kein Geheimnis anvertrauen. Der kann einfach nicht *den Mund halten*.

a Er erzählt alles, auch, wenn er etwas nicht erzählen soll.
b Er kann schnell auf eine Provokation reagieren und hat eine passende Antwort.
c Er ist ein Angeber. Damit macht man sich nicht nur Freunde.
d Ihm fiel nichts ein, was er hätte sagen können.

b Seht die Zeichnung an und lest die Sprechblasen. Welche Antwort findet ihr am schlagfertigsten?

▶ Ü 1

2a Ihr hört ein Interview zum Thema „Schlagfertigkeit trainieren". Kreuzt die richtige Antwort (a, b oder c) an. Ihr hört den Text zweimal.

1. Wer wird leichter Opfer von verbalen Angriffen?
   - a Jeder, der in der Schule attackiert wurde.
   - b Jeder, der negative Erfahrungen mit Spott gemacht hat.
   - c Jeder, der nicht schnell mit Worten reagieren kann.

2. Eine Studie stellt fest, dass …
   - a sich Kinder seltener verbal angreifen als Erwachsene.
   - b sich knapp ein Drittel der Befragten durch Äußerungen von anderen angegriffen fühlt.
   - c sich 9- bis 14-Jährige besonders oft attackieren.

3. Laut Dr. Traber finden die verbalen Attacken Erwachsener …
   - a im privaten Kontext statt.
   - b indirekter als bei Kindern statt.
   - c mit viel Publikum statt.

4. Dr. Traber zufolge ist ein häufiger Grund für verbale Attacken, dass …
   - a die eigene Überlegenheit gezeigt werden soll.
   - b ein anderer Angriff gekontert werden soll.
   - c eine Reaktion provoziert werden soll.

5. Das passiert laut Dr. Traber, wenn sich das Opfer nicht wehrt:
   - a Das Opfer wird auch von anderen angegriffen.
   - b Der Angreifer genießt den Erfolg und sucht sich ein neues Opfer.
   - c Der Angreifer startet immer wieder neue Attacken.

Modul 2

6. Wie reagieren Attackierte, wenn sie die „Strategie des Verwirrens" anwenden?
   - [a] Sie geben eine Antwort aus einem anderen Kontext.
   - [b] Sie stimmen dem Angreifer zu und erweitern die Aussage.
   - [c] Sie tun so, als sei das Gesagte egal, und antworten desinteressiert.

7. Beim Schlagfertigkeitstraining ist am wesentlichsten, …
   - [a] die Defensive zu verlassen.
   - [b] die Probleme in den Situationen zu lösen.
   - [c] schnell einen Schritt weiter zu kommen.

8. Im persönlichen Trainingsbuch sollten laut Dr. Traber …
   - [a] geeignete Strategien und Äußerungen stehen, die man ausprobiert hat.
   - [b] Misserfolge zum Lernen dokumentiert werden.
   - [c] Situationen notiert werden, in denen man sich gut fühlt.

9. Die Seminare werden für verschiedene Situationen angeboten, weil …
   - [a] Alltagssituationen für Jugendliche eine Herausforderung sind.
   - [b] die Jugendlichen verschiedene Angebote suchen.
   - [c] verschiedene Situationen unterschiedliche Reaktionen erfordern.

10. Im Seminar wird neben der Sprache trainiert, auf die Körperhaltung zu achten und …
    - [a] Angriffe abzuwehren.
    - [b] verbale Attacken zu vermeiden.
    - [c] zu entscheiden, wann eine verbale Reaktion sinnvoll ist.

b Welche Begriffe passen zu welcher Abwehrstrategie aus dem Interview? Hört den zweiten Abschnitt noch einmal und ordnet zu.

> dem Gegner das Gefühl geben, er hat etwas verpasst das Thema aufgreifen
> dem Gegner zustimmen den Gegner zwingen, einen Moment zu überlegen
> den Gegner schlecht dastehen lassen
> gelangweilt reagieren übertreiben gleichgültig tun
> mit einem anderen Thema reagieren das Thema für sich selbst nutzen

1. Überraschung	2. Ironisierung	3. Kontern

4. Verwirren	5. Ins Leere laufen lassen

▶ Ü 2

3 Welche Strategie würdet ihr in den Situationen nutzen? Überlegt, was ihr sagen könntet.

Ich darf doch vor, oder?

A

Ist der Platz noch frei? *Ja schon, aber mein Koffer ist so schwer.*

B

Kleiner Tipp unter Freundinnen. Das Kleid steht nicht jeder.

C

Sprachen lernen

1 Wann, wie, wo, wozu und mit wem lernen wir Sprachen? Erstellt eine Mindmap.

2a Lest den Artikel aus einer Fachzeitschrift. Welche Wege zur Sprache werden beschrieben?

A Wie wir uns eine Sprache aneignen, untersuchen unterschiedliche wissenschaftliche Disziplinen, z. B. die Linguistik, die Entwicklungspsychologie, die Didaktik und andere. Beobachtungen helfen der Forschung, den Spracherwerb und das Sprachenlernen zu beschreiben.

B Wenn wir uns bei Kindern ansehen, über welches sprachliche Repertoire sie in der Muttersprache verfügen, dann können wir bemerken: Sie erwerben auch Sprachregeln, die in ihrer Alltagsprache nur selten vorkommen.

C Kinder üben die Strukturen aber nur mit einer begrenzten Anzahl von Regeln. Es ist ein Bestandteil des Lernprozesses, wenn sie dabei von den Normen der Muttersprache abweichen.

D Beim Lernen von Fremdsprachen in der Schule korrigieren die Lehrer die Fehler.

E Kinder erwerben eine Sprache mit dem Ziel, soziale Kontakte aufzubauen, und nicht, um Informationen weiterzugeben. Daher nimmt man an, dass sich das Sprachvermögen auch in der Schule verbessert, wenn man die Anzahl der Sprachkontakte erhöht.

F Bei Erwachsenen kann man jedoch allgemein feststellen, dass sich ihre Fremdsprachenkenntnisse nicht allein durch Sprachkontakte verbessern.

Wege zur Sprache

Die Aneignung einer Sprache ist Forschungsgegenstand sowohl der Linguistik als auch der Entwicklungspsychologie, der Didaktik und anderer wissenschaftlicher Disziplinen. Beobachtungen sind eine Hilfe für die Forschung, den Spracherwerb und
5 das Sprachenlernen zu beschreiben:

Erwerb meint unbewusste und implizite Vorgänge in natürlicher Umgebung, etwa beim Einkaufen oder auf der Straße. Beispiel: Der Erwerb der Sprache bei Immigranten im Zielland. Lernen beschreibt bewusste und explizite Vorgänge mit einer klaren
10 Steuerung. Beispiel: Lernen mithilfe einer Lehrperson.

Bei Kindern ist das Repertoire in der Muttersprache bemerkenswert: Ihr Erwerb umfasst auch Sprachregeln, deren Vorkommen in ihrer Alltagssprache selten ist. Und das, obwohl das Üben von Strukturen nur mit einer begrenzten Anzahl von Regeln er-
15 folgt. Abweichungen von den Normen der Muttersprache sind dabei ein Bestandteil des Lernprozesses.

Selbst ohne Korrektur der Fehler durch die Eltern ist der Erwerb der Muttersprache durch die Kinder dennoch vollständig. Beim Lernen von Fremdsprachen in der Schule erfolgt die Kor-
20 rektur der Fehler durch die Lehrer. Trotzdem ist der Erwerb der neuen Sprache am Ende unvollständig. Es gibt viele Gründe für dieses Phänomen – wie der Umfang an Trainingszeit, Möglichkeiten des Sprachkontakts, Maß der Motivation oder das Lernziel.

Das Hauptziel von Kindern beim Spracherwerb liegt im Auf-
25 bau von sozialen Kontakten und weniger in der Weitergabe von Informationen. Es besteht daher die Annahme, dass eine Verbesserung des Sprachvermögens in der Fremdsprache auch in der Schule mit Erhöhung der Anzahl von Sprachkontakten z. B. durch Korrespondenz, Schüleraustausch oder Klassenfahrten ein-
30 tritt. Bei Erwachsenen gibt es jedoch die allgemeine Feststellung, dass eine Verbesserung der Fremdsprache im Gegensatz zu Kindern nicht unbedingt mit dem Sprachkontakt verbunden ist. Der Lebensmittelpunkt in Deutschland ist z. B. allein kein Garant für gute Sprachkenntnisse.

b Was wisst ihr jetzt über das Lernen bzw. den Erwerb von Sprache? Kommentiert drei Aussagen aus dem Artikel aufgrund eurer Erfahrungen schriftlich. Welchen stimmt ihr zu?

Modul 3

3a Vergleicht die Aussagen A und B im Grammatikkasten. Welche Aussage passt zum Verbalstil, welche zum Nominalstil? Sprecht zu zweit. Der Text und die Sprechblasen in 2a helfen.

A ▒▒ wird vor allem in erzählenden Texten und in der mündlichen Sprache verwendet. Verben und Nomen werden ungefähr gleich oft benutzt. Die Verben haben eine starke eigene Bedeutung. Texte in diesem Stil wirken lebendiger.

B ▒▒ wird vor allem in Fachtexten und in wissenschaftlichen Texten verwendet. Es werden besonders viele Nomen benutzt. Die Nomen tragen die Hauptbedeutung. Texte in diesem Stil sind eher abstrakt.

▶ Ü 1

b Arbeitet zu zweit. Lest die Regeln 1 bis 6 mit den Beispielen aus den Sprechblasen und dem Text in 2a. Schreibt dann die Nominalform zu a bis f.

1. Verbalform: Personalpronomen	→	Nominalform: Possessivartikel
Sie erwerben auch Sprachregeln, …		*ihr* Erwerb von Sprachregeln
a *Wir* trainieren Fremdsprachen in der Schule.		*unser* Training von Fremdsprachen

2. Verbalform: Adverb	→	Nominalform: Adjektiv vor Nomen
Bei Erwachsenen kann man jedoch *allgemein feststellen*, dass …		die *allgemeine* Feststellung
b Kinder *lernen schnell*.	→	

3. Verbalform: intransitive/reflexive Verben: Subjekt im Aktivsatz	→	Nominalform: Genitiv
Man nimmt an, dass sich *das Sprachvermögen* verbessert, wenn …		eine Verbesserung *des Sprachvermögens*
c *Sprache* entwickelt sich über Jahre.	→	

4. Verbalform: Präpositionalergänzung	→	Nominalform: Präpositionalattribut
…, wenn sie dabei *von den Normen der Muttersprache* abweichen.		die Abweichung *von den Normen der Muttersprache*
d Kinder spielen *mit der Sprache*. →		

5. Verbalform: Akkusativ-/Dativergänzung	→	Nominalform: Präpositionalattribut
Beobachtungen helfen *der Forschung*.		eine Hilfe *für die Forschung*
e Fremdsprachen nützen *den Menschen*. →		

6. Verbalform: transitive Verben: → Akkusativergänzung im Aktivsatz → Subjekt im Passivsatz → handelnde „Person"	→	Nominalform: Genitiv oft *durch* + „Person"
In der Schule korrigieren die Lehrer die Fehler.		die Korrektur *der Fehler durch die Lehrer*
f <u>Kinder</u> nehmen *eine Sprache* wahr. →		

▶ Ü 2–6

4 Welche Hinweise und Tipps zum Lernen von Sprachen findet ihr wichtig? Sammelt zu zweit und vergleicht in der Klasse.

Sag mal was!

1a Werden in eurem Land Dialekte gesprochen? Unterscheiden sich diese sehr von der Hochsprache? Sprechen viele Menschen diese Dialekte? Nimmt die Zahl der Dialektsprecher zu oder eher ab? Sprecht ihr oder jemand aus eurer Familie Dialekt?

▶ Ü 1

b Welche deutschen Dialekte kennt ihr? Wart ihr schon einmal in einer deutschsprachigen Region, in der ein Dialekt gesprochen wird? Wie gut habt ihr diesen Dialekt verstanden?

c Hört einige Dialektbeispiele. Wo werden diese Dialekte wohl gesprochen? Notiert den passenden Buchstaben zu den Zahlen auf der Karte.

1.9

1.10-16

d Was sagen die Personen zu ihrem Dialekt? Hört und notiert.

Person A: spricht Dialekt nur in der Familie

2a Lest den folgenden Text und die Aussagen 1–7. Notiert bei jeder Aussage
a) richtig
b) falsch
c) Der Text sagt nichts dazu.

SPRACHE IM ALLTAG

Ich liebe dich im Dialekt

Bairisch: *I mog di.*
Saarländisch: *Isch hann disch lieb.*
Platt: *Ick heff di leev.*
Kölsch: *Isch hann disch jään.*

Die neue Dialektik

Bis vor wenigen Jahren galt, wer Dialekt spricht, als ungebildet, als ein bisschen minderbemittelt. Wer etwas auf sich hielt, legte seinen Dialekt ab, lernte Hochdeutsch und vermied, den Dialekt auch
5 nur anklingen zu lassen. Seit einigen Jahren löst sich dieses Stigma langsam auf. In Niedersachsen bringen einige Schulen Kindern Platt bei. In Hamburg dürfen fortan Stadtteilschilder in dieser Sprache aufgestellt werden. In Bayern bilden The-
10 aterleute junge Schauspieler im Bairischen aus.

Der Dialekt vermehrt sich auch anderswo: im ernsthaften Theater, im Film, in der Musik, in der Werbung. Es gibt eine Renaissance der Dialekte.

15 Es gibt keine wissenschaftlichen Zahlen darüber, wie angesehen Dialekte zu welchen Zeiten waren und es heute sind. Alfred Lameli vom Forschungsinstitut für deutsche Sprache in Marburg sagt, dass zwar von Jahr zu Jahr weniger Menschen einen echten Dialekt spre-
20 chen, weil die Alten, die ihn noch beherrschen, sterben und weil es für die Jungen immer weniger Gelegenheiten gibt, ihn zu sprechen: Aus den Schulen, den Büros, den Ämtern wurde der Dialekt vertrieben. Allerdings scheint es so, als steige im gleichen Maße, wie die ur-
25 sprünglichen Dialektsprecher verschwinden, die Liebe der Nachkommen zu diesen Dialekten.

Vor ein paar Jahren ist es Lameli zum ersten Mal aufgefallen: Die Nachrichtensprecher im Privatradio sprechen kein Hochdeutsch, sondern eine Mischform aus
30 Dialekt und Hochdeutsch, Regiolekt nennt er das. Die

Fertigkeitstraining

Modul 4

Menschen sollen Vertrautes zu hören bekommen, das Radio will ihre Gefühle erreichen, nicht nur ihren Verstand. Dann fiel Lameli auf, dass auch die Moderatoren der Fernsehnachrichten kein perfektes Hochdeutsch mehr sprechen, nicht die der privaten Sender und auch nicht die des ZDF. Im Grunde genommen, sagt Lameli, gebe es das Hochdeutsch in seiner Reinform nur noch in der Tagesschau und in den Tagesthemen.

Lameli hat zwei seiner Studenten einen Versuch machen lassen. Sie spielten zwei Gruppen von Testpersonen verschiedene um die Stadt Kassel herum gesprochene Dialekte vor. In der ersten Gruppe waren Menschen zwischen 60 und 70 Jahren. Die zweite Gruppe bestand aus Schülern der neunten Klasse. Sie alle sollten die Himmelsrichtung angeben, von der sie glaubten, dass der jeweilige Dialekt, von Kassel aus betrachtet, gesprochen wird. Was Lameli und seine Studenten verblüfft hat: Die Jüngeren schnitten dabei besser ab als die Alten, obwohl doch früher mehr Dialekt gesprochen wurde. Die Jüngeren haben offenbar ein besseres Gehör, ein größeres Interesse für die Unterschiede.

Die Dialekte scheinen vom Internet zu profitieren: Es gibt Chats im Internet im Dialekt, Dialekt-Wörterbücher, und wer will, kann einen Plattkurs in 19 Lektionen herunterladen. Vor allem schreiben wir uns privat so viel wie nie, per E-Mail und per SMS, während vor nicht allzu langer Zeit noch eine Postkarte pro Jahr und Freund genügte. In ihren Mails und Nachrichten schreiben viele Dialekt, um den Unterschied zu den beruflichen Nachrichten zu betonen. Oft klingt das auch ein bisschen herzlicher.

Wenn der Dialekt gerade jetzt zurückkommt, dann hat das sicher mit der Globalisierung zu tun. Die Welt, in der wir leben, ist unüberschaubar groß geworden und arm an Unterschieden: Wir essen überall die gleichen Gerichte, trinken die gleichen Säfte. Der Mensch will sich aber unterscheiden und viele sehnen sich gleichzeitig nach einer kleineren Welt, in der sie sich zurechtfinden, die so etwas wie Heimat gibt.

1. Dialektsprechenden wurde früher Bildung und Intelligenz abgesprochen.
2. Da immer weniger Menschen Dialekt sprechen, gibt es auch kaum noch Interesse daran.
3. Radiosender versuchen, durch die Verwendung von regional gefärbter Sprache die Menschen auf einer emotionalen Ebene zu erreichen.
4. Im Fernsehen erreichen Sendungen, in denen nicht Hochdeutsch gesprochen wird, hohe Einschaltquoten.
5. Ein Experiment zeigt, dass ältere Menschen Dialekte besser den Regionen zuordnen können.
6. Die digitalen Medien tragen dazu bei, dass immer weniger Dialekt verwendet wird.
7. Durch Dialekt kann man sich von anderen abheben.

b **Was bedeuten die markierten Ausdrücke aus dem Text? Formuliert die Sätze um und vergleicht in der Klasse.**

| einen Vorteil haben | zu einem positiveren Ergebnis kommen | überraschen |
| hervorheben | der Intellekt | auf seinen guten Ruf achten |

1. Wer etwas auf sich hielt, legte seinen Dialekt ab. (Z. 3)
2. Man will ihre Gefühle erreichen, nicht nur ihren Verstand. (Z. 31–33)
3. Was Lameli und seine Studenten verblüfft hat: … (Z. 47–48)
4. Die Jüngeren schnitten dabei besser ab als die Alten. (Z. 48–49)
5. Die Dialekte scheinen vom Internet zu profitieren: … (Z. 52)
6. In E-Mails schreiben viele Dialekt, um den Unterschied zu beruflichen Nachrichten zu betonen. (Z. 64–69)   ▶ Ü 2

Sag mal was!

c Arbeitet zu dritt. Notiert auf Karten die wichtigen Informationen aus dem Text. Tauscht eure Karten mit einer anderen Gruppe. Sprecht dann über die Notizen auf den Karten. Welche Informationen findet ihr interessant? Welche eigenen Erfahrungen könnt ihr ergänzen?

3 Diskutiert mit eurem Partner / eurer Partnerin über die folgenden Aussagen. Erklärt, inwieweit ihr mit den Aussagen übereinstimmt oder sie ablehnt. Gebt dazu Gründe und Beispiele an. Geht auch auf die Argumente eures Partners / eurer Partnerin ein.

STRATEGIE — Redemittel verwenden
Notiert euch für jede Kategorie zwei Redemittel, die ihr in der Diskussion sicher verwendet und lernt sie auswendig. Verwendet sie auch in weiteren Diskussionen und nehmt jedes Mal neue Redemittel dazu.

> Dialekte sind Teil der Kultur und müssen erhalten werden!

> Zum besseren Verständnis sollten alle die Hochsprache sprechen!

> In Zeiten der Globalisierung sind Dialekte besonders wichtig!

> In Schule, Uni und Beruf haben Dialekte nichts zu suchen!

▶ Ü 3

EIGENE MEINUNG AUSDRÜCKEN	GRÜNDE/BEISPIELE ANFÜHREN
Meiner Auffassung nach …	Das hat folgende Gründe: …
Ich bin der festen Überzeugung, dass …	Das kann man beispielsweise an … sehen.
Ich bin der Meinung, dass …	Dazu möchte ich folgende Beispiele/Gründe anführen: …
Meines Erachtens ist das …	
Ich vertrete die Ansicht, dass …	Man kann das mit den folgenden Beispielen verdeutlichen: …
Für mich steht fest, dass …	Man muss hierbei berücksichtigen, dass …

EINER AUSSAGE ZUSTIMMEN	EINE AUSSAGE ABLEHNEN
Ich bin der gleichen Ansicht, da …	Dieser Aussage muss ich widersprechen, denn …
Dem kann ich zustimmen, weil …	Dagegen kann man einwenden, dass …
Dem kann ich mich nur anschließen.	Gegen diese Behauptung spricht, dass …
Für mich klingt einleuchtend/überzeugend, wie …	Dem kann ich nicht / nur bedingt / nur teilweise zustimmen, da …
Dieses Argument leuchtet mir ein und ich finde auch, dass …	Ich kann nicht nachvollziehen, wie/warum …
Da kann ich dir nur völlig recht geben, denn …	Das überzeugt mich nicht, weil …
Das ist auch meine Meinung, da …	Dazu habe ich eine andere Meinung, weil …
	Dieser Aussage würde ich entgegenhalten, dass …
	Dem könnte man entgegnen, dass …

Fertigkeitstraining

Modul 4

4a Lest die beiden Texte und entscheidet, auf welchen ihr eine Reaktion schreiben möchtet.

Karrierebremse *Dialekt*

Die Abiturientin Clara F. konnte ein sehr gutes Zeugnis vorweisen. Gleichzeitig kam sie durch ihre positive Ausstrahlung bei anderen Menschen gut an. Nach dem Abitur wollte sie unbedingt eine Ausbildung zur Bankkauffrau in der nächsten großen Stadt machen und bekam auf ihre Bewerbungen schnell auch Einladungen zum Vorstellungsgespräch. Dennoch bekam sie keinen Ausbildungsplatz. Begründung: Ihr starker Dialekt! Die Banken waren der Meinung, dass die Kunden irritiert und nicht positiv reagieren würden, wenn sie plötzlich von einer so stark Dialekt sprechenden jungen Frau beraten würden. Clara F. blieb nichts anderes übrig, als sich einen Ausbildungsplatz in ihrem kleinen Heimatort zu suchen.

Dialekt als Zweitsprache

Spricht ein Kind von klein auf Dialekt und Standardsprache, gilt das für die Hirnforschung als eine Variante der Mehrsprachigkeit und ist ein enormer Vorteil für die geistige Entwicklung von Kindern. Kinder, die mit einem Dialekt aufwachsen, haben in der Regel ein besseres Sprachgefühl und -verständnis. Außerdem lernen sie viel leichter Fremdsprachen, weil sie schon früh gelernt haben, mit einem umfangreicherem Wortschatz, unterschiedlichen grammatischen Strukturen und verschiedenen Aussprachen umzugehen. Auch die Rechtschreibung fällt Schülern, die Dialekt sprechen, nach Untersuchungen leichter: Sie machen 30 Prozent weniger Rechtschreibfehler.

b In welcher Reihenfolge sollten die folgenden Punkte in eurer Reaktion vorkommen?

A kurze Zusammenfassung, eventuell Ausblick/Forderung für die Zukunft
B Bezug zum Artikel: Warum schreibt ihr? Warum ist das Thema für euch wichtig?
C Darstellung der eigenen Meinung, Argumente, Beispiele

c Notiert in Stichworten, was ihr zu den Teilen A–C schreiben möchtet.

d Notiert geeignete Redemittel zu den Punkten in 4b.

e Formuliert eure Texte und kontrolliert.

- Habt ihr verschiedene Konnektoren verwendet?
- Wurden auch schwierigere grammatische Strukturen verwendet (Nebensätze, Passiv, …)?
- Habt ihr Wortwiederholungen vermieden (Verwendung von Synonymen, Umschreibungen, …)?
- Ist der Wortschatz differenziert genug (Nomen-Verb-Verbindungen, …)?

Markiert, wo es Verbesserungsmöglichkeiten gibt, und schreibt euren Text noch einmal.   ▶ Ü 4

Porträt
LaBrassBanda
Moderne Blasmusik aus Bayern

LaBrassBanda ist eine bayerische Band, deren moderne Blasmusik die Menschen einfach mitreißt. Die Musik der Band vom Chiemsee zählt zum Genre der „Neuen Volksmusik" und verbindet Blasmusik mit Reggae, Ska und anderen Musikstilen. Die Band selbst nennt ihre Musik auch ironisch „Bayerischen Gypsy Brass", „Funk Brass" oder „Alpen Jazz Techno".

LaBrassBanda bei einem Konzert während ihrer „Around the World"-Tour

2007 wurde LaBrassBanda um Leadsänger und Trompeter Stefan Dettl gegründet. Dettl selbst wurde bei einem Aufenthalt in New York zu dieser in Deutschland neuen Musikart inspiriert, als er dort Konzerte von Bands besuchte, die Blasmusik mit Funk und Jazz verbanden. Kennengelernt haben sich die Vollblutmusiker von LaBrassBanda am Musikkonservatorium in München. 2009 spielten sie auf Einladung des Goethe-Instituts mehrere Konzerte in Russland und traten auch bei Festivals in Simbabwe und Dänemark auf. Im gleichen Jahr entstanden zwei Filme über die mittlerweile sehr bekannte Band: ein Konzertfilm des Regisseurs Marcus H. Rosenmüller und ein Dokumentarfilm. Seitdem spielten sie mehrere hundert Konzerte und waren Gast auf zahlreichen nationalen und internationalen Festivals. 2011 spielten sie in der Münchner Olympiahalle vor 12.000 Leuten. Dieses Konzert wurde aufgezeichnet und 2012 als Livealbum veröffentlicht. Das Album „Kiah Royal" hat die Band 2014 in einem Kuhstall aufgenommen. 2017 erschien ihr Album „Around the World", mit dem sie wortwörtlich um die Welt tourten: Von Vietnam, Hongkong und Tokio über Australien, Neuseeland, Amerika nach Brasilien. Die Bandmitglieder verfolgen neben LaBrassBanda auch zahlreiche andere Projekte.

Die Band tritt immer in Lederhosen und barfuß auf – sowohl in großen Hallen als auch bei kleinen Clubkonzerten. Ihre Blasinstrumente spielen sie mit atemberaubender Geschwindigkeit, in einem Rhythmus, zu dem man sich einfach bewegen muss. Obwohl sie ausschließlich auf Bayerisch singen, gehören sie heute zu den populärsten Bands Deutschlands. In einem Interview mit der Münchner Abendzeitung sagte Sänger Stefan Dettl einmal: „Bayerisch, das bin einfach ich. Wenn ich Ansagen auf Hochdeutsch machen muss, bin ich unglaublich nervös und hab ein ganz schlechtes Körpergefühl. Sobald ich aber auf der Bühne so sein kann, wie ich eben bin, dann fließt es einfach aus mir heraus. Außerhalb von Bayern versteht man die Texte vielleicht nicht ganz, aber man versteht die Stimmfarbe oder die Gestik des Musikers. Das funktioniert in Karlsruhe genauso wie in Simbabwe." Zu den bekanntesten Liedern von LaBrassBanda gehören „Autobahn" und „Nackert".

www Mehr Informationen zu LaBrassBanda.

Sammelt Informationen über Persönlichkeiten aus dem In- und Ausland, die für das Thema „Kommunikation" interessant sind, und stellt sie in der Klasse vor.

Beispiele aus dem deutschsprachigen Bereich: Ina Müller – Yared Dibaba – Stefan Eicher – Gölä – Badesalz – Hubert von Goisern – Patent Ochsner – Wolfgang Niedecken und BAP – Marcus H. Rosenmüller – Hazel Brugger – Fee Badenius

Grammatik-Rückschau

1 Möglichkeiten der Redewiedergabe

Präpositionale Ausdrücke mit Dativ

vorangestellt	nachgestellt	
laut		Laut einer Studie …
nach	nach	Nach Alexa Rüdiger … Ihrer Meinung nach …
	zufolge	Dem zweiten Textabschnitt zufolge …

Nebensätze mit *wie*

Wie Alexa Rüdiger berichtet, kann sie dank der modernen Technologien flexibel arbeiten.
Wie im letzten Textabschnitt beschrieben wird, schalten auch in der Universität viele Leute ihr Handy nicht aus.

Konjunktiv I
Gegenwart: Infinitivstamm + Endung

ich	sei	habe → hätte	könne	sehe → sähe / würde sehen
du*	sei(e)st	habest	könnest	sehest
er/es/sie	sei	habe	könne	sehe
wir	seien	haben → hätten	können → könnten	sehen → sähen / würden sehen
ihr*	sei(e)t	habet	könnet	sehet
sie/Sie	seien	haben → hätten	können → könnten	sehen → sähen / würden sehen

* Die Formen in der 2. Person sind sehr ungebräuchlich. Hier wird meist der Konjunktiv II verwendet.

Sind die Formen von Konjunktiv I und Indikativ identisch, verwendet man den Konjunktiv II.

Vergangenheit: Konjunktiv I von *haben/sein* + Partizip II: *sie habe erkannt / sie sei gewesen*

2 Nominal- und Verbalstil

Verbalform (gesprochene Sprache, erzählende Texte)	**Nominalform** (Fachtexte, wissenschaftliche Texte)
1. Personalpronomen	**Possessivartikel**
Sie *erwerben* auch Sprachregeln, …	***ihr*** *Erwerb* von Sprachregeln
2. Adverb	**Adjektiv vor Nomen**
Bei Erwachsenen kann man jedoch **allgemein** *feststellen*, dass …	die **allgemeine** *Feststellung*
3. intransitive/reflexive Verben: Subjekt im Aktivsatz	**Genitiv**
Man nimmt an, dass sich **das Sprachvermögen** *verbessert*, wenn …	eine *Verbesserung* **des Sprachvermögens**
4. Präpositionalergänzung	**Präpositionalattribut**
…, wenn sie dabei **von den Normen der Muttersprache** *abweichen*.	die *Abweichung* **von den Normen der Muttersprache**
5. Akkusativ-/Dativergänzung	**Präpositionalattribut**
Beobachtungen *helfen* **der Forschung**.	eine *Hilfe* **für die Forschung**
6. transitive Verben: → Akkusativergänzung im Aktivsatz → Subjekt im Passivsatz → handelnde „Person"	**Genitiv** oft *durch* + „Person"
In der Schule *korrigieren* <u>die Lehrer</u> **die Fehler**.	die *Korrektur* **der Fehler** <u>durch die Lehrer</u>

Mit den Händen sprechen

1a Lest die Aussage. Welche Sprache könnte gemeint sein? Für wen ist diese Sprache wichtig?

... mit den Augen hören und mit den Händen sprechen ...

b Was ist ein Gebärdendolmetscher? In welchen Situationen braucht man ihn?

2a Welche Wörter passen zusammen? Bildet Paare.

> gehörlos die Gebärdensprache die Kommunikation die Mimik dolmetschen die Verständigung
> die Gestik übersetzen das Einfühlungsvermögen die Lautsprache schwerhörig die Sensibilität

 b Seht den Film. In welchen Situationen seht ihr Uwe Schönfeld bei der Arbeit?

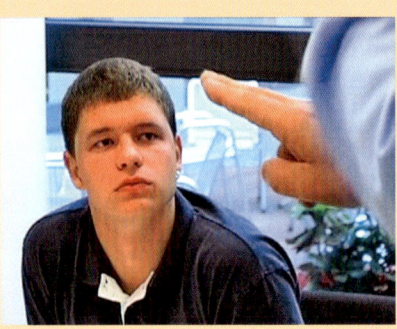

 3 Seht die erste Filmsequenz und beantwortet die Fragen.

1. Wie beschreibt Herr Schönfeld seine Arbeit?
2. Welche Aspekte sind laut Herrn Schönfeld wichtig bei der Übersetzung in Gebärdensprache?

sehen | nachdenken | diskutieren | spielen | ...

4a Seht die zweite Filmsequenz. Wann und wo hat Herr Schönfeld die Gebärdensprache gelernt? Wie beschreibt er seine Rolle den Eltern gegenüber?

b Was ist das Besondere an der Beziehung zwischen Herrn Schönfeld und seiner Partnerin? Welche Probleme haben beide befürchtet?

5a Was denkt ihr: Was ist für Gehörlose im Alltag besonders schwierig? In welchen Situationen könnte ein fehlendes Gehör problematisch sein?

Durchsagen am Bahnhof ...

b Seht die Fotos an. Wie helfen diese Gegenstände Gehörlosen in ihrem Alltag? Vermutet.

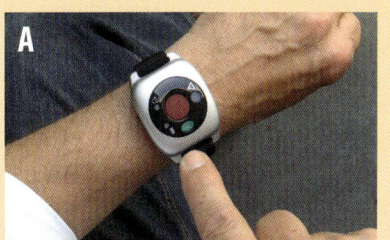  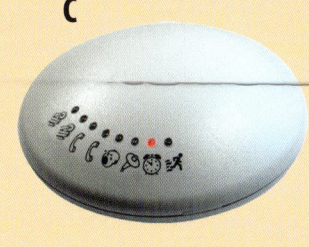

A   B   C

c Lest die Texte. Waren eure Vermutungen in 5b richtig?

1 Wenn es an der Tür klingelt, wird Gehörlosen dies durch ein Lichtsignal gemeldet. Auch auf eingehende Anrufe werden sie so aufmerksam gemacht.

2 Alle akustischen Ereignisse, z. B. Telefon- und Türklingeln, das Weinen eines Babys usw. wird als Vibration auf das Armband übertragen. An der Art der Vibration kann man erkennen, welches Geräusch signalisiert wird.

3 Das Rüttelkissen wird mit dem Wecker verbunden und unter das Kopfkissen gelegt. Zum eingestellten Zeitpunkt vibriert es und weckt so den gehörlosen Menschen auf.

6 Wie wäre es mit einem kleinen Gebärdensprachkurs?

Recherchiert einige einfache Gebärden für die Alltagskommunikation (z. B. Ja/Nein sagen, sich begrüßen/verabschieden, sich nach dem Befinden erkundigen, um etwas bitten, sich bedanken ...). Versucht dann in der Klasse, mit diesen Gebärden zu kommunizieren.

Schule und dann?

Selbstfindungstest: Welcher Beruf passt zu dir?

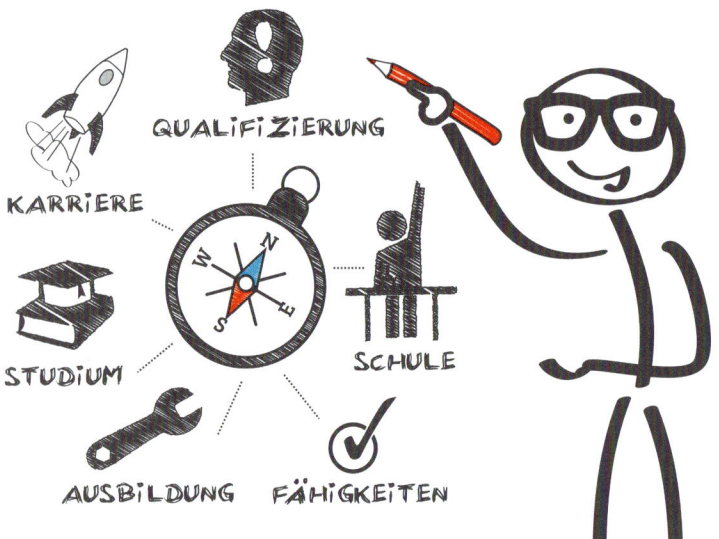

4 Meine Lieblingsfächer in der Schule sind Physik oder Chemie.

5 Ich kümmere mich gern um andere Menschen.

6 Ich finde es interessant, wie Firmen Gewinne machen können, aber bei falschen Entscheidungen auch Verluste einfahren.

7 Ich schreibe selbst Computerprogramme und helfe Leuten bei Computerproblemen.

8 Bei der Durchführung von Projekten plane und organisiere ich gern. Ich mag es, im Team zu arbeiten.

1 Ich male, gestalte und fotografiere gern. Auf Partys und Feiern mache ich gern Fotos, bearbeite sie und schicke sie meinen Freunden.

2 Ich verstehe sehr schnell, wie man neue technische Geräte bedient und einsetzt.

3 Ich bin gerne kreativ. Ich liebe es, Texte zu gestalten, z. B. für Einladungen oder für meine eigene Webseite.

9 Ich richte mein Zimmer gern gemütlich ein und gestalte es farblich passend.

10 Für mich sind Natur und Umwelt wichtig. Deshalb interessiere ich mich für die Entwicklung umweltfreundlicher Technik, z. B. von Elektroautos.

11 Wenn ich etwas kaufen möchte, vergleiche ich Angebote und suche nach den günstigsten Preisen.

Ihr lernt
Modul 1 | Einem Flyer Informationen zum Thema „Berufswahl" entnehmen und Tipps zu möglichen Angeboten geben
Modul 2 | Über die Vor- und Nachteile von Studium und Berufsausbildung sprechen und Stichworte zu einem Studienberatungsgespräch notieren
Modul 3 | Einen Artikel zum Thema „Multitasking" zusammenfassen und darüber diskutieren
Modul 4 | Kurze Vorträge zum Thema „Praktikum" halten
Modul 4 | Einen Lebenslauf und ein Bewerbungsschreiben verfassen

Grammatik
Modul 1 | Subjekt- und Objektsätze
Modul 3 | Weiterführende Nebensätze

▶ ÜB Wortschatz

12 Ich sammle gerne Geld für einen guten Zweck oder arbeite ehrenamtlich. 🟧🟥

13 Ich bereite gern Speisen und Getränke zu und denke mir oft neue Rezepte aus. 🟨

14 Ich würde gern selbst ein tolles Produkt herstellen, das ich dann erfolgreich verkaufen kann. 🟥🟨

15 Ich mag Tiere und setze mich aktiv für den Tierschutz ein. 🟧

16 Mich interessiert die Börse. Mich fasziniert, wie man mit Aktien Geld machen kann. 🟥

17 Ich singe und musiziere gern und interessiere mich für das Theater. Ich stehe gern im Mittelpunkt und unterhalte gerne Leute. 🟨🟧

18 Ich fertige aus unterschiedlichen Materialien wie Holz, Keramik oder Stoffen eigene Produkte an, z. B. kleinere Möbelstücke, Kleidung, Schmuck. 🟦🟨

19 Ich rede gern mit Menschen und mag es, vor Publikum zu sprechen. Ich ergreife gerne die Initiative bei Teamarbeit und helfe bei Konflikten. 🟧

20 Mich interessieren die neuesten technischen Erfindungen. Ich selbst versuche auch, neue Dinge zu erfinden. Vielleicht kann ich mich damit selbstständig machen. 🟦🟥

21 Ich berate andere Leute gern, wenn sie sich etwas kaufen möchten. 🟧

22 Ich probiere gerne Computer- und Lernspiele aus und empfehle sie meinen Freunden. 🟦

23 Ich installiere gern technische Geräte nach Plänen und Zeichnungen. 🟦

24 Ich organisiere gern Partys und Ausflüge. Dabei bin ich sehr zuverlässig, genau und arbeite gern mit anderen Leuten zusammen. 🟥🟨

25 Ich interessiere mich für das Design und die Bauweise von Gebäuden. 🟨🟦

1a Lest den Test. Wenn ihr denkt, dass euch ein Satz beschreibt, gebt euch einen Punkt für die Farbe, die hinter dem Satz steht. Wenn zwei Farben dastehen, gebt euch einen Punkt für jede Farbe.

b Die Farbe mit den meisten Punkten beschreibt, welche Berufe am besten zu euch passen. Lest auf S. 205 nach, was die Farbe bedeutet.

c Seid ihr damit einverstanden, was die Beschreibung eurer Farbe über euch sagt? Was stimmt, was nicht? Welche Farbe hat euer Traumberuf? Sprecht in Gruppen.

Schule aus – und nun?

1 Lest den Text. Welche Möglichkeit findet ihr am interessantesten und warum?

Schule aus – und nun?

Das Abitur steht kurz bevor: Studium, Ausbildung, viele Firmen locken. Doch wer die Wahl hat, hat die Qual. So manchen Schulabgänger beunruhigt die heranrückende Entscheidung. Denn welche ist bei so vielen Angeboten die richtige? Damit euch die Entscheidung leichter fällt, stellen wir hier drei mögliche Optionen vor.

Eigentlich hast du es satt, Mathe-Formeln, Englisch-Vokabeln und Grammatik zu lernen. Du möchtest nach der Schule endlich mal etwas Praktisches machen, dich für andere Menschen engagieren, aber auch etwas für dich selbst tun. Dann ist der **Bundesfreiwilligendienst (BFD)** genau das Richtige für dich. Als Bundesfreiwillige(r), auch Bufdi genannt, engagierst du dich in der Regel ein Jahr im sozialen, ökologischen oder kulturellen Bereich, im Sport oder der Integration. Durch den Einsatz als Bufdi kannst du erste berufliche Erfahrungen sammeln. Der Einsatz z. B. in einem Pflegeheim, einem Krankenhaus oder einer Schule, ist eine gute Gelegenheit, die persönliche Eignung für einen sozialen Beruf zu testen. Für viele Freiwillige ist der Dienst darüber hinaus auch die Grundlage für einen dauerhaften ehrenamtlichen Einsatz in einer gemeinnützigen Organisation. Freiwilliges Engagement lohnt sich. Denn sich freiwillig zu engagieren, bedeutet, mit vielfältigen Eindrücken konfrontiert zu werden, neue Erfahrungen zu sammeln und die eigene Persönlichkeit weiterzuentwickeln. Diese Erfahrungen werden dir später in deinem beruflichen Werdegang eine große Hilfe sein.

Viele können es kaum erwarten: Ist die letzte Prüfung geschrieben und die Schule endlich vorbei, dann zieht es viele Schulabgänger in die Ferne. Endlich raus aus dem Klassenzimmer und die Welt sehen. Wer nicht nur Tourist sein möchte, dem sind Work and Travel-Angebote, Au-Pair-Aufenthalte oder Auslandspraktika zu empfehlen. **Work and Travel** ist ein Auslandsaufenthalt, bei dem du Reisen und Arbeiten verbindest. In der Regel versteht man darunter das Bereisen eines Landes mit vielen verschiedenen Zwischenstopps und wechselnden Gelegenheitsjobs. Besonders beliebt sind Australien, Neuseeland und Kanada. Für diese Länder braucht man ein Working Holiday Visum. Um das Visum zu bekommen, musst du dir zuerst eine Stelle suchen. Dabei helfen dir auch Agenturen. Mit dem Visum kann man in der Regel bis zu einem Jahr im Land bleiben und dort jobben. Du kannst aber auch generell in andere Länder reisen, für die du kein Visum benötigst, und dir dann dort einen Job suchen. Work and Travel ist weltweit im Ausland möglich, sofern du einen Job annehmen darfst, weil du z. B. das entsprechende Alter hast. Durch solche Auslandsaufenthalte lernst du deine Stärken und Schwächen kennen, sammelst erste Berufserfahrungen, erweiterst deine Sprachkenntnisse und knüpfst internationale Kontakte.

Wenn du viele Interessen hast und noch nicht weißt, welche Studienrichtung die richtige ist, kannst du ein **Studium generale** absolvieren. Darunter versteht man eine Reihe von öffentlichen Lehrveranstaltungen an Hochschulen und Fachhochschulen aus verschiedenen Fachrichtungen. Das Studium generale gibt es an den meisten deutschen Hochschulen und Universitäten. Für Studenten, die bereits an einer Universität eingeschrieben sind, ist das Studium generale oft ein Grundlagenstudium, in dem sie lernen, wissenschaftlich zu arbeiten. Dafür werden Seminare und Vorlesungen fächerübergreifend, also aus ganz unterschiedlichen Disziplinen angeboten. Diese Veranstaltungen stehen allen Bürgern offen, egal, ob man der Universität bereits angehört oder nicht. Deswegen kann das Studium generale für Abiturienten eine gute Orientierungsphase sein. Sie hilft, einen Überblick über Studienfächer und deren Inhalte zu bekommen. Der Besuch dieser Veranstaltungen kann die Entscheidung für ein Studienfach erleichtern.

Modul 1

2a Arbeitet zu zweit. Notiert aus dem Flyer für jede Möglichkeit die Vorteile und ergänzt mögliche Nachteile. Vergleicht dann in Gruppen.

b Kennt ihr noch andere Möglichkeiten? Was würdet ihr gerne machen?

▶ Ü 1

3a Lest die Sätze. Bestimmt die unterstrichenen Satzteile und erstellt eine Tabelle.

1. Eine berufliche Orientierung nach der Schulzeit ist für alle Abiturienten wichtig.
2. Viele Schulabgänger finden nach dem Abitur soziales Engagement gut.
3. Die Arbeit als Bufdi ist manchmal für die passende Berufswahl entscheidend.
4. Ein Kennenlernen unterschiedlicher Studienfächer ist durch das Studium generale möglich.
5. Dort macht der Besuch unterschiedlicher Lehrveranstaltungen die Entscheidung für ein Studienfach leichter.
6. Viele Abiturienten versprechen sich von Auslandsaufenthalten eine Verbesserung ihrer Sprachkenntnisse.
7. Rechtzeitig vor der Reise ist die Beantragung eines Visums notwendig.

Subjekt	Akkusativobjekt
1. eine berufliche Orientierung nach der Schulzeit	2. soziales Engagement

b Subjekte und Akkusativobjekte als *dass*-Satz. Lest die Beispiele und formt die übrigen Sätze aus 3a um.

Eine berufliche Orientierung nach der Schulzeit ist für alle Abiturienten wichtig.
Es ist für alle Abiturienten wichtig, dass man sich nach der Schulzeit beruflich **orientiert**.

Viele Schulabgänger finden nach dem Abitur **soziales Engagement** gut.
Viele Schulabgänger finden es nach dem Abitur gut, dass sie sich **sozial engagieren**.

c Anstelle eines *dass*-Satzes kann man manchmal einen Infinitivsatz mit *zu* bilden. Lest zuerst die Beispiele und ergänzt in der Regel *identisch, man* und *Subjekt*.

1. Viele Schulabgänger finden es nach dem Abitur gut, dass sie sich **sozial engagieren**.
   Viele Schulabgänger finden es nach dem Abitur gut, sich sozial **zu engagieren**.

2. Es ist für alle Abiturienten wichtig, dass man sich nach der Schulzeit beruflich **orientiert**.
   Es ist für alle Abiturienten wichtig, sich nach der Schulzeit beruflich **zu orientieren**.

Subjekt- und Objektsätze

Subjekte und Akkusativobjekte können in *dass*-Sätzen wiedergegeben werden. Anstelle eines *dass*-Satzes kann auch ein Infinitivsatz benutzt werden, wenn das ▭ des Nebensatzes mit einer Ergänzung im Hauptsatz ▭ ist (Beispiel 1) oder das Subjekt des Nebensatzes ▭ ist (Beispiel 2).

▶ Ü 2–4

4 Was ist wichtig für die Zukunft nach dem Schulabschluss? Formuliert Aussagen oder Tipps.

Es ist wichtig, …   Es ist notwendig, …   Es ist erforderlich, …   Es ist ratsam, …

1. Es ist ratsam, zuerst in einem freiwilligen sozialen Jahr Erfahrungen zu sammeln.
2. …

Probieren geht über Studieren?

1a Welcher Abschluss (Abitur, Fachschulabschluss, Hochschulabschluss, Berufsausbildung …) ist in eurem Heimatland besonders häufig? Warum?

b Studium oder Ausbildung? Was spricht dafür, was dagegen? Sammelt in der Klasse.

	+	-
Studium	– viele Berufe stehen einem offen	
Ausbildung		

2a Lest die drei Aussagen. Wer ist für ein Studium, wer für eine Berufsausbildung?

Studium oder Ausbildung?

Diese Frage stellen sich zurzeit viele Schulabgänger. Wir haben in unserer Rubrik „Ihre Meinung ist gefragt" nachgehakt. Lesen Sie selbst.

Ich habe lange überlegt, wie meine berufliche Zukunft aussehen soll. Ein Studium braucht viel Zeit und in dieser Zeit kann man nicht viel Geld verdienen. Aber bestimmte berufliche
5 Ziele kann man nur mit einem Studium erreichen, z. B. wenn man wie ich Informatikerin werden möchte. Auch für andere berufliche Positionen wird häufig ein Hochschulstudium vorausgesetzt, manchmal sogar eine Promotion. Deswegen denke ich, dass man mit einem abgeschlossenen Hochschulstudium viel bessere Aufstiegschancen hat. Außerdem hat ein akademischer Titel wie Master oder Doktor gesellschaftlich einen hohen Stellen-
10 wert. Und nicht zu vergessen ist, dass Akademiker 30 bis 50 Prozent mehr als Nicht-Akademiker verdienen.

Maria, 23, Studentin

Oft kann man heute hören, dass ein Studium ganz wichtig ist, weil ein Uniabsolvent nicht so schnell arbeitslos wird wie jemand mit Berufsausbildung. Aber stimmt das wirklich? Die berufliche Sicherheit hängt doch heute von ganz vielen Faktoren ab. Eine Garantie auf
15 einen Arbeitsplatz haben auch Akademiker nicht. Für mich kam ein Studium überhaupt nicht in Frage, denn erst mit Mitte 20 das erste „richtige" Geld zu verdienen – das wäre mir viel zu spät. Aber eine Ausbildung erfolgreich zu absolvieren ist auch nicht so einfach und manchmal richtig anstrengend. Als Auszubildender erlernt man einen Beruf und fängt ganz unten an. Oft muss man Dinge tun, die man längst kann oder die Kollegen nicht erledigen
20 wollen. Man hat eben immer das zu machen, was einem der Ausbilder sagt. Das muss man akzeptieren können.

Christoph, 17, Auszubildender

Nach wie vor glaube ich, dass alle Schulabgänger erst einmal eine Ausbildung machen sollten. Junge Menschen sollten so früh wie möglich die Berufspraxis kennenlernen. Das hat den Vorteil, dass man dann die Arbeitsabläufe in einem Betrieb gut kennt und auch schon
25 Geld verdient. Auf dieser Basis kann man sich danach in einem berufsbegleitenden Studium weiterbilden. Man studiert, während man arbeitet. Der größte Vorteil ist, dass man finanziell unabhängig ist. Man verbindet wissenschaftliche Theorie mit beruflicher Praxis und der Chef beteiligt sich an den Kosten. Man braucht ein gutes Zeitmanagement, denn durch die Doppelbelastung ist gute Organisation ein wichtiger Faktor für den Erfolg. Natür-
30 lich hat man in diesen Jahren weniger Freizeit und ein klassisches Studentenleben mit den damit verbundenen Freiheiten kann man vergessen, aber man erreicht auf dem sichersten Weg einen akademischen Grad.

Alexander, 35, Ingenieur

b Lest die Aussagen noch einmal. Ergänzt eure Notizen in 1b mit weiteren Vor- und Nachteilen.

Modul 2

c Schreibt nun eure Meinung zum Thema. Wägt Vor- und Nachteile ab.

VOR- UND NACHTEILE NENNEN	VOR- UND NACHTEILE ABWÄGEN
Es ist ein großer/wichtiger/entscheidender Vorteil/Nachteil, wenn …	Insgesamt wiegen die Argumente dafür/dagegen schwerer, deshalb …
… wird als sehr positiv/negativ angesehen.	… hat zu viele Nachteile, deshalb ziehe ich … vor.
Man darf auch nicht vergessen, dass … hilfreich/problematisch sein kann.	In meinen Augen überwiegen die Vorteile/Nachteile von …
Die Tatsache, dass …, spricht dagegen/dafür.	Betrachtet man alle Vorteile/Nachteile, fällt … am meisten ins Gewicht.
Ein weiterer Aspekt, der für/gegen … spricht, ist …	

3a Hört ein Telefongespräch zwischen Anna Sokolová und der Studienberatung der Fachhochschule Worms. Notiert Stichworte in euer Heft. Ihr hört den Text einmal.

01 Was macht Frau Sokolová zurzeit? *Au-pair-Mädchen in Regensburg*
02 Sie möchte an der Fachhochschule Worms … studieren. *Touristik und Verkehrswesen*

1. Was ist das Besondere an dem Gymnasium, das Frau Sokolová besucht hat?
2. Nennt zwei Zulassungsvoraussetzungen für das Studium.
3. Nennt zwei Möglichkeiten für das Praktikum.
4. Das Praktikum muss mindestens … dauern.
5. Welche Sprache hat Frau Sokolová als zweite Fremdsprache gelernt?
6. Was für ein Abschluss ist für die Fremdsprache wichtig?
7. Frau Sokolová muss sich bis zum … für das Wintersemester beworben haben.
8. Nach welchen beiden Kriterien werden die Studierenden ausgewählt?
9. Wenn man keinen Platz bekommt, kommt man auf die …
10. Nach der Entscheidung bekommt Frau Sokolová einen …

b Hört das Telefongespräch noch einmal. Notiert Wörter zum Thema „Studium" in einer Mindmap und ergänzt weitere Begriffe.

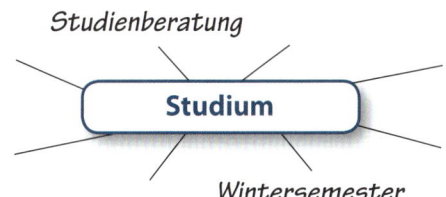

4 Wählt ein Studium oder eine Berufsausbildung. Recherchiert, welche Voraussetzungen ihr dafür in einem deutschsprachigen Land erfüllen müsst. Tauscht eure Informationen in der Klasse aus.

Sprachkenntnisse (Nachweis)?   Schulabschluss?   Praktikum?   Prüfung?   Physische Eignung?   ▶ Ü 1

Multitasking

1 Was macht ihr oft gleichzeitig? Wann funktioniert Multitasking bei euch gut, wann nicht so gut? Beschreibt Situationen.

2a Erklärt die Ausdrücke in Gruppen. Falls ein Ausdruck von niemandem erklärt werden kann, nehmt ein Wörterbuch zu Hilfe.

> zwangsläufig   Aufgaben erledigen   der Leistungsabfall   die Aufmerksamkeit auf eine Sache lenken
> ernüchternd   schmälern   ablenken   sich negativ auswirken   den Gedanken freien Lauf lassen

b Lest den Artikel und ordnet jedem Abschnitt eine Überschrift zu. Zwei Überschriften passen nicht.

- **A** Vorbildfunktion
- **B** Bessere Leistungen durch Multitasking
- **C** Multitasking bei bestimmten Tätigkeiten möglich
- **D** Übungen zur Stressreduzierung
- **E** Gehirn zu Multitasking nicht in der Lage
- **F** Ursache für Stress

Funktioniert Multitasking?

Telefonieren beim Kochen, vor dem Fernseher Hausaufgaben machen oder Musik hören und nachdenken – wir betreiben ständig Multitasking. Zumindest glauben wir das. Simultan ausgeführte Tätigkeiten führen aber zu erheblichen Konzentrations- und Leistungsverlusten.

1 Es ist Zeit für Hausaufgaben. Max M. sitzt an seinem Schreibtisch, hat den Stift in der Hand und scheint zu rechnen. Doch andauernd piept sein Smartphone, er tauscht Stift gegen Handy und antwortet seinen Freunden, wodurch er alle paar Minuten von seinen Aufgaben abgelenkt wird. Das gut gemeinte „So kannst du dich nicht konzentrieren" will er nicht hören, und versichert: „Ich kann doch Multitasking."

[...]

Ob es möglich ist, Dinge simultan zu erledigen, hängt auch von der Art der Aufgaben ab. Routineaufgaben lassen sich recht gut kombinieren. Während des Bügelns zu telefonieren, funktioniert beispielsweise problemlos, auch beim Musikhören können viele ihren Gedanken freien Lauf lassen.

2 Neurologisch gesehen gibt es allerdings kein Multitasking. Das Gehirn kann sich nur auf eine, maximal zwei Tätigkeiten gleichzeitig konzentrieren. „Wir haben nur 100 Prozent Hirnkapazität. Wenn wir diese auf verschiedene Aufgaben aufteilen, haben wir zwangsläufig für jede Aufgabe weniger Kapazität", sagt Lutz Jäncke, Professor für Neuropsychologie an der Universität Zürich. Wenn Aufgaben hintereinander erledigt würden, hätten wir im Idealfall 100 Prozent Hirnkapazität für jede Aufgabe. Beim Multitasking springt unsere Aufmerksamkeit zwischen verschiedenen Tätigkeiten hin und her, was die Qualität der Tätigkeiten zusätzlich schmälert. Denn das ständige Switchen zwischen den Aufgaben ist anstrengend. „Wenn wir eine Lampe von einer Seite auf die andere schieben, braucht das ja Energie – genau so ist es, wenn Sie die Aufmerksamkeit von einer auf die andere Sache lenken", erklärt Jäncke.

Zudem müsse man die Reize, die von der jeweils anderen Aufgabe ausgehen, unterdrücken. Eine Studie der Stanford University testete Multitasker darauf, was sie besser können als andere. Das Ergebnis war ernüchternd: Jene Probanden, die überdurchschnittlich viele Medien gleichzeitig konsumieren, sind unkonzentriert und lassen sich leichter ablenken.

[...]

3 Mehrere Dinge gleichzeitig zu tun, sorgt für erkennbaren Leistungsabfall, worin der Preis für das Multitasking liegt. Doch nicht nur das: Multitasking sorgt auch für Stress, besonders bei Kindern und Jugendlichen. „Unter Multitasking-Bedingungen kann es zur erhöhten Ausschüttung von Stresshormonen kommen, die sich negativ aufs Lernen und auf die Gesundheit auswirken", sagt Kerstin Konrad von der Rheinisch-Westfälischen Technischen Hochschule Aachen. Sie hat sich auf dem Gebiet der Neuropsychologie im Kinder- und Jugendalter spezialisiert. Die

Modul 3

Wissenschaftlerin beobachtet, dass Kinder und Jugendliche weniger echte soziale Interaktionen haben als frühere Generationen und stattdessen mehr Zeit isoliert vor Fernseher, Spielekonsole oder Computer verbringen. «Normale» soziale Aktivitäten und Bewegungen an der frischen Luft würden aber sehr viel mehr zur Entwicklung von Kindern und Jugendlichen beitragen als multimediales Multitasking.

4 Kindern wird das pausenlose Multitasking von ihren Eltern vorgelebt. Erwachsene haben das Gefühl, immer erreichbar und informiert sein zu müssen, weshalb sie schon beim Frühstück ihre E-Mails auf dem Smartphone checken. Während des Fernsehens werden WhatsApp-Nachrichten und SMS verschickt. Und Schulaufführungen werden schon lange nicht mehr mit ganzem Stolz genossen, sondern filmisch für die Ewigkeit festgehalten. Wenn Eltern ihren Kindern beibringen möchten, sich auf eine Sache zu konzentrieren, müssen sie es ihnen vorleben. Und sie an einen altersangemessenen Rhythmus zwischen Aufgabenerledigung und Pausen mit und ohne Medien heranführen. […]

▶ Ü 1

c **Arbeitet zu zweit. Fasst abwechselnd jeden Absatz zusammen.**

d **Welche Konsequenzen sollte man aus den Erkenntnissen des Artikels ziehen? Diskutiert.**

> **SPRACHE IM ALLTAG**
> **Das Gegenteil von Multitasking**
> Eile mit Weile.
> Immer schön der Reihe nach!
> Eins nach dem anderen!
> Schritt für Schritt vorgehen

▶ Ü 2

3a Lest die Sätze. Sucht die entsprechenden Sätze im Artikel und schreibt sie ins Heft. Was ist anders?

1. Beim Multitasking springt unsere Aufmerksamkeit zwischen verschiedenen Tätigkeiten hin und her. **Das** schmälert die Qualität der Tätigkeiten zusätzlich.
2. Doch andauernd piept sein Smartphone, er tauscht Stift gegen Handy und antwortet seinen Freunden. **Dadurch** wird er alle paar Minuten von seinen Aufgaben abgelenkt.
3. Mehrere Dinge gleichzeitig zu tun, sorgt für erkennbaren Leistungsabfall. **Darin** liegt der Preis für das Multitasking.
4. Erwachsene haben das Gefühl, immer erreichbar und informiert sein zu müssen. **Deshalb** checken sie schon beim Frühstück ihre E-Mails auf dem Smartphone.

 b **Lest die Regel. Formt die Sätze um, indem ihr weiterführende Nebensätze bildet.**

> **Weiterführende Nebensätze**
>
> Weiterführende Nebensätze beziehen sich auf die Gesamtaussage des Hauptsatzes, die so kommentiert oder weitergeführt wird. Die Nebensätze werden mit *was, wo(r)* + Präposition oder *weshalb/weswegen* eingeleitet und stehen immer nach dem Hauptsatz.
> *Multitasking produziert Fehler, was vielen Leuten nicht klar ist.*

1. Das Gehirn kann sich nicht auf mehrere Sachen gleichzeitig konzentrieren. Das überrascht mich.
2. Multitasking führt zu Leistungsabfall. Deswegen sollte man es vermeiden.
3. Jugendliche sind durch das Handy oft abgelenkt. Das ist ihnen meist gar nicht bewusst.
4. Beim Lernen werde ich ständig unterbrochen. Darüber ärgere ich mich oft.

▶ Ü 3

c **Arbeitet zu zweit. Gebt einen Hauptsatz vor, euer Partner / eure Partnerin formuliert einen weiterführenden Nebensatz. Wechselt euch ab.**

Max hat das Abitur bestanden, …   …, worüber er sich sehr freut. Lina ist …

▶ Ü 4–5

Erstmal ein Praktikum

1 Das Praktikum. Seht die Zeichnungen an und beschreibt die Situationen.

 2a Hört den ersten Abschnitt einer Reportage. Welche Gründe für ein Praktikum werden genannt? Wie bewirbt man sich? Notiert und vergleicht.

1.18

 b Hört den zweiten Abschnitt der Reportage. Zu wem passen welche Aussagen?

1.19-22

Lilly, 15   Tobias, 17   Vincent, 16   Julia, 17

1. Die Atmosphäre war sehr angenehm.
2. Ich habe unterschiedliche Bereiche der Firma kennengelernt.
3. Nach dem Praktikum wurde mir eine Lehrstelle angeboten.
4. Ich habe mein Praktikum als Zeitverschwendung empfunden.
5. Die nicht so guten Erfahrungen haben meine Berufswahl nicht beeinflusst.
6. Wie man offizielle Schreiben verfasst, habe ich während des Praktikums gelernt.
7. Ich wurde während des Praktikums ziemlich allein gelassen.
8. Ich habe mich ausgenutzt gefühlt.

c Was passt zusammen? Ordnet zu. Wählt dann drei Ausdrücke und schreibt Beispielsätze.

1. den eigenen Interessen
2. Erfahrungen
3. die Zeit sinnvoll
4. in verschiedene Bereiche
5. von einem Praktikum
6. einen ersten Eindruck

a sammeln
b entsprechen
c profitieren
d nutzen
e gewinnen
f reinschnuppern

Modul 4

d Lest die Begriffe. Inwiefern sind die Eigenschaften für Praktikanten wichtig? Diskutiert zu zweit.

Neugier   Offenheit   Kommunikationsbereitschaft   Disziplin   Durchhaltevermögen

e Habt ihr schon mal ein Praktikum gemacht? Was war gut? Was war schlecht? Berichtet.

3a Arbeitet zu zweit. Jede/r wählt eine Karte. Lest eure Karte und macht zu jedem Punkt Notizen.

A

Von Schülern und Studenten wird heutzutage erwartet, dass sie verschiedene Praktika absolvieren und Praxiserfahrungen sammeln. Welche Vor- und Nachteile siehst du darin?

Halte einen kurzen Vortrag (ca. 3–4 Minuten). Du kannst dich an folgenden Punkten orientieren:

- Beispiele für ein Praktikum (eigene Erfahrung?)
- Bedeutung von Praktika in deinem eigenen Land
- Argumente, die **für** ein Praktikum sprechen
- Argumente, die **gegen** ein Praktikum sprechen
- Deine persönliche Ansicht in dieser Sache

B

Viele Schüler wollen erst Praxiserfahrung sammeln, bevor sie ein Studium beginnen. Häufiger Wunsch ist ein Praktikum im Ausland. Welche Vor- und Nachteile siehst du darin?

Halte einen kurzen Vortrag (ca. 3–4 Minuten). Du kannst dich an folgenden Punkten orientieren:

- Beispiel für ein Auslandspraktikum (eigene Erfahrung?)
- Bedeutung eines Auslandspraktikums in deinem eigenen Land
- Argumente, die **für** ein Auslandspraktikum sprechen
- Argumente, die **gegen** ein Auslandspraktikum sprechen
- Deine persönliche Ansicht in dieser Sache

▶ Ü 1

b Sammelt zu zweit in einer Tabelle Redemittel für den Vortrag. Vergleicht anschließend in der Klasse und ergänzt.

EIN THEMA EINLEITEN	BEISPIELE / EIGENE ERFAHRUNGEN NENNEN	BEDEUTUNG DES THEMAS IM EIGENEN LAND ERKLÄREN
Ich spreche heute über …	Ein Beispiel hierfür ist: … Aus Erfahrung kann ich sagen, dass …	Bei uns ist das folgendermaßen: …

ARGUMENTE NENNEN	DIE EIGENE MEINUNG ÄUSSERN
Dafür spricht, dass … Ein wichtiger Vorteil ist …	Ich bin der Auffassung, dass … Ich bin davon überzeugt, dass …

c Übt euren Vortrag zu zweit. Euer Partner / Eure Partnerin macht Notizen zu den folgenden Punkten:

- Ist der Vortrag verständlich?
- Sprecht ihr flüssig (Sprechtempo/Übergänge)?
- Ist das Tempo zu langsam/schnell?
- Ist der Vortrag ausführlich genug (Zeit/Inhalt)?
- Sind die Strukturen korrekt?
- Ist der Wortschatz komplex genug?

d Verbessert euren Vortrag und haltet ihn noch einmal in der Klasse.

Erstmal ein Praktikum

4a Zu den Bewerbungsunterlagen für ein Praktikum gehören ein Lebenslauf mit Foto, ein Bewerbungsschreiben und das letzte Zeugnis. Seht euch den Lebenslauf an und erstellt anhand dieses Musters einen eigenen Lebenslauf.

Lebenslauf

Persönliche Daten
Jakob Müller
19.04.2004
Clemenssweg 45
80801 München
0165 39234823
089 9380092
jakobmüller@gme.com

Schulbildung
seit 09/2014 — Ricarda-Huch-Realschule in München
09/2010 – 08/2014 — Grundschule an der Simmernstraße in München

Schulpraktika
04/2018 — Einwöchiges Praktikum bei Autohaus Langmann in München
Aufgaben: Unterstützung der Serviceberater, Telefonate mit Kunden, Mithilfe beim Schreiben von Werkstattrechnungen

EDV-Kenntnisse
MS-Office (gute Kenntnisse in Excel und Word)
Adobe Photoshop (Grundkenntnisse)

Sprachkenntnisse
Englisch (gut)
Französisch (Grundkenntnisse)

Hobbys
Fußball, Computer

München, 15.01.2019

Jakob Müller

STRATEGIE

In einen Lebenslauf gehören:
– persönliche Daten
– Auflistung der Schullaufbahn
– Praktikums- und Berufserfahrung
– Sprach- und EDV-Kenntnisse
– Hobbys und sonstige Kenntnisse
– ein Foto (freiwillig, aber üblich)

In einen Lebenslauf gehören nicht:
– Name und Beruf der Eltern
– Angaben zur Religion

b Das Bewerbungsschreiben. Ordnet die Bezeichnungen den Teilen des Bewerbungsschreibens zu.

A Schlusssatz B Einleitung C Informationen zur eigenen Person D Unterschrift E Anrede
F Betreff G Grußformel H Adresse I Praktikumszeitraum J Ort, Datum K Absender

1	Jakob Müller Clemensweg 45 80801 München
2	Industrie Schmidke AG Finkenstr. 80–84 80807 München
3	München, 15.01. 2019
4	**Bewerbung für einen Schülerpraktikumsplatz als Industriemechaniker**
5	Sehr geehrte Damen und Herren,
6, 7	um einen Einblick in den Beruf des Industriemechanikers zu gewinnen, möchte ich gern vom 19.03. – 23.03.2019 ein einwöchiges Schulpraktikum in Ihrem Unternehmen absolvieren.
8	Ich bin 15 Jahre alt und besuche zurzeit die 9.Klasse der Ricarda-Huch-Realschule in München. Durch eine Berufsmesse habe ich von Ihrem Betrieb erfahren. Über das Berufsbild des Industriemechanikers habe ich mich auf der Messe informiert und bin überzeugt, dass die Anforderungen dieses Berufs mit meinen Interessen und Begabungen übereinstimmen. Zu meinen Stärken gehören meine gute Anpassungs- und Teamfähigkeit.
9	Ich bedanke mich im Voraus für Ihre Bemühungen und freue mich sehr über eine Einladung zum Vorstellungsgespräch.
10	Mit freundlichen Grüßen
11	*Jakob Müller*

c Lest das Bewerbungsschreiben noch einmal und notiert alle für Bewerbungen typische Redemittel.

d Schreibt ein Bewerbungsschreiben für ein Praktikum. Verwendet Redemittel aus 4b oder aus dem Redemittelkasten.

EINLEITUNG	SCHLUSS
Das Schülerpraktikum möchte ich gern dazu nutzen, erste Erfahrungen im Beruf als … zu sammeln.	Gern möchte ich Sie in einem Vorstellungsgespräch von meinen Stärken überzeugen.
… sehr gern möchte ich meine Schulferien nutzen, um in einem freiwilligen Schülerpraktikum den Beruf des/der … näher kennenzulernen.	Ich freue mich darauf, Sie in einem persönlichen Gespräch kennenzulernen.
INFORMATIONEN ÜBER DIE EIGENE PERSON	

Zurzeit besuche ich die … Klasse der … Schule.

Da ich plane, eine Berufsausbildung zum/zur … zu machen / ein …-Studium zu beginnen, liegt mein besonderes Interesse darin, erste Einblicke in die technischen/kaufmännischen/… Zusammenhänge Ihres Unternehmens zu gewinnen.

Ich bin … und interessiere mich für …

… sind für mich selbstverständlich.

▶ Ü 2–3

Porträt
Bekannte Universitäten in D-A-CH

Technische Universität München (TUM)

5 Hauptstandorte, 14 Fakultäten, 177 Studiengänge, 545 Professoren und Professorinnen, mehr als 40.000 Studierende – das ist die Technische Universität München, die 1868 gegründet wurde und heute eine der ersten drei Exzellenz-Universitäten Deutschlands ist. Durch Spitzenleistungen in Forschung und Lehre, Interdisziplinarität, Talentförderung und starke Allianzen mit Unternehmen und wissenschaftlichen Einrichtungen schneidet die Universität in nationalen und internationalen Rankings regelmäßig sehr gut ab. Außerdem hat die TUM sich zum Ziel gesetzt, eine der erfolgreichsten Gründeruniversitäten zu werden.

Hauptgebäude der TUM

Universität Wien

Im Jahr 1365 gegründet, ist die Universität Wien heute mit ca. 94.000 Studierenden und 9.500 Mitarbeitern, davon 6.600 Wissenschaftler und Wissenschaftlerinnen, die größte Hochschule Österreichs und eine der größten Europas. Aktuell gibt es 19 Fakultäten und 174 Studiengänge. Die Uni Wien besteht aus einem Hauptgebäude (Baubeginn 1877) und sechs wichtigen Nebengebäuden. So gehört das 1984 fertiggestellte Juridicum heute zu den bedeutendsten Bauwerken der Postmoderne in Wien. Neben dem Hauptgebäude und den wichtigsten Nebengebäuden verteilen sich die wissenschaftlichen Einrichtungen der Institute auf über 60 Standorte in Wien und anderen Bundesländern.

Eidgenössische Technische Hochschule Zürich (ETH Zürich)

Die ETH Zürich zählt zu den zehn besten Universitäten weltweit und wird als beste kontinentaleuropäische Universität bewertet. Die ETH Zürich wurde im Jahr 1855 gegründet und ist heute in 16 Departements gegliedert. Den knapp 19.800 Studierenden stehen 26 Bachelor- und 42 Master-Studiengänge zur Auswahl. Von den 10.000 Beschäftigten sind 500 Professoren und Professorinnen. Gelehrt werden hauptsächlich naturwissenschaftliche und technische Fächer. In allen Studiengängen sind jedoch Lehrveranstaltungen im Bereich der Geistes-, Sozial- und Staatswissenschaft obligatorisch zu besuchen. Die Gebäude der Universität verteilen sich auf zwei Standorte.

Hauptgebäude der ETH Zürich

 www   Mehr Informationen zur TUM, Uni Wien und ETH Zürich.

Sammelt Informationen über Institutionen aus dem In- und Ausland, die für das Thema „Arbeit und Karriere" interessant sind, und stellt sie in der Klasse vor.

Beispiele aus dem deutschsprachigen Bereich: Humboldt-Universität Berlin – Ruprecht-Karls-Universität Heidelberg – Industrie- und Handelskammer – Bundesagentur für Arbeit – Universität St. Gallen

Grammatik-Rückschau

1 Subjekt- und Objektsätze

Subjekte und Akkusativobjekte können in *dass*-Sätzen wiedergegeben werden, indem das Nomen verbalisiert wird. Dann entstehen Subjekt- bzw. Objektsätze.
Anstelle eines *dass*-Satzes kann auch ein Infinitivsatz benutzt werden, wenn das Subjekt des Nebensatzes mit einer Ergänzung im Hauptsatz identisch ist oder das Subjekt des Nebensatzes das Indefinitpronomen *man* ist.

Subjektsatz	
Eine berufliche Orientierung nach der Schulzeit ist für alle Abiturienten wichtig.	
Dass man sich nach der Schulzeit beruflich orientiert,	ist für alle Abiturienten wichtig.
Sich nach der Schulzeit beruflich **zu orientieren**,	ist für alle Abiturienten wichtig.

Objektsatz	
Viele Schulabgänger finden nach dem Abitur **soziales Engagement** gut.	
Viele Schulabgänger finden es nach dem Abitur gut,	dass sie sich sozial engagieren.
Viele Schulabgänger finden es nach dem Abitur gut,	sich sozial zu engagieren.

2 Weiterführende Nebensätze

Weiterführende Nebensätze beziehen sich auf die Gesamtaussage des Hauptsatzes, die so kommentiert oder weitergeführt wird. Die Nebensätze werden mit *was, wo(r)* + Präposition oder *weshalb/weswegen* eingeleitet und stehen immer nach dem Hauptsatz.

Der Mensch kann nicht erfolgreich mehrere Dinge auf einmal tun,	**was** Wissenschaftler in neuen Untersuchungen bestätigen.
Beim Lernen werde ich ständig unterbrochen,	**worüber** ich mich oft ärgere.
Durch Multitasking wird viel Zeit verschwendet,	**weswegen** man es vermeiden sollte.

Wie wird man ... und was macht eigentlich ...

1a Wie kann man in eurem Land einen Beruf erlernen? Welche verschiedenen Möglichkeiten gibt es? Berichtet in der Klasse.

A

B

C

D

Um zum Beispiel Lehrer zu werden, muss man bei uns ...

b Was stellt ihr euch unter einem Landwirt, unter einer Foodstylistin und unter einem Foodfotografen vor? Wer hat welche Aufgaben? Was muss man in diesen Berufen können?

2a Der Landwirt. Arbeitet zu zweit. Seht den ersten Film und macht Notizen zu Valentin Lauinger.

1. Wo ist er und warum?
2. Tätigkeiten in der Woche?
3. Verdienst?
4. Ziele?

b Seht den Film noch einmal und ergänzt eventuell eure Notizen.

c Was gefällt Valentin Lauinger an seinem Beruf?

sehen | nachdenken | diskutieren | …   **3**

3 a Foodstylistin und Fotograf. Seht die erste Sequenz des zweiten Films. Macht Notizen zum Tagesablauf von Katharina Dahl.

b Seht die Sequenz noch einmal und beantwortet die Fragen.

1. Wie viele Rezepte werden jedes Jahr entwickelt?
2. Für wie viele Zeitschriften werden hier Fotos gemacht?
3. Wie viele Gerichte werden pro Tag gekocht?
4. Was ist an der Arbeit einer Foodstylistin anders als bei einer „normalen" Profiköchin?

c Seht die zweite Sequenz des Films. Erklärt die Äußerung des Fotografen.

„Das Licht – ein Foodstylist würde mich wahrscheinlich abstrafen – ist für mich in der letzten Konsequenz eigentlich das Wichtigste."

d Arbeitet zu zweit. Jede/r erklärt vier Aussagen aus dem Film.

1. Die Rezepte werden alle mit Vorlauf entwickelt.
2. Man muss ein gutes Gespür für die richtigen Trends haben.
3. Die Fotos sollten relativ zügig stehen.
4. Man muss das einfach strukturiert durchziehen.
5. Sie greift gern auf ganz herkömmliche Küchengeräte zurück.
6. Das geht vom Hundertsten manchmal ins Tausendste.
7. Wenn das Licht nicht vernünftig gemacht ist, kommt das Essen einfach nicht rüber.
8. Ich bin da, um dem Bild Leben einzuhauchen.

4 Vergleicht die Informationen, die ihr zu den drei Berufen erhalten habt. Welchen Beruf findet ihr am interessantesten? Begründet.

5 Arbeitet in Gruppen. Einigt euch auf ein einfaches Rezept und entwerft eine Seite für eine Zeitschrift mit Rezepten. Überlegt: Welche Fotos müsst ihr machen? Ihr habt Platz für 5–8 Fotos. Welchen Text schreibt ihr?

Zucchini-Schiffchen
Die Grillsaison ist eröffnet und warum nicht mal was anderes auf den Grill legen als immer nur Fleisch und Würstchen? Die schnell zubereiteten Zucchini-Schiffchen sehen nicht nur hübsch aus, sie schmecken auch wirklich gut. Und so geht's: …

Wirtschaftsgipfel

Erklimmt den Wirtschaftsgipfel. Spielt zu zweit. Zwei bis vier Paare spielen jeweils zusammen.

Ihr braucht einen Würfel, für jedes Spielerpaar eine Münze als Spielfigur und einen „Experten" in der Klasse, der die Lösungen aus dem Lehrerhandbuch hat. Wer die höchste Zahl würfelt, beginnt. Gewonnen hat, wer zuerst im Ziel ist. Es gibt zwei verschiedene Typen von Spielfeldern.

Orange Felder: Wenn ihr auf ein oranges Feld kommen, werdet ihr in der Wirtschaft aktiv. Je nachdem, ob ihr erfolgreich seid oder nicht, dürft ihr einige Felder vorgehen oder ihr müsst zurückgehen.

Blaue Felder: Wenn ihr die Aufgabe richtig löst, dürft ihr ein Feld vorgehen und die nächste Aufgabe lösen. Wenn nicht, bleibt ihr stehen, bis ihr wieder dran seid.

Ihr lernt
Modul 1 | Einem Vortrag über die Entwicklung des Ruhrgebiets Informationen entnehmen und einen eigenen Vortrag halten
Modul 2 | Sich mit „Gewissensfragen" auseinandersetzen und eine Stellungnahme schreiben
Modul 3 | Einen Begriff definieren und zu Texten über die Vor- und Nachteile der Globalisierung Stellung nehmen
Modul 4 | Das Konzept von Crowdfunding verstehen und eine Projektidee beschreiben
Modul 4 | Ein Gespräch über Crowdfunding-Projekte verstehen und eine eigene Projektidee entwickeln

Grammatik
Modul 1 | Nominalisierung und Verbalisierung von Temporalsätzen
Modul 3 | Nominalisierung und Verbalisierung von Kausal- und Modalsätzen

---

15 Was versteht man unter Personalkosten?
A Kosten für alle Mitarbeiter der Personalabteilung.
B Kosten für alle Mitarbeiter in einer Firma.
C Kosten für alle Mitarbeiter, die direkt mit Kunden zusammenarbeiten.

14 Du hast deinen Geldbeutel verloren. Gehe drei Felder zurück.

13 Was bedeutet der Begriff „Umsatz"?
A Alle Einnahmen einer Firma in einem bestimmten Zeitraum.
B Alle Ausgaben einer Firma in einem bestimmten Zeitraum.
C Alle Einnahmen minus die Ausgaben einer Firma in einem bestimmten Zeitraum.

12 Was ist eine Fusion?
A Der Zusammenschluss von Firmen.
B Die Aufnahme einer Person in eine Firma.
C Der Ausschluss einer Person aus einer Firma.

11 Du sparst Geld. Würfel noch einmal:
1, 2, 3 → Du lässt dein Geld zu Hause liegen. Gehe um die gewürfelte Zahl zurück.
4, 5, 6 → Du bringst dein Geld zur Bank und legst es gut an. Gehe vorwärts: bei 4 ein Feld, bei 5 zwei Felder und bei 6 drei Felder.

Start

1 Was ist eine Inflation?
A Das Geld gewinnt an Wert.
B Das Geld verliert an Wert.
C Der Wert des Geldes bleibt stabil.

2 Was ist ein Wirtschaftsboom?
A Eine Person, die sehr schnell sehr reich geworden ist.
B Ein Produkt, das sehr schnell sehr große Umsätze erwirtschaftet.
C Ein unerwartet schnelles und nachhaltiges Wirtschaftswachstum.

3 Was sind Aktien?
A Gespartes Guthaben bei einer Bank.
B Anteile an einer Firma.
C Wichtige Unterlagen über Einnahmen und Ausgaben.

Vom Kohlenpott …

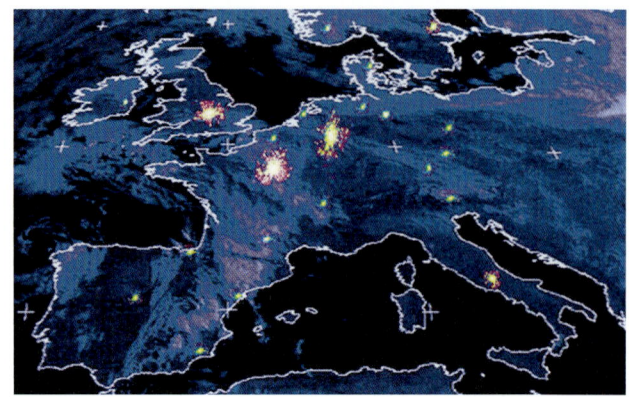

1a Seht euch das Satellitenbild an. Welche Städte bzw. Regionen sind wahrscheinlich die drei hellsten Punkte?

 Ü 1

b Welche großen Ballungs- bzw. Industriegebiete gibt es in eurem Land?

 2.2-4

2a Hört einen Vortrag über das Ruhrgebiet aus der Vortragsreihe „Regionen in Deutschland". Nummeriert die Teilthemen in der richtigen Reihenfolge.

A Aufbau neuer Universitäten
B Kohle und das Wirtschaftswunder
C Zahlen und geografische Fakten
D Ausbau des Dienstleistungssektors
E wirtschaftlicher Abschwung
F kulturelle Veränderungen

1. C, 2. …

2.2 **b** Hört Abschnitt 1 noch einmal und notiert geografische Fakten zum Ruhrgebiet.

1. Beginn des Steinkohlebergbaus
2. Grund für den Abbau
3. Fläche des Ruhrgebiets
4. Ausdehnung:
   a) Ost–West   b) Nord–Süd
5. Einwohnerzahl
6. bekannte Städte

Dortmund

Weltkulturerbe Zeche Zollverein in Essen

 2.3 **c** Hört Abschnitt 2 noch einmal. Macht euch zu den beiden Entwicklungsphasen Notizen.

Phase 1: 1947 bis …

 2.4 **d** Im dritten Abschnitt spricht Professor Böttger über zwei Folgen der Kohlekrise. Notiert sie.

e Vergleicht eure Notizen zu Aufgabe 2b–d mit eurem Partner / eurer Partnerin und ergänzt sie gegebenenfalls.

Ü 2

Modul 1

3a Ordnet die Zeitangaben den Ereignissen zu und schreibt die Sätze in euer Heft. Hört die Sätze dann zur Kontrolle.

Wann?	Was?
1. Seit der Entdeckung der Steinkohle	a arbeiteten die meisten Menschen in der Rohstoffverarbeitung.
2. Während der Kohleförderung	b eine entscheidende Rolle.
3. Bis zum Beginn des wirtschaftlichen Abschwungs	c wurde in den Zechen schwer gearbeitet.
4. Die Kohle spielte beim wirtschaftlichen Wiederaufbau der Bundesrepublik	d hat das Ruhrgebiet eine rasante Entwicklung genommen.
5. Vor dem Beginn der Kohlekrise	e stieg die Bevölkerungszahl bis 1950 rasch an.
6. Nach dem Ende des Krieges	f vergingen nur wenige Jahre.

1. Seit der Entdeckung der Steinkohle hat das Ruhrgebiet eine rasante Entwicklung genommen.

b Notiert aus den Sätzen aus 3a die temporalen Präpositionen und überlegt, welcher Konnektor passt, um den entsprechenden Temporalsatz zu bilden. Formt dann die Sätze aus 3a um.

Temporale Angaben

Nominale Temporalangaben kann man in einen Nebensatz (Verbalform) umformen.

Seit der Entdeckung der Steinkohle hat das Ruhrgebiet eine rasante Entwicklung genommen.
→ Seitdem die Steinkohle entdeckt wurde, hat das Ruhrgebiet eine rasante Entwicklung genommen.

Nominalform	**Verbalform**
seit + D.	seit/seitdem
…	…

▶ Ü 3–6

4 Präsentiert in der Klasse eine (Industrie-)Region aus eurem Land, die sich stark verändert hat. Macht euch Notizen in Nominalform und sprecht dann frei. Recherchiert Informationen zu den folgenden Punkten.

- Lage
- Vor- und Nachteile des Standortes
- Größe/Fläche
- Wirtschaftszweige
- Verkehrsanbindung
- Kultur- und Erholungsmöglichkeiten
- Entwicklung des Standorts
- Anzahl der Beschäftigten

STRATEGIE — Mit Notizen frei sprechen

Notiert eure Stichpunkte in Nominalform und sortiert sie chronologisch. Gestaltet eure Notizen übersichtlich. Arbeitet mit Hervorhebungen, um euch besser orientieren zu können. Arbeitet während eurer Präsentation Stichpunkt für Stichpunkt ab. Formuliert ganze Sätze und verbindet sie mit Konnektoren.

Mit gutem Gewissen?

1 Was bedeutet es, wenn man sagt, jemand hat ein gutes bzw. schlechtes Gewissen? Kennt ihr aus eurem Alltag Beispiele dafür? Berichtet in der Klasse.

▶ Ü 1

2a Lest die beiden Gewissensfragen, die die Leser/innen einer Zeitschrift einem Experten gestellt haben. Welche Probleme haben die Personen und welche Gewissensfrage stellen sie am Ende?

> **SPRACHE IM ALLTAG**
>
> Das Wort *Gewissen* ist Bestandteil vieler Phrasen und Redewendungen:
> *ein schlechtes/gutes Gewissen haben*
> *jdm. ins Gewissen reden*
> *Gewissensbisse haben*
> *jdn./etw. auf dem Gewissen haben*
> *etw. guten Gewissens tun*

1. Danke, aber wir kaufen nichts!

„Wir wohnen sehr zentral und erledigen daher viele Einkäufe zu Fuß. Wenn es kalt und windig ist, nehmen wir dabei gern eine aufwärmende Abkürzung durch ein auf dem Weg liegendes großes Kaufhaus. Nicht zum Kaufen, Schauen oder Bummeln, wir wollen wirklich nur der Kälte ausweichen. Ist das geschickt oder bedenklich?"

2. Malen, dann zahlen

„Mittlerweile gibt es in jeder Stadt viele Straßenkünstler. Wir bleiben manchmal ein paar Minuten oder auch länger stehen, sehen uns die Vorstellung an und genießen die Atmosphäre rund um das Geschehen. Ist es in Ordnung, dann ohne dem Künstler etwas zu geben weiterzugehen, oder sollte man einen finanziellen Beitrag leisten?"

b Was würdet ihr in diesen Situationen tun? Schreibt kurz auf einen Zettel, wie ihr reagieren würdet und warum. Sammelt die Zettel ein. Welche Gemeinsamkeiten und Unterschiede gibt es?

c Lest die Antworten des Mediziners und Juristen Dr. Dr. Rainer Erlinger. Welche Ratschläge und Begründungen gibt er? Vergleicht sie mit euren gesammelten Argumenten.

Zu 1: Abkürzungen, muss ich gestehen, stehen bei mir schon fast unter Generalverdacht. Sie sind per definitionem Abweichungen vom regulären Weg und dienen dazu, es sich einfacher zu machen. Beides ist auf dem
5 Gebiet des richtigen Verhaltens tendenziell bedenklich. Die moralische Grundüberlegung der Universalisierung „Was wäre, wenn das alle machen würden?" scheint geeignet, die Bedenken noch zu verstärken: Ich stelle mir vor, dass dann im Kaufhaus ein Gedränge,
10 Geschiebe und Gehetze herrscht, das geeignet ist, reguläre Kunden zu vertreiben. Allerdings ist das meine Vorstellung, und um diese zu prüfen, habe ich mit dem Pressesprecher einer großen Kaufhauskette gesprochen. Der aber antwortete mir auf die Frage „Was wäre,
15 wenn das alle machen würden?" mit: „Das wäre wunderbar." Funktionsgrundlage eines Kaufhauses sei, erklärte er mir, zunächst möglichst viele Menschen dazu zu bringen, es zu betreten.

Die Menschen könnten, aus welchen Gründen auch im-
20 mer, zum Aufwärmen oder im Sommer zum Abkühlen, ins Kaufhaus kommen. Dann sei es die ureigenste Aufgabe der Kaufhäuser, diese Besucher dazu zu bringen, auch etwas zu kaufen, indem sie ihnen etwas bieten und so darbieten, dass sie es haben wollen. Gerade in
25 Zeiten des zunehmenden Onlinehandels und der mancherorts verödenden Innenstädte würden Kaufhäuser jeden zusätzlichen Besucher als potenziellen Kunden begrüßen. Wenn Besucher ein Kaufhaus als Abkürzung oder Wärmestube nutzen und nichts kaufen, würde
30 das Kaufhaus etwas falsch machen und nicht die Besucher.
Komplett überzeugt mich das aber nicht. Meines Erachtens setzt es voraus, dass die Abkürzer wenigstens grundsätzlich bereit sind, sich von dem Angebot über-
35 zeugen zu lassen. Oder es zumindest nicht kategorisch ausschließen. Dann erst wird es ein Deal.

Modul 2

Zu 2: Man könnte bei diesem Fall vom Geschäftsmodell eines Straßenkünstlers ausgehen: Er bietet seine Kunst in der Öffentlichkeit frei und gratis an und hofft auf Spenden von Menschen, welche zufällig in ihren Genuss kommen. Die Unverbindlichkeit des Angebots ist somit ebenso Teil des Geschäftsmodells wie die Freiwilligkeit der Zahlung, eine Verpflichtung liefe dem zuwider.

Man könnte versuchen, es juristisch anzugehen. Und überlegen, ob das Spielen der Künstler auf der Straße ein Angebot zu einem Darbietungsvertrag darstellt, das Sie annehmen, wenn Sie stehen bleiben und bewusst und absichtlich zusehen oder -hören. Abgesehen von Abgrenzungsschwierigkeiten riefe das jedoch vermutlich eine Vielzahl von schlauen Personen auf den Plan, die mithilfe von ebenso vielen juristischen Argumenten erklären, warum Sie nicht zahlen müssen.

Deshalb würde ich es eher mithilfe der Fairness lösen. Der Straßenkünstler geht mit seiner Kunst bedingungslos in Vorleistung. Wenn man sich daran durch Zuhören und Genießen bedient, ist es fair, mit seiner Gegenleistung ebenso bedingungslos zu verfahren. Noch einfacher wird es über die Dankbarkeit. Vielleicht trifft es der schöne alte Ausdruck „sich erkenntlich zeigen" am besten: Wenn man die Darbietung eines Künstlers, der oder die von Zuwendungen lebt, genossen hat, sollte man für diesen Genuss dankbar sein und sich erkenntlich zeigen, oder wie der Duden es umschreibt, seinen Dank durch eine Gabe ausdrücken. Am besten aber lässt sich alles über den Zauber des Lächelns betrachten. Es gibt so einiges in der Welt, das einem das Lächeln vergällt. Deshalb sollte man, wenn man auf etwas trifft, das einem ein inneres oder äußeres Lächeln ins Gesicht zaubert, sich darüber freuen und – lächelnd – etwas dafür zurückgeben.

d Was bedeuten die Ausdrücke in den Antworten? Ordnet zu.

Antwort 1

1. unter Generalverdacht stehen (Z. 2)
2. etw. ist bedenklich (Z. 5)
3. etw. ausschließen (Z. 36)
4. jdn. vertreiben (Z. 11)

A fragwürdig/zweifelhaft sein
B etw. kommt nicht in Frage
C jdn. zum Verlassen eines Ortes zwingen
D schon ohne konkrete Beweise verdächtig sein

Antwort 2

5. zuwiderlaufen (Z. 48)
6. etw. angehen (Z. 50)
7. der Genuss (Z. 69)
8. die Zuwendungen (Z. 68)

E Geld- oder Sachspenden
F mit etw. beginnen, anfangen
G im Widerspruch zu etw. stehen
H die Freude an etw.

3 Wählt eine Gewissensfrage aus Aufgabe 2 und nehmt Stellung zum dargestellten Problem. Beschreibt, wie ihr euch entscheiden würdet und warum. Überlegt zuerst, welche Argumente für euch am wichtigsten sind.

VERHALTEN POSITIV BEWERTEN	VERHALTEN NEGATIV BEWERTEN
Ich finde es anständig/lobenswert/anerkennenswert, dass …	Ich finde es falsch/unmöglich / nicht in Ordnung, dass …
Es ist vollkommen in Ordnung, wenn …	… wäre für mich undenkbar.
Ich erkenne an, wenn jemand …	Ich lehne es ab, wenn …
Ich schätze es, wenn …	Es ist für mich moralisch fragwürdig, wenn …
Ich finde es nicht unmoralisch, wenn …	Ich halte nichts davon, wenn …
	Ein solches Verhalten findet vielleicht bei anderen Anerkennung, aber …

▶ Ü 2–3

Die Welt ist ein Dorf

1a Hört ein Gespräch zwischen Christian und seinem Bruder Max. Wobei hilft Christian seinem Bruder und welchen Begriff erklärt er ihm?

b Hört noch einmal. Was bedeutet: „Superbillig ist meist nicht fair."?

c Definiert nun selbst den Begriff aus 1a und nennt Konsequenzen.

EINEN BEGRIFF DEFINIEREN	KONSEQUENZEN NENNEN
„…" ist …	Als Konsequenz ergibt sich daraus, dass …
„…" wird definiert als …	… ist eine logische Folge.
Unter „…" versteht man …	Daraus lässt sich ableiten/folgern, dass …
Mit dem Begriff „…" bezeichnet man …	Aus … kann man schließen, dass …
Von „…" spricht man, wenn …	Daraus ergibt sich, dass …
	… führt zu …

▶ Ü 1–2

2a Arbeitet zu zweit. Wählt einen Blogeintrag und notiert Stichpunkte zur Globalisierung.

Vorteile	Nachteile	Auswirkungen
Einkauf von Rohstoffen zu günstigsten Preisen		

A geschrieben am 18. Juni von GoingGlobal
Im Begriff der "Globalisierung" steckt das Wort "global", was so viel bedeutet wie "die ganze Welt betreffend". Globalisierung beschreibt die weltweiten wirtschaftlichen und politischen Beziehungen zwischen den Staaten, aber auch die persönlichen Verbindungen
5 zwischen den Menschen. Aus diesen Beziehungen ziehen wir viele Vorteile. Wir können heute z. B. ganz problemlos fast überallhin reisen und andere Kulturen kennenlernen. Mit dem Flugzeug sind wir innerhalb weniger Stunden auf anderen Kontinenten. Dadurch ist es
10 auch möglich, dass wir immer frisches Obst und Gemüse, die neuesten Elektronikgeräte und die modernsten Kleidungsstücke haben. Ohne die Globalisierung würde es diese Produkte entweder gar nicht geben, oder sie wären so teuer, dass viele sie sich gar nicht leisten könnten.
Ein weiterer Vorteil ist, dass wir innerhalb von Sekunden Informationen, Nachrichten, Bilder und
15 Videos auf der ganzen Welt austauschen können. Durch die Zunahme des technischen Fortschritts in den Bereichen Information und Kommunikation ist es zu einer weltweiten Vernetzung der Märkte gekommen. Dadurch ist es möglich, dass wir zu jeder Zeit einkaufen können und immer das preiswerteste Produkt finden. Firmen ermöglicht die Globalisierung, dass sie internationalen Handel betreiben können und bessere Möglichkeiten haben, ihre Produkte zu verkaufen. Dadurch werden
20 sie wirtschaftlich gestärkt und vergrößern ihren Wohlstand.
Die Globalisierung verursacht aber auch Probleme. Dadurch, dass die Märkte sehr stark miteinander verbunden sind, befinden sich die Mitbewerber nicht mehr nur in der näheren Umgebung, sondern sie können irgendwo auf der Welt angesiedelt sein. Der Wettbewerbsdruck steigt enorm. Wegen der starken Konkurrenz müssen die Unternehmenskosten möglichst niedrig
25 gehalten werden. Dadurch, dass viele Unternehmen in Rationalisierungsmaßnahmen eine Lösung sehen, wird Arbeit zunehmend durch Maschinen erledigt, was bedeutet, dass Arbeitsplätze verloren gehen. Eine andere Möglichkeit für die Unternehmen ist, die Produktion ins Ausland zu verlegen. Durch die Verlegung von Produktionsstätten ins Ausland profitieren Unternehmen von billigeren Arbeitskräften. Auch die Standortbedingungen sind oft besser und die Steuern nicht so hoch.
30 Allerdings werden im Inland dadurch auch viele Arbeitsplätze abgebaut.

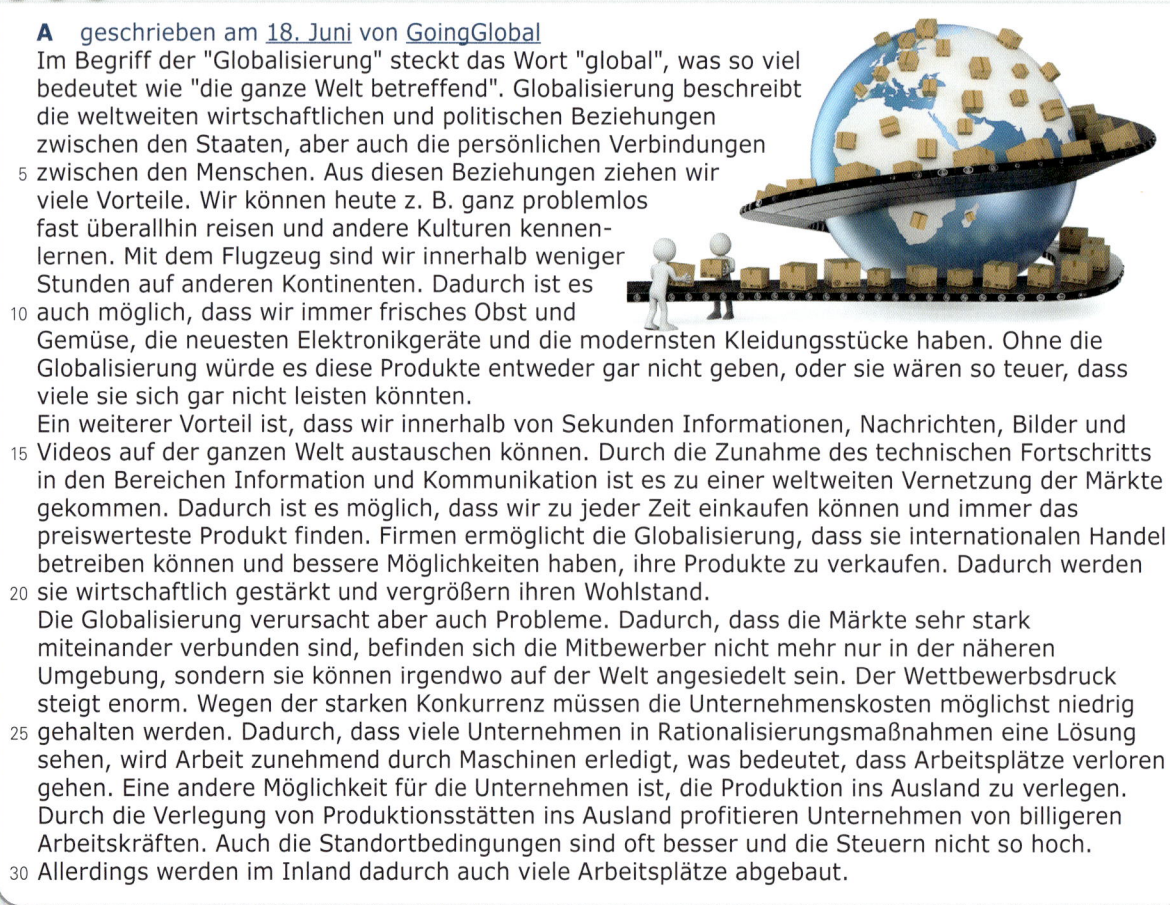

Modul 3

B geschrieben am 25. September von Nicetohave
Natürlich ermöglicht die Globalisierung globale Einkäufe, über die wir uns als Konsumenten freuen. Bananen aus Brasilien, Mangos aus Guatemala, Handys aus Asien, all das ermöglicht die Globalisierung zum günstigen Preis. Durch das grenzenlose Einkaufen im Internet ist man als Konsument nicht mehr nur auf die Produkte und Dienstleistungen aus seinem eigenen Land
5 angewiesen. Man kann Waren und Serviceleistungen überall auf der Welt kaufen. Das hat den Vorteil, dass man sich die beste Qualität zum besten Preis aussuchen kann. Aber durch die Transparenz der Preise ist der Preisdruck für alle Produzenten besonders hoch. Das hat zur Folge, dass vor allem kleinere Firmen pleitegehen oder von Konzernen übernommen werden.
Wegen dieser Übernahmen und Zusammenschlüsse von Firmen sind einige riesige Konzerne
10 entstanden, die immer mächtiger werden und großen politischen Einfluss haben. Diese riesigen Firmen handeln vor allem in ihrem eigenen Interesse, wollen ihre Macht ausbauen und ihren Gewinn vergrößern. Deshalb versuchen sie immer wieder, Maßnahmen zum Umweltschutz, zum Schutz der Arbeiter oder Verbraucher zu verhindern. Sie können sich aussuchen, wo sie Teile oder Rohstoffe für ihre Produktion einkaufen und die Preise für die Waren beeinflussen. Oft ist damit aber ein unfairer
15 Handel verbunden, was heißt, dass Menschen in ärmeren Ländern zu sehr schlechten Bedingungen arbeiten und an den Gewinnen des Geschäftes so gut wie nicht beteiligt werden. Denn wenn wirtschaftlich schwächere Regionen ihre Produkte verkaufen wollen, müssen sie die Preise niedrig halten, um konkurrenzfähig zu sein. Oft werden die Preise dadurch so sehr gedrückt, dass die Hersteller daran kaum noch etwas verdienen und Menschen für einen Hungerlohn und unter
20 schlechten Bedingungen arbeiten müssen. Kinder müssen oft Geld verdienen, damit sie und ihre Familien überleben können. Weil sie zur Arbeit gezwungen sind, können sie nicht zur Schule gehen und haben keine Freizeit zum Spielen.

b Fasst den Text für euren Partner / eure Partnerin zusammen und erstellt gemeinsam ein Plakat zum Thema „Vor- und Nachteile der Globalisierung".

c Hängt die Plakate in der Klasse auf und vergleicht sie. Welche Argumente sind für euch wichtig? Welche würdet ihr ergänzen?

3a Lest die Sätze. Bestimmt Haupt- und Nebensatz.
1. Weil die Konkurrenz stark ist, müssen die Unternehmenskosten möglichst niedrig gehalten werden.
2. Dadurch, dass der technische Fortschritt in den Bereichen Information und Kommunikation zunimmt, ist es zu einer weltweiten Vernetzung der Märkte gekommen.
3. Indem Produktionsstätten ins Ausland verlegt werden, profitieren Unternehmen von billigeren Arbeitskräften.

b Wie stehen die Sätze aus 3a in Text A? Vergleicht beide Varianten. Notiert die Regel in euer Heft und ergänzt die fehlenden Präpositionen.

c Sucht in Text B weitere Beispiele für kausale und modale Nominal- und Verbalformen und formt sie um.
▶ Ü 3–6

4 Arbeitet zu zweit. Wählt einen Bereich und überlegt euch positive und negative Beispiele für die Globalisierung. Recherchiert Informationen und stellt dann eure Beispiele in der Klasse vor.

Globalisierung und Umwelt   Globalisierung und Ernährung   Globalisierung und Bekleidung

Wer soll das bezahlen?

1 Stellt euch vor, ihr seid Musiker/in und träumt davon, ein eigenes Album zu machen. Welche Möglichkeiten gibt es, das zu finanzieren? Sammelt Ideen.

▶ Ü 1   *Ich würde meine Eltern fragen, ob ...*

2a Arbeitet in Gruppen. Lest die Definitionen und erklärt dann die Begriffe A–F mit Beispielen.

die Finanzierung: Bereitstellung von Geldern für eine Anschaffung oder ein Projekt. Die Gelder können erspart oder geliehen sein.

A die Fremdfinanzierung
B das Finanzierungsinstitut
C etwas vorfinanzieren

das Kapital: Geld oder anderes Vermögen und Gegenstände, die für ein Projekt oder eine Produkt-Produktion nötig sind.

D das Fremdkapital
E der Kapitalgeber
F das Mindestkapital

▶ Ü 2

b Lest den Text und sagt in einem Satz, was die Idee von Crowdfunding ist.

Was ist Crowdfunding?

Sie haben eine tolle Geschäftsidee, wollen (oder können) aber keinen Kredit bei einer Bank oder einem anderen Finanzierungsinstitut aufnehmen? Vielleicht ist Crowdfunding die richtige Lösung für Sie.
Diese Art der alternativen Fremdfinanzierung kommt ganz ohne den klassischen Weg zur Bank aus: Hier wird Fremdkapital über einen anderen Kanal gewonnen. Durch Crowdfunding konnten schon viele Geschäftsideen und Projekte umgesetzt und Produkte finanziert werden. Doch wie funktioniert diese Finanzierungsmöglichkeit genau?
Jemand startet eine sogenannte Aktion auf einer Crowdfunding-Plattform
im Internet. Diese Aktionen sind immer zeitlich begrenzt und es wird genau beschrieben, um welche Idee es geht, wie viel Geld benötigt wird und wozu das Geld genau verwendet wird. Die Kapitalgeber sind verschiedene, meist private Personen (Crowdfunder), die oft nur kleine Beträge für Projekte spenden, deren Idee sie gut finden. In den meisten Fällen bekommen sie dafür auch etwas, z. B. das fertige Album, wenn es um ein Musikprojekt geht, oder bestimmte Rechte, Geld (meist in Form einer Gewinnbeteiligung) oder andere Sachleistungen.
Bei jeder Aktion wird eine bestimmte Geldsumme angegeben, die über das Crowdfunding erreicht werden muss, damit das Projekt umgesetzt werden kann. Wird diese Summe innerhalb der vorgegebenen Zeitspanne nicht erreicht, erhalten die Kapitalgeber im Normalfall ihr Geld zurück. Typisch für Crowdfunding ist also, dass die Aktionen zeitlich begrenzt sind und dass die Gelder, die dadurch zusammenkommen, nur zweckgebunden ausgegeben werden dürfen.
Der Begriff „Crowdfunding" tauchte 2006 erstmals auf. Eine Internetplattform ermöglichte es damals Fans, die Alben von Musikern vorzufinanzieren. Die erste Crowdfunding-Plattform *kickstarter.com* wurde Anfang 2009 in den USA gegründet. Auf dieser Plattform wurden über 130.000 Projekte finanziert – vor allem aus dem künstlerischen Bereich. In Deutschland wurden 2011 die ersten großen Projekte über Crowdfunding realisiert – inzwischen sind es weit über 6.000.

c Arbeitet zu zweit und erklärt genauer: Wie funktioniert Crowdfunding? Wer ist beteiligt? Wer hat welchen Nutzen davon?

Modul 4

3a Lest die Projektbeschreibung auf einer Crowdfunding-Plattform. Welche Überschrift passt zu welchem Abschnitt?

A Warum sollte jemand dieses Projekt unterstützen?   B Was sind die Ziele und wer die Zielgruppe?
C Was passiert mit dem Geld bei erfolgreicher Finanzierung?

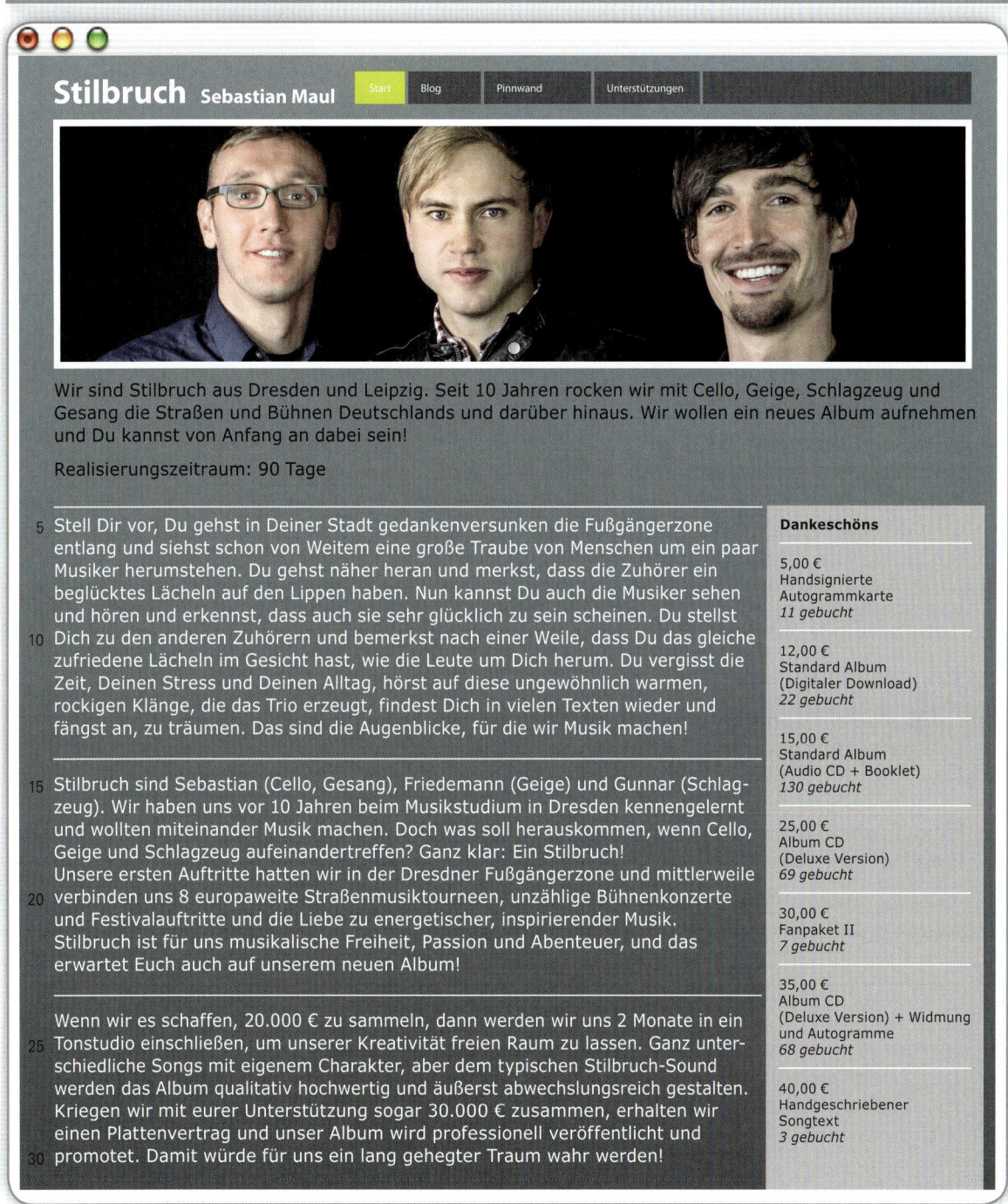

Stilbruch Sebastian Maul

Wir sind Stilbruch aus Dresden und Leipzig. Seit 10 Jahren rocken wir mit Cello, Geige, Schlagzeug und Gesang die Straßen und Bühnen Deutschlands und darüber hinaus. Wir wollen ein neues Album aufnehmen und Du kannst von Anfang an dabei sein!

Realisierungszeitraum: 90 Tage

5 Stell Dir vor, Du gehst in Deiner Stadt gedankenversunken die Fußgängerzone entlang und siehst schon von Weitem eine große Traube von Menschen um ein paar Musiker herumstehen. Du gehst näher heran und merkst, dass die Zuhörer ein beglücktes Lächeln auf den Lippen haben. Nun kannst Du auch die Musiker sehen und hören und erkennst, dass auch sie sehr glücklich zu sein scheinen. Du stellst
10 Dich zu den anderen Zuhörern und bemerkst nach einer Weile, dass Du das gleiche zufriedene Lächeln im Gesicht hast, wie die Leute um Dich herum. Du vergisst die Zeit, Deinen Stress und Deinen Alltag, hörst auf diese ungewöhnlich warmen, rockigen Klänge, die das Trio erzeugt, findest Dich in vielen Texten wieder und fängst an, zu träumen. Das sind die Augenblicke, für die wir Musik machen!

15 Stilbruch sind Sebastian (Cello, Gesang), Friedemann (Geige) und Gunnar (Schlagzeug). Wir haben uns vor 10 Jahren beim Musikstudium in Dresden kennengelernt und wollten miteinander Musik machen. Doch was soll herauskommen, wenn Cello, Geige und Schlagzeug aufeinandertreffen? Ganz klar: Ein Stilbruch!
Unsere ersten Auftritte hatten wir in der Dresdner Fußgängerzone und mittlerweile
20 verbinden uns 8 europaweite Straßenmusiktourneen, unzählige Bühnenkonzerte und Festivalauftritte und die Liebe zu energetischer, inspirierender Musik.
Stilbruch ist für uns musikalische Freiheit, Passion und Abenteuer, und das erwartet Euch auch auf unserem neuen Album!

Wenn wir es schaffen, 20.000 € zu sammeln, dann werden wir uns 2 Monate in ein
25 Tonstudio einschließen, um unserer Kreativität freien Raum zu lassen. Ganz unterschiedliche Songs mit eigenem Charakter, aber dem typischen Stilbruch-Sound werden das Album qualitativ hochwertig und äußerst abwechslungsreich gestalten. Kriegen wir mit eurer Unterstützung sogar 30.000 € zusammen, erhalten wir einen Plattenvertrag und unser Album wird professionell veröffentlicht und
30 promotet. Damit würde für uns ein lang gehegter Traum wahr werden!

Dankeschöns

5,00 €
Handsignierte Autogrammkarte
11 gebucht

12,00 €
Standard Album (Digitaler Download)
22 gebucht

15,00 €
Standard Album (Audio CD + Booklet)
130 gebucht

25,00 €
Album CD (Deluxe Version)
69 gebucht

30,00 €
Fanpaket II
7 gebucht

35,00 €
Album CD (Deluxe Version) + Widmung und Autogramme
68 gebucht

40,00 €
Handgeschriebener Songtext
3 gebucht

b Lest die Projektbeschreibung noch einmal. Notiert wichtige Informationen und beantwortet dann die Fragen aus 3a in eigenen Worten.   ▶ Ü 3–4

Wer soll das bezahlen?

4a Lest die Fragen und hört dann das Gespräch. Macht Notizen zu den Fragen.

1. Was haben die beiden Personen gemeinsam?
2. Welche Geschäftsidee hat Aylin?
3. Welche Idee von Sebastian war erst mal nicht erfolgreich?

b Vergleicht zu zweit eure Notizen und ergänzt. Hört dann noch einmal und beantwortet gegenseitig die folgenden Fragen.

1. Was ist am Tag vor dem Treffen von Aylin und Sebastian passiert?
2. Wie lange läuft die Aktion von Aylin noch?
3. Was möchte Aylin alles bald erledigen?
4. Warum ist Sebastians Aktion gescheitert?
5. Was hat Sebastian in der Zwischenzeit gemacht?
6. Welchen Vorschlag macht Aylin?

c Was gehört zusammen?

1. Ich habe vor einer Woche eine Crowdfunding-Aktion
2. Wer das Projekt finanziert, wird Sachleistungen
3. Ich habe natürlich eine Mindestkapitalmenge
4. Die Aktion ist zeitlich
5. Hoffentlich wird die Idee von vielen
6. Ich bin optimistisch, dass ich die Mindestsumme
7. Natürlich werde ich das Geld nur zweckgebunden
8. Hoffentlich kann ich meine Geschäftsidee bald

a erhalten.
b ausgeben.
c angegeben.
d gestartet.
e erreiche.
f begrenzt.
g umsetzen.
h unterstützt.

d Sprecht in der Klasse: Wie findet ihr die Ideen von Aylin und Sebastian? Könnten die Ideen bei euch erfolgreich sein?

▶ Ü 5–6

5a Sammelt Projekte, die sich für eine Finanzierung über Crowdfunding eignen könnten.

- *App, mit der man einfach Lernpartner finden und themengebundene Lerngruppen eröffnen kann*
- *Leihservice für Sport- und Freizeitgeräte*
- ...

b Einigt euch in Gruppen auf eine Idee und erstellt eine Mindmap als Vorbereitung für eine Projektbeschreibung.

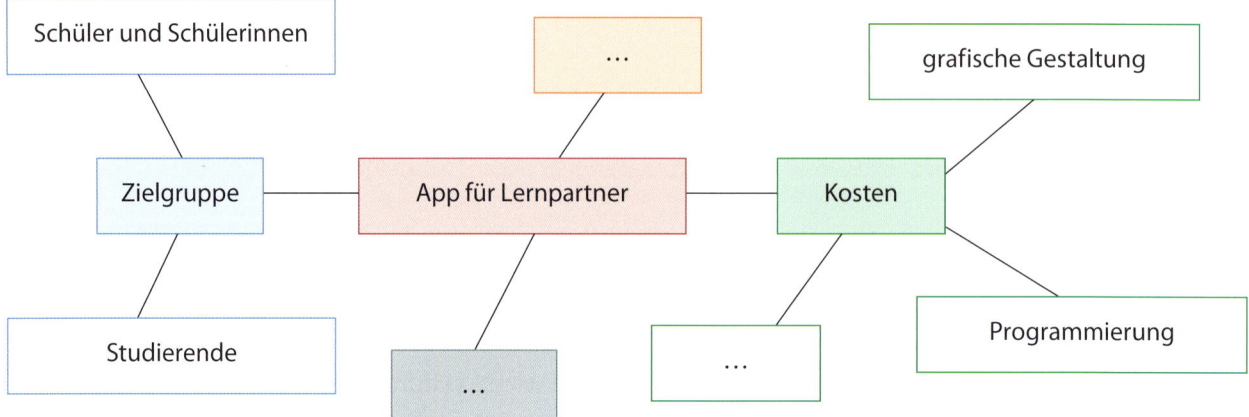

Fertigkeitstraining

Modul 4

c Erstellt die Projektbeschreibung für eure Crowdfunding-Aktion. Beachtet dabei die folgenden Punkte und verwendet passende Redemittel aus dem Kasten.

- Findet einen aussagekräftigen Titel für euer Projekt.
- Beschreibt die Idee eures Projekts.
- Was ist das Besondere an dem Projekt?
- Beschreibt euch und sagt, warum ihr das Projekt umsetzen wollt und könnt.
- Wie wollt ihr die Ziele umsetzen?
- Bis wann wollt ihr was erreichen?
- Wie viel Geld wird benötigt?
- Was erhalten die Finanzierer, wenn das Projekt realisiert werden kann?

EIN PROJEKT BESCHREIBEN

Unsere Idee ist …	Wir möchten mit unserem Projekt …
Besonders hervorzuheben ist …	Das Besondere an unserem Projekt ist …
Nur in/mit/bei unserem … kann man …	Das Einzigartige an unserem … ist …
Wir haben Erfahrung in/mit …	Wir sind Experten für … und können daher …
Wir planen das Projekt in folgenden Schritten: …	Wir werden zunächst…, dann …
Wir benötigen insgesamt Spenden in Höhe von …	Insgesamt benötigen wir … Euro.
Als Dankeschön bieten wir …	Wenn unser Projekt realisiert wird, erhält jeder Spender …

 d Hängt alle Projektbeschreibungen aus. Kommentiert eure Vorschläge gegenseitig und entscheidet, für welches Projekt ihr Geld spenden würdet.

Checkliste Projektbeschreibung

- Ist der Titel interessant und aussagekräftig?
- Ist das Projekt verständlich und klar beschrieben? Gibt es noch Fragen zum Projekt, ist etwas unklar geblieben?
- Wird deutlich, was das Besondere an dem Projekt ist?
- Wie stellen sich die Personen vor? Wirken sie authentisch, kompetent, sympathisch, …?
- Ist der Zeitplan nachvollziehbar, realistisch und plausibel?
- Erscheint die benötigte Geldsumme realistisch?
- Gibt es interessante und attraktive „Geschenke", wenn das Projekt erfolgreich ist?
- Ist sonst etwas an der Projektbeschreibung auffallend positiv oder weniger positiv?

Porträt

Junge Unternehmen

myboshi

Um sich die Zeit an langen Abenden in einem abgelegenen Skiresort in Japan zu vertreiben, lernten die damaligen Skilehrer Thomas Jaenisch und Felix Roland häkeln und fingen an, bunte Mützen zu produzieren. Diese fanden schnell Gefallen bei ihren Mitmenschen und so entstand die Geschäftsidee von myboshi. Heute leiten die beiden Jungunternehmer ein erfolgreiches Handarbeitsunternehmen. Auf ihrer Webseite kann sich jeder seine Mütze in Form und Farbe selbst zusammenstellen und von mittlerweile 30 Rentnerinnen häkeln lassen. Auch ihre Handarbeitsbücher sind Bestseller geworden und inzwischen kann man auch Häkelzubehör und Anleitungen nach unterschiedlichen Schwierigkeitsgraden für verschiedene Produkte vom Schal über Babysachen bis zu Taschen kaufen.

Thomas Jaenisch und Felix Roland

freekickerz

Konstantin „Konzi" Hert aus der Nähe von Stuttgart betreibt zusammen mit zwei Freunden den weltweit erfolgreichsten Youtube-Fußball-Kanal. Mittlerweile haben die freekickerz um die 6,5 Millionen Abonnenten aus ganz Europa und den USA. Konzi und seine Freunde zeigen in ihren Filmen genaue Anleitungen für Fußballtricks, sodass jeder Amateurfußballer diese üben kann. Außerdem werden Fußbälle oder Schuhe getestet und Zusammenschnitte von den besten Freistößen gezeigt. Konzi hat sein Hobby zum Beruf gemacht und kann mittlerweile von den freekickerz leben.

Konstantin Hert

DeinDesign

„So individuell die Menschen sind, so sind auch die Geschmäcker verschieden. Folglich sollte auch jeder das Design der Dinge selbst bestimmen können, die einen täglich umgeben." Dieser Grundgedanke brachte Victoria Chirita, Kyan und Manuel Noack 2006 auf die Idee, DeinDesign zu gründen. Eine Plattform, auf der individualisierte und persönliche Hüllen oder auch Aufklebefolien für elektronische Geräte wir Smartphones, Notebooks und Tablets angeboten werden. Die Kunden können verschiedene Motive auswählen oder auch eigene Fotos und Gestaltungen hochladen und anfertigen lassen. Inzwischen ist die Palette der Produkte, die gestaltet werden können, deutlich gewachsen, so sind z. B. auch T-Shirts, Kopfhörer oder Klett-Sticker für Schultaschen dazugekommen. Seit der Gründung wurde das Startup mit über 100 Mitarbeitern mit mehreren Preisen ausgezeichnet, unter anderem 2014 in der Kategorie „Innovativstes Unternehmen".

Victoria Chirita, Kyan und Manuel Noack

www Mehr Informationen zu myboshi, freekickerz und DeinDesign

Sammelt Informationen über Persönlichkeiten und Unternehmen aus dem In- und Ausland, die für das Thema „Wirtschaft" interessant sind, und stellt sie in der Klasse vor.

Beispiele aus dem deutschsprachigen Bereich: Karl Lagerfeld – Swarovski – Attila Hildmann – Susanne Porsche – Karen Heumann – Kaviar Gauche – ArtiMinds – ShareTheMeal

Grammatik-Rückschau 4

1 Nominalisierung und Verbalisierung von Temporalsätzen

Nominalform	Verbalform
Seit der Entdeckung der Steinkohle hat das Ruhrgebiet eine rasante Entwicklung genommen.	**Seitdem** die Steinkohle entdeckt wurde, hat das Ruhrgebiet eine rasante Entwicklung genommen.
Nach dem Ende des Krieges stieg die Bevölkerungszahl bis 1950 rasch an.	**Nachdem** der Krieg beendet worden war, stieg die Bevölkerungszahl bis 1950 rasch an.
Die Kohle spielte **beim** wirtschaftlichen Wiederaufbau der Bundesrepublik eine entscheidende Rolle.	Die Kohle spielte eine entscheidende Rolle, **als** die Bundesrepublik wirtschaftlich wieder aufgebaut wurde.
Bis zum Beginn des wirtschaftlichen Abschwungs vergingen nur wenige Jahre.	**Bis** der wirtschaftliche Abschwung begann, vergingen nur wenige Jahre.
Vor dem Beginn der Kohlekrise arbeiteten die meisten Menschen in der Rohstoffverarbeitung.	**Bevor** die Kohlekrise begann, arbeiteten die meisten Menschen in der Rohstoffverarbeitung.
Während der Kohleförderung wurde in den Zechen schwer gearbeitet.	**Während** man Kohle förderte, wurde in den Zechen schwer gearbeitet.

2 Nominalisierung und Verbalisierung von Kausalsätzen

Nominalform	Verbalform
Wegen der starken Konkurrenz müssen die Unternehmenskosten möglichst niedrig gehalten werden.	**Weil/Da** die Konkurrenz stark ist, müssen die Unternehmenskosten möglichst niedrig gehalten werden.

3 Nominalisierung und Verbalisierung von Modalsätzen

Nominalform	Verbalform
Durch die Verlegung von Produktionsstätten ins Ausland profitieren Unternehmen von besseren Standortbedingungen und Steuervorteilen.	Unternehmen profitieren von besseren Standortbedingungen und Steuervorteilen, **indem** sie Produktionsstätten ins Ausland verlegen.
Durch das grenzenlose Einkaufen im Internet ist man als Konsument nicht mehr nur auf die Produkte und Dienstleistungen aus seinem eigenen Land angewiesen.	**Dadurch, dass** man im Internet grenzenlos einkaufen kann, ist man als Konsument nicht mehr nur auf die Produkte und Dienstleistungen aus seinem eigenen Land angewiesen.

Perfektes Timing

1a Seht den ersten Teil des Crowdfunding-Videos zum Kurzfilmprojekt „Perfektes Timing" ohne Ton. Worüber sprechen Alex und Benno? Sammelt Vermutungen in der Klasse.

b Seht den ersten Teil nun mit Ton. Ergänzt und korrigiert eure Sammlung aus 1a.

2a Arbeitet zu dritt. Seht den Rest des Films. Jede/r macht Notizen zu einem Thema.

- Namen und Charakter der von den Schauspielern vorgestellten Rollen
- Handlung des Kurzfilms
- Requisiten und Orte

b Vergleicht und ergänzt eure Notizen. Schreibt dann eine kurze Zusammenfassung zum Inhalt und zu den Personen im Film.

Im Kurzfilm „Perfektes Timing" soll es um einen Jungen gehen, der …

sehen | nachdenken | diskutieren | …

3a Ein Schauspieler wird vom Regisseur gebeten, seine Rolle auf Bairisch vorzustellen. Seht die Szene noch einmal und „übersetzt" den Text.

> Servus! I bin der Andreas Bittl und ich spui den Hehla in dem Film „Perfektes Timing". Also, mir drahn jetzt die Szene, wo i mit so am 70er-Jahre Pontiak daherfahr und dann verkauf i da dem schwindligen Kunstsammler des g'stolne Buidl. Des drahn jetzt mir da.

Hallo! Ich bin der Andreas Bittl und ich spiele den …

b Warum möchte der Regisseur, dass der Schauspieler Bairisch spricht und weshalb ist der Schauspieler überrascht? Wie findet ihr die Idee?

4 Welche Witze und Gags wurden in den Crowdfunding-Film eingebaut? Wie werben die Filmemacher für ihr Projekt? Sammelt in der Klasse und seht dann den Film unter diesem Aspekt noch einmal.

1. Werbung für finanzielle Unterstützung des Films
2. einmalige Witze und Gags
3. sich wiederholende Witze und Gags

5 Die Finanzierung des Films ist geglückt und der Film wurde realisiert. Recherchiert weitere Infos zum fertigen Film. Habt ihr Lust, den Kurzfilm anzusehen? Begründet eure Antwort.

Ziele

A

Benny, 20

Träume, Wünsche, Ziele – Welche habt ihr?
Welche Ziele, Träume und Wünsche habt ihr in eurem Leben und welche habt ihr schon erreicht? Gibt es ein Ziel, das ihr schon lange versucht zu erreichen, aber es ist für euch unerreichbar? Schreibt uns über eure Erfahrungen. Wir sind gespannt ...

30.3. / 11:14 Uhr   **1**
Zuerst möchte ich sagen, dass ich Wünsche und Träume streng von meinen Zielen trenne. Ziele sind für mich Dinge, die ich auf alle Fälle erreichen muss, um im Leben weiterzukommen. Mein oberstes Ziel ist deshalb, meine Ausbildung erfolgreich abzuschließen. Außerdem will ich mehrere Sprachen sprechen können. Englisch und Spanisch kann ich schon ganz gut. Zurzeit lerne ich Japanisch. Mein Traum ist es, einen Sprachkurs in Tokio zu besuchen. Aber das ist sehr teuer. Mein Wunsch wäre, Japanologie zu studieren.

Christoph, 41

B

31.3. / 07:38 Uhr   **2**
Da ich schon älter bin, habe ich viele meiner Ziele schon erreicht: Ich habe eine Familie (habe schon zwei Enkelkinder 🙂), einen tollen Job, bin viel gereist und habe Haus und Garten versorgt. Was will man mehr? Ich frage mich oft, ob ich schon alles getan habe, was ich wollte, und was meine nächsten Ziele sind. Mir fallen im Moment aber nur kleinere Ziele ein: Ich möchte mich unbedingt mehr bewegen und eigentlich möchte ich in Zukunft viel mehr für mich tun. Ich war immer für andere da. Ich glaube, es ist an der Zeit, etwas mehr an mich zu denken.

Sofia, 23

C

Ihr lernt
Modul 1 | Notizen zu einem Interview über das Verhalten im Internet machen
Modul 2 | Einen Blogbeitrag zum Thema „Politisches Engagement" schreiben
Modul 3 | Einen Artikel über gute Vorsätze verstehen und Tipps zum Erreichen von Vorsätzen geben
Modul 4 | Einen Aufsatz über freiwilliges Engagement schreiben
Modul 4 | Kurze Berichte zusammenfassen

Grammatik
Modul 1 | Negative Konsekutivsätze mit *zu ..., um zu / als dass*
Modul 3 | Nominalisierung und Verbalisierung von Konzessiv- und Finalsätzen

▶ ÜB Wortschatz

5

3

30.3. / 19:22 Uhr

Ich denke, man muss zwischen realen Zielen und Träumen unterscheiden. Bei mir ist es so, dass ich schon lange davon träume, zusammen mit meiner Freundin eine Weltreise zu machen. Nur leider ist das bei meinem Einkommen unbezahlbar. Also wird das ein Traum bleiben, wenn ich nicht gerade im Lotto gewinne ... Aber auch das ist ein Traum, den jeder hat . Wenn es um meine Ziele geht, dann steht meine Hochzeit ganz oben. Meine Freundin und ich kennen uns schon acht Jahre. Es ist an der Zeit, den nächsten Schritt zu tun. Die Hochzeit ist bereits geplant ...

Anna Maria, 55

4

30.3. / 18:14 Uhr

Ich habe einen tollen Beruf. Ich bin Altenpflegerin in einem Seniorenheim und mein Traum war schon immer, dort eine Station zu leiten. Im letzten Jahr habe ich deswegen berufsbegleitend eine Weiterbildung zur Stationsleitung im Altenheim begonnen, die ich jetzt erfolgreich abgeschlossen habe. Dass ich das geschafft habe, darauf bin ich richtig stolz. Mir macht die Arbeit auf der Station unheimlich Spaß. Weil ich eine große Verantwortung trage, investiere ich natürlich viel Zeit in meinen Job. Das bedeutet oft, dass für mich selbst und meine Freunde nicht immer viel Zeit übrigbleibt. Zum Glück habe ich Freunde, die dafür viel Verständnis haben. Mein großer Traum ist, Pflege- und Gesundheitsmanagement zu studieren, um später selbst ein Altenheim zu leiten. Ich glaube, dass ich auch das schaffen kann.

1a Lest die Blogeinträge. Was denkt ihr, welche Person hat welchen Eintrag geschrieben? Begründet eure Wahl.

b Welche Ziele, Wünsche und Träume haben die Personen? Wie realistisch sind sie?

c Schreibt einen kurzen Blogeintrag mit euren Zielen, Wünschen und Träumen.

Fairness im Netz

1a Lest den folgenden Textausschnitt. Worum geht es und wo könntet ihr ihn finden?

> Behandle andere Nutzer respektvoll und freundlich.
> Starte keine persönlichen Angriffe gegen andere Nutzer.
> Werde nicht beleidigend.
> Es geht um einen Austausch und damit um das „Miteinander", nicht um das „Gegeneinander".
> Beschimpfungen, Beleidigungen oder Verunglimpfungen von anderen Teilnehmern oder Dritten haben hier nichts zu suchen.
> Postings mit gesetzeswidrigem Inhalt sind verboten.

b Welche Erfahrungen habt ihr mit dem Umgangston im Internet gemacht? Was findet ihr nicht gut? Was stört euch? Berichtet in der Klasse.

In sozialen Netzwerken ist mir aufgefallen, dass Kritik häufig …

2.8

2a Hört den ersten Teil einer Radiosendung aus dem Schulradio zum Thema „Safer Internet Day". Beantwortet die Fragen.

1. Wann findet der Safer Internet Day statt?
2. Wer hat ihn ins Leben gerufen?
3. Was ist dieses Mal das Thema des Tages?

2.9

b Arbeitet zu zweit und wählt ein Thema. Hört dann den zweiten Teil der Sendung. Macht Notizen zu eurem Thema und tauscht euch nach dem Hören über die Themen aus.

Thema 1:
Die Begriffe „Netiquette" und „Troll"

Thema 2:
Tipps für den respektvollen Umgang im Internet

2.10

c Hört den letzten Teil der Sendung und macht Notizen zum Programm der Schule am Safer Internet Day.

| Vortrag | Workshops | Stände |

d Arbeitet zu dritt. Erstellt Regeln für den respektvollen Umgang im Internet und schreibt sie auf Plakate. Präsentiert sie anschließend in der Klasse.

1. Erst denken, dann posten.
2. …

▶ Ü 1–2

Modul 1

3a Was passt zusammen? Notiert die Sätze und unterstreicht die Konnektoren. Hört die Sätze anschließend zur Kontrolle.

1. Falschmeldungen sind viel zu bedrohlich,
2. Persönliche Daten sind viel zu kostbar,
3. Gerade dieses Thema ist zu wichtig,
4. Gegenseitiger Respekt ist viel zu wichtig,

a um leichtfertig damit umzugehen.
b als dass man darauf im Internet verzichten könnte.
c um sie bedenkenlos ins Netz zu stellen.
d als dass es im Programm fehlen sollte.

1a. Falschmeldungen sind viel zu bedrohlich, um leichtfertig damit umzugehen.

b Die Konsekutivsätze in 3a kann man auch anders formulieren. Lest die Sätze. Was ist anders? Formt dann die Sätze 3 und 4 aus 3a um.

1. Falschmeldungen sind **so** bedrohlich, dass man **nicht** leichtfertig damit umgehen sollte.
2. Persönliche Daten sind **so** kostbar, dass man sie **nicht** bedenkenlos ins Netz stellen darf.

c Schreibt die Regel für die Konsekutivsätze in 3a in euer Heft und ergänzt sie.

| Nebensatz | zwei Teilen | Konjunktiv II | Infinitiv | negative Folge |

Negative Konsekutivsätze

Konsekutivsätze mit *zu …, um zu* und *zu …, als dass* drücken eine ▓▓▓ aus. Sie bestehen aus ▓▓▓: *zu* steht im Hauptsatz vor einem Adjektiv oder Partizip, *um zu* und *als dass* leiten den ▓▓▓ ein. Nach *um zu* steht der ▓▓▓, nach *als dass* steht das Verb im ▓▓▓.

▶ Ü 3–6

d Verbindet die Sätze mit *zu …, um zu* oder *zu …, als dass*.

1. Regeln für den Umgang im Internet sind wichtig. Man kann sie nicht ignorieren.
2. Manche User antworten im Chat sehr schnell. Sie können auf Anfeindungen nicht angemessen reagieren.
3. Persönliche Daten sind sehr wichtig. Man darf sie im Internet nicht wahllos preisgeben.
4. Mobbing im Internet kommt häufig vor. Man darf das Thema im Unterricht nicht vergessen.

▶ Ü 7–8

4 Schreibt Philipp vom Schulradio eure Meinung zum Interview. Schreibt zu folgenden Punkten.

- Wie empfindet ihr den Umgangston im Internet?
- Haltet ihr euch an Regeln?
- Gebt Tipps, was man gegen respektloses Verhalten im Netz tun kann.

*Hallo Philipp,
ich habe euren Beitrag zum
Safer Internet Day gehört.
Ich habe in sozialen Netzwerken
auch schon erlebt, …*

Null Bock auf Politik?

1a Arbeitet zu dritt. Lest die Aussagen zum Thema „Politik". Sprecht in der Gruppe darüber, wie ihr sie versteht.

1. Politik geht jeden an!

2. Politiker sind doch nur auf Stimmenfang aus.

3. In der Politik wird zu viel gestritten.

4. Politiker denken nur an sich.

5. Jeder glaubt, in der Politik mitreden zu können.

6. Die Unzufriedenen sollten sich stärker in der Politik engagieren.

7. Wenn ich will, kann ich mich einmischen. Und das ist mir wichtig.

b Welche Meinung habt ihr zu den Aussagen? Überlegt in eurer Gruppe bei jeder Aussage, ob ihr sie ablehnt, ihr zustimmt oder ob ihr unentschieden seid.

c Tragt eure Ergebnisse in der Klasse zusammen. Vergleicht, wo es Gemeinsamkeiten und Unterschiede gibt.

2a Lest die Blogeinträge. Welche Vorschläge für politisches Engagement werden in den Beiträgen gemacht?

Bock-auf-Politik.de
Forum ▸ Fragen

Admin

Immer wieder kann man in den Medien lesen, dass die Jugend von heute kein großes politisches Interesse hat. Für die großen Fragen unserer Zeit würden sich nur wenige Jugendliche interessieren. Ist das wirklich so? Wir wollen von euch wissen, wie ihr das seht, ob ihr euch für Politik interessiert oder ob ihr euch vielleicht sogar politisch engagiert. Schreibt uns. Wir sind auf eure Beiträge gespannt.

Angi, 17

Bisher dachte ich, Politik ist ziemlich langweilig. Politiker reden viel und am Ende passiert nichts. Vor Kurzem haben wir aber in der Schule ein Planspiel gemacht. Wir haben im Unterricht simuliert, wie ein Gesetz entsteht. Das fand ich total interessant und ich glaube, jedem wurde klar, warum ein Gesetz so lange braucht. Weil das Planspiel bei allen Schülern gut ankam, wollen wir das wiederholen und dann vielleicht eine Stadtratssitzung simulieren. Das wird bestimmt total spannend. Vielleicht wollt ihr so ein Planspiel auch mal im Unterricht ausprobieren. Da lernt man politische Prozesse sehr praktisch kennen.

Modul 2

Tobi, 16

Ich für mich will erst mal klein anfangen. Ich bin seit diesem Jahr Klassensprecher und das macht mir richtig Spaß. Als Klassensprecher vertrete ich die Interessen der Schüler meiner Klasse. So gebe ich z. B. Anregungen, Vorschläge und Wünsche einzelner Schüler oder der ganzen Klasse an die Lehrer, den Schulleiter oder die Elternvertreter weiter. Wenn es Schwierigkeiten und Probleme in der Klasse gibt, z. B. wenn sich zwei Schüler streiten oder wenn es zwischen der Klasse und einem Lehrer Probleme gibt, dann versuche ich zu vermitteln. Außerdem findet bei uns an der Schule einmal pro Schulhalbjahr die Klassensprecherversammlung statt. Diese Versammlung organisiere ich mit. Also ich finde das Amt des Klassensprechers spannend und es ähnelt durchaus den Aufgaben eines Politikers.

Rika, 19

Ich finde es wirklich toll, wenn sich Jugendliche politisch engagieren. Aber mit 18 schon einer Partei beitreten? Ich bin 19 und merke ja an mir selbst, dass sich politische Einstellungen verändern können. Das heißt natürlich nicht, dass man sich nicht politisch engagieren sollte. Es gibt viele Möglichkeiten dafür. Ich zum Beispiel bin Mitglied in einer Jugendorganisation einer großen Partei. Jugendliche ab 14 Jahre können sich bei uns engagieren und müssen selbst nicht Mitglied in der Partei sein. Was mir daran besonders gefällt, ist, dass die Jugendparteien eine differenziertere Meinung haben können, die nicht mit der Meinung der Mutterpartei übereinstimmen muss. Auf diese Weise können sich Jugendliche durchaus Gehör verschaffen.

Fipps, 16

Meiner Meinung nach gehört zum politischen Engagement auch, von seinen Rechten Gebrauch zu machen. An meiner Schule fallen seit dem letzten Schuljahr viele Stunden aus. Ein Blick auf den Vertretungsplan reicht aus, um zu verstehen, welches Ausmaß der Ausfall hat. Der Grund dafür ist, dass es zu wenig Lehrer gibt. Deshalb hat unser Schülerrat zusammen mit den Eltern eine Demo organisiert, der sich auch andere Schulen angeschlossen haben. Wir haben eigene Plakate entworfen, um damit vor dem Landtag zu demonstrieren und auf die schlechte Situation in den Schulen aufmerksam zu machen. Damit haben wir von unserem demokratischen Grundrecht Gebrauch gemacht. Ich finde, diese Demo zeigt, dass wir Jugendliche auch politisch aktiv sein können.

b **Wählt einen Vorschlag aus den Blogbeiträgen aus. Recherchiert dazu im Internet und stellt ihn in der Klasse genauer vor.**

▶ Ü 1–3

c **Wie kann man sonst noch Einfluss auf die Politik nehmen? Arbeitet in Gruppen und ergänzt die Vorschläge. Wählt die beiden besten Vorschläge. Präsentiert sie in der Klasse und begründet eure Auswahl.**

- ein Protestschreiben verfassen
- einen Abgeordneten in seiner Sprechstunde besuchen
- eine Online-Petition unterschreiben
- mit dem Bürgermeister sprechen
- …

▶ Ü 4

d **Schreibt einen Blogbeitrag dazu, wie man eurer Meinung nach politisch aktiv sein kann. Macht in eurem Beitrag auch einen Vorschlag dafür.**

Ab morgen!

1a Was sind typische „gute Vorsätze"? In welchen Situationen fasst man sie?

b Findet ihr es schwer, gute Vorsätze in die Tat umzusetzen? Warum (nicht)?

2a Lest den Artikel. Arbeitet zu zweit und fasst jeden Ratschlag mit eigenen Worten zusammen.

Gute Vorsätze –
So bezwingen Sie den inneren Schweinehund

Zum Jahresende wächst die Motivation: Nächstes Jahr soll alles besser werden. Doch oft überstehen die guten Vorsätze nicht mal den Januar. Ein paar einfache Tricks können helfen.

Studien zeigen, dass nur 30 Prozent der Vorsätze eine realistische Chance haben, sich zu verfestigen. Obwohl sie sehr motiviert sind, geben die Ersten ihre Pläne nach drei Wochen schon wieder auf. Nach einem halben Jahr ist nur noch die Hälfte dabei.

Wie klappt es mit den guten Vorsätzen? Fünf Ratschläge von Experten:

1. Den Plan durchdenken

Zunächst ist es wichtig, sich klar zu machen, was der gute Vorsatz konkret bedeutet. Viele Menschen machen sich keine Gedanken darüber, welche Folgen eine Veränderung ganz konkret für ihren Alltag hat und was sie unternehmen, wenn Schwierigkeiten auftauchen.

Oft entwickelt man die guten Vorsätze eher nebenbei und spontan. „Am Ende des Jahres wird Resümee gezogen, und man fühlt sich verpflichtet, einen Vorsatz zu fassen. Wenn man nicht wirklich dahintersteht, scheitert man", sagt der Psychologe Frank Wieber von der Universität Konstanz.

2. Sich realistische und konkrete Ziele setzen

Es bringt nichts, zu streng mit sich selbst zu sein. „Ob mehr Sport oder eine gesündere Ernährung: Die Vorsätze sollten realistisch sein", sagt die Psychologin Katja Mierke von der Hochschule Fresenius in Köln. Nach ihrer Einschätzung scheitern gute Vorsätze oft an zu hoch gesteckten Zielen. „Wer sich vornimmt, vier Mal in der Woche Sport zu treiben und komplett auf Schokolade zu verzichten, den kostet das sehr viel Selbstkontrolle." Im Alltag sei das nur schwer durchzuhalten mit der Folge, dass viele ihre Vorsätze komplett über Bord werfen. „Ein besserer Vorsatz ist, jeden Tag nicht mehr als ein Stück Schokolade zu essen oder an zwei konkreten Wochentagen Salat", sagt Mierke. Das sei realistischer. Auch gute Vorsätze wie „Ich will gesünder leben" seien zu abstrakt.

Ein anderes Beispiel: Wer etwas an seiner Handynutzung ändern wolle, könne feste Pausen einplanen, in denen das Handy weggelegt oder abgeschaltet wird. Denn die größte Angst sei, etwas zu verpassen. „Ich muss mir bewusst machen, was schlimmstenfalls passieren kann, wenn ich zwei Stunden nicht erreichbar bin", sagt Mierke. „Zudem sollte im Freundes-, Familien- und Kollegenkreis transparent gemacht werden, wenn jemand gezielt offline geht."

3. Das Vorhaben ernst nehmen

Es gibt noch einen Grund, aus dem der innere Schweinehund häufig wieder die Oberhand gewinnt: „Er hat deswegen so gute Karten, weil für viele Menschen ein Scheitern eigentlich ins Konzept passt", so Mierke. „Sie sagen: Mal sehen, wie lange ich das durchhalte, und das ist bereits ein Problem, weil die Ernsthaftigkeit fehlt", sagt die Expertin. Manche gönnen sich Mierke zufolge nach der ersten großen Euphorie wieder Ausnahmen oder „belohnen" sich etwa mit Fast Food. Dann läuft es oft bald wie zuvor. „Es gibt Menschen, die gut sind in Selbstkontrolle, andere nicht."

4. Sich auf Herausforderungen einstellen

Psychologe Wieber empfiehlt Menschen, die sich eine Veränderung wünschen, eine Methode, die in der Wissenschaft „mentales Kontrastieren mit Wenn-dann-Plänen" oder „WOOP" heißt. Dabei nimmt man sich erstens ein Ziel für einen konkreten Zeitraum vor und stellt sich zweitens die schönsten Ergebnisse vor, sollte sich das erfüllen. In einem dritten Schritt überlegt man, was einen davon abhalten könnte. Danach legt man fest, wie man auf diese Hindernisse reagiert.

5. Flexibel bleiben

Neben einem guten Plan erhöhe Flexibilität die Aussichten auf Erfolg, hat Gesundheitspsychologin Lippke festgestellt. Sprich: Wenn es zum Beispiel zu stark schneit, um zu joggen, geht man alternativ ins Schwimmbad. „Sonst macht der innere Schweinehund sofort einen Strich durch die Rechnung."

Modul 3

b Was bedeuten die Ausdrücke aus dem Artikel? Ordnet sie den Umschreibungen zu.

1. ein Resümee ziehen (Z. 19-20)
2. etwas über Bord werfen (Z. 35)
3. die Oberhand gewinnen (Z. 51)
4. den inneren Schweinhund bezwingen (Überschrift)
5. einen Strich durch die Rechnung machen (Z. 77-78)

A zusammenfassen und schlussfolgern
B eigene Schwächen überwinden
C Pläne durchkreuzen/verhindern
D aufgeben
E stärker werden

▶ Ü 1

3a Konzessivsätze. Ergänzt die Regel in eurem Heft mit *obwohl, trotzdem/dennoch, zwar …, aber* und *trotz*.

Konzessivsätze	
Mit Konzessivsätzen drückt man einen Gegengrund oder eine Einschränkung aus.	
Verbalform (Konnektor)	
obwohl (Nebensatz)	_Obwohl_ sie sehr motiviert waren, geben die Ersten ihre Pläne nach drei Wochen schon wieder auf.
▩ (Hauptsatz mit Inversion)	Sie waren sehr motiviert, ▩ geben die Ersten ihre Pläne nach drei Wochen schon wieder auf.
▩ (Hauptsatz)	Sie waren ▩ sehr motiviert, ▩ die Ersten geben ihre Pläne nach drei Wochen schon wieder auf.
Nominalform (Präposition)	
▩ + Genitiv	▩ großer Motivation geben die Ersten ihre Pläne nach drei Wochen schon wieder auf.

▶ Ü 2–3

 b Formuliert die Sätze um. Verwendet dabei alle Möglichkeiten zur Bildung von Konzessivsätzen aus 3a.

1. Obwohl sie gute Vorsätze haben, leben viele Menschen eher ungesund.
2. Viele Menschen haben große Ziele, trotzdem schaffen sie es nicht, ihre Vorsätze auf Dauer umzusetzen.
3. Trotz des Wunsches nach Veränderung halten nur wenige Menschen ihre Vorsätze durch.
4. Viele Menschen machen zwar genaue Pläne, halten sich aber nicht daran.

4 Finalsätze. Lest die Sätze 1–4 und ergänzt die Regel im Heft.

1. Um die Vorsätze im Alltag verwirklichen zu können,
2. Damit man die Vorsätze im Alltag verwirklichen kann,
3. Zur Verwirklichung der Vorsätze im Alltag
4. Für die Verwirklichung der Vorsätze im Alltag

} sollten sie realistisch sein.

Finalsätze geben eine Absicht, einen Zweck oder ein Ziel an.
Verbalform (Konnektoren): ▩   Nominalform (Präpositionen): ▩

▶ Ü 4

5 Verbindet die Sätze mithilfe der Präpositionen.

1. Viele Schüler nehmen sich vor, mehr zu lernen. Sie wollen ihre Noten verbessern. (zu)
2. Er hat kleine Schwierigkeiten. Er gibt seine Vorsätze nicht gleich auf. (trotz)
3. Die Vorsätze werden leichter umgesetzt. Die Ziele sollten nicht zu hoch sein. (für)
4. Sie hatte einen guten Plan. Sie scheiterte an der Umsetzung. (trotz)

▶ Ü 5–6

6 Arbeitet in Gruppen. Nennt einen guten Vorsatz. Die anderen geben Tipps, wie ihr diesen Vorsatz erreichen könnt. Die Vorsätze müssen nicht ernst gemeint sein.

Ich will keine Süßigkeiten mehr essen.

▶ Ü 7

Ehrenamtlich

1 Was bedeutet der Begriff „Ehrenamt"? In welchen Bereichen kann man sich engagieren? Wart ihr oder jemand, den ihr kennt, schon einmal ehrenamtlich aktiv? Berichtet.

2a Lest den Text. Dieser Text hat fünf Lücken (1–5). Setzt aus der Satzliste (A–G) den richtigen Satz für jede Lücke ein. Zwei Sätze bleiben übrig. Als erstes lest ihr ein Beispiel. Das Beispiel hat die Lösung Z.

Auf Textzusammenhänge achten
Textinhalte werden durch Bezugswörter verbunden. Achtet z. B. auf Pronomen, Konnektoren, Ort- und Zeitangaben und Synonyme. Überlegt, worauf sie sich beziehen.

Z Sie erhalten außerdem Fortbildungen und können sich bei Freiwilligenagenturen beraten lassen.

A Anders als auf dem Dorf gibt es in der Stadt auch genug Abwechslung und Zerstreuung.

B Menschen möchten die Gesellschaft und ihr Umfeld mitgestalten, etwas im Kleinen verändern und nicht passiv zusehen.

C Dort ist der Wohlstand größer und die Arbeitslosenquote niedriger.

D Erfahrungsberichte von Freiwilligen können dabei helfen, die Probleme zu verstehen.

E Heute ist das oft anders.

F Auch im Rahmen eines sozialen Berufs kann man das zeigen.

G Rund 34 Prozent setzen sich regelmäßig für das Gemeinwohl ein.

Das Ehrenamt – der Kitt der Gesellschaft

Ein Drittel aller Deutschen engagiert sich in der Freizeit ehrenamtlich und leistet damit einen großen Beitrag für unsere Gesellschaft.

Menschen, die sich ehrenamtlich engagieren möchten, werden heute professionell betreut. So können Interessierte z. B. in Online-Datenbanken von Freiwilligenagenturen unter zahlreichen Angeboten das passende finden. –Z– Und an den meisten Einsatzorten gibt es sogar eigens abgestellte Mitarbeiter, die die Freiwilligen begleiten und ihnen mit Rat und Tat zur Seite stehen.

Sich für andere zu engagieren, ist weiter verbreitet, als man denkt. Es klingt beeindruckend: –1– Auch Schüler und Studenten sind dabei sehr aktiv. Laut einer Untersuchung leisten die Freiwilligen jährlich rund 4,6 Milliarden Stunden ehrenamtliche Arbeit. Würde man diese Stunden mit dem Mindestlohn honorieren, käme man auf eine Summe von fast 40 Milliarden Euro. Damit würden die Kosten im sozialen Bereich immens steigen und viele Initiativen und Projekte wären unbezahlbar.

Aber wer engagiert sich eigentlich? Eine Studie besagt: Je höher der eigene Bildungsgrad, desto stärker das Engagement. Dasselbe gilt für das Einkommen. Wer mehr verdient, bringt sich häufiger in die Gesellschaft ein, im Schnitt 16,2 Stunden pro Monat.

Dies erklärt auch, warum in den südlichen Bundesländern Deutschlands mehr Menschen ein Ehrenamt übernehmen. –2– Außerdem ist ein Unterschied zwischen Stadt und Land auszumachen. Je kleiner die Gemeinde, desto größer das Engagement. Durch die soziale Kontrolle in kleinen Orten entsteht oft ein Mitmacheffekt. Umgekehrt gilt: In anonymen Großstädten ist das freiwillige Engagement am geringsten. Die soziale Kontrolle fehlt und oftmals der Anreiz. –3–

Ehrenamtlicher Einsatz lohnt sich oft auch in beruflicher Hinsicht, denn Arbeitgeber sehen es heute durchaus gern, wenn sich jemand für andere einsetzt. Man sollte entsprechende Tätigkeiten also unbedingt auf dem Lebenslauf vermerken. Damit kann man sich auch von der Masse der Bewerber absetzen.

Trotz der beindruckenden Zahlen ist in der öffentlichen Diskussion von einer Krise im Ehrenamt die Rede. Das liegt am Strukturwandel, den der Freiwilligendienst durchlebt. So engagierten sich die Menschen früher langfristig in Vereinen, Parteien oder der Kirche und blieben den Organisationen über Jahre hinweg treu. –4– Besonders jüngere Menschen setzen sich gern für Projekte ein, die zeitlich und inhaltlich begrenzt sind, wie z. B. Deiche gegen Hochwasser bauen, Bäume auf dem Schulhof pflanzen oder im Wald Müll einsammeln.

Die Gründe, sich zu engagieren, sind aber sicherlich größtenteils gleich geblieben. –5– Wer Migranten bei Behördengängen unterstützt oder im Altersheim eine Theatergruppe leitet, lernt neue Lebenswelten und andere Perspektiven kennen. Ein Engagement bereichert also immer auch das eigene Leben. Nicht zu vergessen ist aber auch der Wunsch nach Geselligkeit und Abwechslung. Dies ist für die meisten Menschen oft ebenso wichtig, wie anderen zu helfen.

b Was passt zusammen? Ordnet zu.

1. ein Ehrenamt
2. einen Beitrag für die Gesellschaft
3. sich in die Gesellschaft
4. sich für andere
5. mit Rat und Tat zur Seite

A stehen
B einbringen
C einsetzen
D leisten
E übernehmen

c Wählt drei Verbindungen aus 2b und bildet je einen Beispielsatz.

d Was sagt der Text zu den folgenden Punkten? Erklärt und diskutiert anschließend über die Themen.

- sozialer Bereich mit/ohne Freiwillige/n
- Ehrenamt und Stellensuche
- Veränderungen beim Ehrenamt
- Gründe für freiwilliges Engagement
- Engagement der verschiedenen Bevölkerungsschichten

Ehrenamtlich

▶ Ü 1

3 Stellt eine Organisation oder einen Verein vor, in dem man sich freiwillig engagieren kann. Recherchiert Informationen und präsentiert sie in Gruppen.

4 Ihr nehmt an einem Schreibwettbewerb zum Thema „Freiwilliges Engagement heute" teil. Schreibt einen zusammenhängenden Text (ca. 200 Wörter) über die Situation und Bedeutung des freiwilligen Engagements. Geht auch auf die Situation in eurem Land ein.

a Vor dem Schreiben. Überlegt euch eine Struktur für euren Text.
- Sammelt Argumente und Ideen und notiert Stichpunkte.
- Recherchiert und sammelt Beispiele und Zahlen.
- Ordnet eure Argumente.
- Notiert persönliche Erfahrungen, die die Argumente belegen.

b Notiert auf einem Papier Formulierungen, die ihr in eurem Aufsatz verwenden möchtet.

1. EINLEITUNG	2. ARGUMENTE/ GEDANKEN HERVORHEBEN
Dieses Thema ist von besonderer Aktualität, weil …	Hierbei muss man besonders betonen, dass …
Mit diesem Thema muss man sich befassen, denn …	Hier ist hervorzuheben, dass …
Die Auseinandersetzung mit diesem Thema ist wichtig, …	Besonders wichtig aber erscheint …
Eine heute viel diskutierte Frage ist …	Ausschlaggebend ist …
	Man darf auch nicht übersehen, dass …
	Außerdem spielt noch … eine wichtige Rolle.
	Weitaus wichtiger jedoch ist …
	Von besonderer Bedeutung ist …
3. MIT BEISPIELEN VERDEUTLICHEN	**4. ETWAS ERGÄNZEN**
… ist dafür beispielhaft.	Darüber hinaus ist zu erwähnen …
Das lässt sich mit folgendem Beispiel verdeutlichen: …	Es sollte auch gesagt werden, …
Als Beispiel kann … dienen.	Hinzuzufügen wäre noch …
Ein treffendes Beispiel dafür ist die Tatsache, dass …	Nicht zu vergessen ist die Tatsache, dass …
Ein Beispiel, das man hier unbedingt anführen sollte, ist …	
5. ETWAS WIEDERHOLEN	**6. SCHLUSS**
Wie bereits erwähnt, …	Zusammenfassend/Abschließend lässt sich sagen …
Wie schon beschrieben, …	Mich überzeugen am stärksten diese Gründe: …
Wie bereits dargelegt/dargestellt, …	Meiner Einschätzung nach …
	In Anbetracht der aktuellen Situation …

Fertigkeitstraining

Modul 4

c Seht euch die Hinweise zum Aufbau des Textes an und ergänzt eure Notizen aus 4a.

1. Einleitung
→ Bezugspunkte zur Aktualität
→ Wichtigkeit des Themas hervorheben
→ Gedanken, die zum Hauptteil überleiten

2. Hauptteil
→ Formulierung der eigenen Grundhaltung
→ Argumentation: Steigerung vom schwächsten Argument zum stärksten

3. Schlussteil
→ abschließendes Gesamturteil
→ Ausblick

d Schreibt jetzt euren Text. Achtet auf komplexe Satzstrukturen und einen breiten Wortschatz.

e Kontrolliert nun euren Text. Lest ihn mehrmals und achtet dabei immer nur auf zwei bis drei der folgenden Punkte.

- Sind die Verben und Subjekte an der richtigen Position?
- Sind die Artikel richtig?
- Habt ihr genug Konnektoren eingesetzt?
- Sind die Tempusformen korrekt?
- Stimmen die Präpositionen?
- Sind die Wörter richtig geschrieben?
- Habt ihr alle notwendigen Kommas und Punkte gesetzt?

2.12-15

5a Hört vier kurze Berichte von Personen, die sich ehrenamtlich engagieren. Notiert Stichpunkte:
- Projekt / Art der Tätigkeit
- Gründe für das Engagement

Luca, 22

Sophia, 18

Kian, 18

Marie, 24

b Arbeitet zu zweit. Jede/r fasst zwei Berichte zusammen. Ergänzt gegenseitig eure Notizen.

c Welches Projekt findet ihr am interessantesten? Warum?

SPRACHE IM ALLTAG

Gute Vorsätze
Ich will mich echt aufraffen.
Wir müssen uns da reinhängen.
Ich will mich für andere stark machen.
Wir packen das jetzt an!

▶ Ü 2

Porträt
Hilfsorganisationen

SOS-Kinderdörfer

Hermann Gmeiner gründete im Jahr 1949 das erste SOS-Kinderdorf in Imst (Österreich). Dabei setzte er eine einfache aber bahnbrechende Idee um: Jedes Kind braucht eine Mutter und wächst am natürlichsten mit Geschwistern in einem eigenen Haus innerhalb einer Dorfgemeinschaft auf.

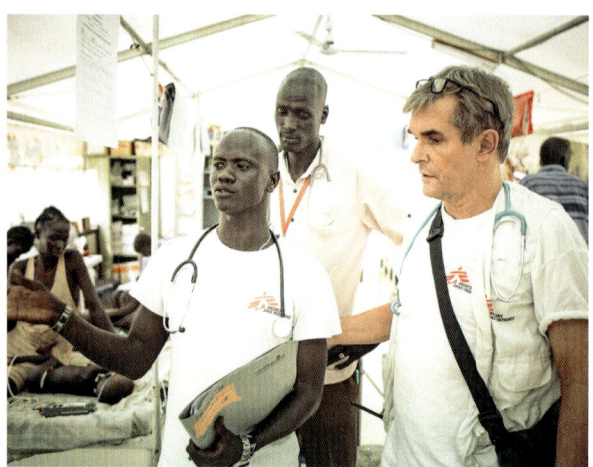

SOS-Kinderdörfer geben bedürftigen Kindern oder Waisenkindern ein Zuhause: Sie leben mit einer festen Bezugsperson und anderen Mädchen und Jungen verschiedenen Alters wie eine Familie zusammen. Zum Leitbild der SOS-Kinderdörfer gehört es auch, Kindern zu ermöglichen, gemäß ihrer eigenen Kultur und Religion zu leben. Heute gibt es in 135 Ländern SOS-Kinderdörfer und das Kinderhilfswerk ist mittlerweile neben den rund 575 SOS-Kinderdörfern auch für mehr als 2.100 Zusatzeinrichtungen wie Kindergärten, Schulen, Berufsausbildungsstätten und Sozial- und Medizinzentren verantwortlich und hilft so bedürftigen Kindern, Jugendlichen und Familien.

Ärzte ohne Grenzen

Ärzte ohne Grenzen ist die deutsche Sektion der im Jahr 1971 gegründeten größten internationalen Organisation für medizinische Nothilfe Médecins Sans Frontières. Für die medizinische Nothilfe in Kriegs- und Krisengebieten erhielt die Hilfsorganisation 1999 den Friedensnobelpreis.
Das internationale Büro in Genf ist verantwortlich für die Koordination und unterstützt die Zusammenarbeit der in 21 Staaten ansässigen Sektionen. Jährlich arbeiten circa 3.600 Ärzte, Psychologen, Krankenschwestern und Pfleger, Hebammen und Logistiker aus der ganzen Welt in Projekten der Hilfsorganisation. In rund 70 Ländern gibt es medizinische Hilfsprojekte und fast immer werden auch lokale Mitarbeitende fortgebildet. Die Hilfsprojekte reichen von medizinischer Nothilfe über Bereitstellung von Trinkwasser bis zur medizinischen Aufklärung der Bevölkerung. Die Organisation weist aber auch auf Menschenrechtsverletzungen hin.

Aktion Mensch

Die Aktion Mensch ist die größte private Förderorganisation im sozialen Bereich in Deutschland. Seit ihrer Gründung im Jahr 1964 hat sie mehr als vier Milliarden Euro an soziale Projekte weitergegeben. Ziel der Aktion Mensch ist, die Lebensbedingungen von Menschen mit Behinderung, Kindern und Jugendlichen zu verbessern und das selbstverständliche Miteinander in der Gesellschaft zu fördern. Mit den Einnahmen aus ihrer Lotterie unterstützt die Aktion Mensch jeden Monat bis zu 1.000 Projekte. Möglich machen dies rund vier Millionen Lotterieteilnehmer. Zu den Mitgliedern gehören: ZDF, Arbeiterwohlfahrt, Caritas, Deutsches Rotes Kreuz, Diakonie, Paritätischer Gesamtverband und die Zentralwohlfahrtsstelle der Juden in Deutschland.

www Mehr Informationen zu SOS-Kinderdorf, Ärzte ohne Grenzen, Aktion Mensch.

Sammelt Informationen über Persönlichkeiten oder Organisationen aus dem In- und Ausland, die für das Thema „Ziele" interessant sind, und stellt sie in der Klasse vor.

Beispiele aus dem deutschsprachigen Bereich: entia – Kindernothilfe – Aktion Deutschland hilft – Lebenshilfe

Grammatik-Rückschau

1 Negative Konsekutivsätze

Konsekutivsätze mit *zu …, um zu* und *zu …, als dass* drücken eine negative Folge aus. Sie bestehen aus zwei Teilen: *zu* steht im Hauptsatz vor einem Adjektiv oder Partizip, *um zu* und *als dass* leiten den Nebensatz ein. Nach *um zu* steht der Infinitiv, nach *als dass* steht das Verb im Konjunktiv II.

Konsekutivsatz mit *zu …, als dass* + Konjunktiv II	Konsekutivsatz mit *so …, dass* + Negation
Respekt ist viel **zu** wichtig, **als dass** man darauf im Internet verzichten könnte.	Respekt ist **so** wichtig, **dass** man darauf im Internet nicht verzichten kann.
Konsekutivsatz mit *zu …, um zu* + Infinitiv	**negativer Konsekutivsatz mit *so …, dass* …**
Falschmeldungen sind viel **zu** bedrohlich, **um** leichtfertig damit um**zu**gehen.	Falschmeldungen sind **so** bedrohlich, **dass** man **nicht** leichtfertig damit umgehen darf.

2 Nominalisierung und Verbalisierung von Konzessivsätzen

Mit Konzessivsätzen drückt man einen Gegengrund oder eine Einschränkung aus.

Verbalform (Konnektor)	
obwohl (Nebensatz)	**Obwohl** sie sehr motiviert waren, geben die Ersten ihre Pläne nach drei Wochen schon wieder auf.
trotzdem/dennoch (Hauptsatz mit Inversion)	Sie waren sehr motiviert, **trotzdem/dennoch** geben die Ersten ihre Pläne nach drei Wochen schon wieder auf.
zwar …, aber (Hauptsatz)	Sie waren **zwar** sehr motiviert, **aber** die Ersten geben ihre Pläne nach drei Wochen schon wieder auf.
Nominalform (Präposition)	
trotz + Genitiv	**Trotz** großer Motivation geben die Ersten ihre Pläne nach drei Wochen schon wieder auf.

3 Nominalisierung und Verbalisierung von Finalsätzen

Finalsätze geben eine Absicht, einen Zweck oder ein Ziel an.

Verbalform (Konnektor)	
um … zu	**Um** die Vorsätze im Alltag verwirklichen **zu** können, sollten sie realistisch sein.
damit	**Damit** man die Vorsätze im Alltag verwirklichen kann, sollten sie realistisch sein.
Nominalform (Präposition)	
zu + Dativ	**Zur** Verwirklichung der Vorsätze im Alltag sollten sie realistisch sein.
für + Akkusativ	**Für** die Verwirklichung der Vorsätze im Alltag sollten sie realistisch sein.

Lügendetektor der Zukunft

1a Unser Gehirn. Welche Zahlen passen? Ratet zu zweit.

270   40   37   22   11   10   1,3

A Am leistungsfähigsten ist unser Gehirn, wenn wir _____ Jahre alt sind. Schon mit _____ geht es wieder bergab.

B Unser Gehirn wiegt ungefähr so viel wie 13 Tafeln Schokolade, nämlich _____ Kilogramm.

C Sage und schreibe _____ volle Badewannen Blut fließen jeden Tag durch unser Gehirn. Den darin enthaltenen Sauerstoff braucht das Gehirn, um zu funktionieren.

D Jede Sekunde treffen ca. _____ Millionen Sinneseindrücke auf unser Gehirn. Diese können nicht alle verarbeitet werden, da hilft nur Selektion: Unser Gehirn filtert die _____ wichtigsten Informationen heraus.

E Unser Gehirn arbeitet sehr schnell. Die Informationen zwischen Körper und Kopf rasen mit einer Geschwindigkeit von _____ km/h durch unser Nervensystem.

b Kontrolliert eure Antworten mit den Lösungen auf Seite 205. Welche Fakten findet ihr besonders interessant? Kennt ihr andere interessante Fakten über das menschliche Gehirn?

2a Seht den Film. Welche Aussage ist richtig? Notiert.

1. Weltweit versuchen Neurowissenschaftler, einen verlässlichen Lügendetektor zu entwickeln.
2. In Berlin ist es Wissenschaftlern gelungen, anhand von Hirnaktivitäten bestimmte Gedanken von Personen zu lesen.
3. Die neuen Erkenntnisse über das menschliche Gehirn haben laut den Forschern vor allem positive Auswirkungen.

b Welche Erklärung passt zu den Ausdrücken aus dem Film? Ordnet zu.

1. ein Geheimnis lüften
2. sich vortasten
3. verblüfft sein
4. steuern
5. etw. verwehren
6. umstritten sein
7. entschlüsseln

A es gibt viele Meinungen dazu
B lenken
C decodieren, herausfinden
D sich langsam vorarbeiten
E etw. aufklären/entdecken/verraten
F etw. verweigern
G erstaunt sein

sehen | nachdenken | diskutieren | … **5**

3 Seht die erste Filmsequenz und beantwortet die Fragen.

1. Was verbindet die computergestützte Neurowissenschaft?
2. Was ist das Ziel des Neurophysikers John-Dylan Haynes und seiner Kollegen?
3. Was wollen die Wissenschaftler mit dem beschriebenen Versuch herausfinden?
4. Wie läuft der Versuch ab?
5. Was ist das Ergebnis des Versuchs?
6. Was bedeutet das Ergebnis für die Zukunft?

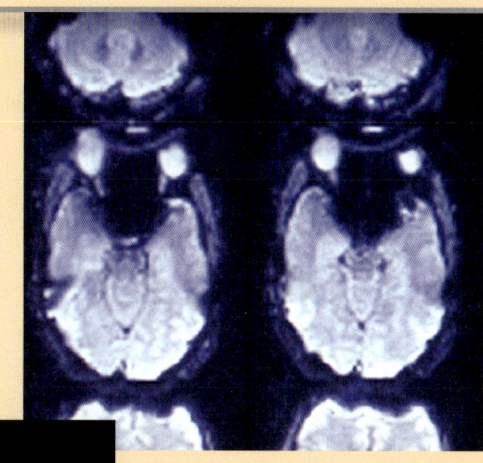
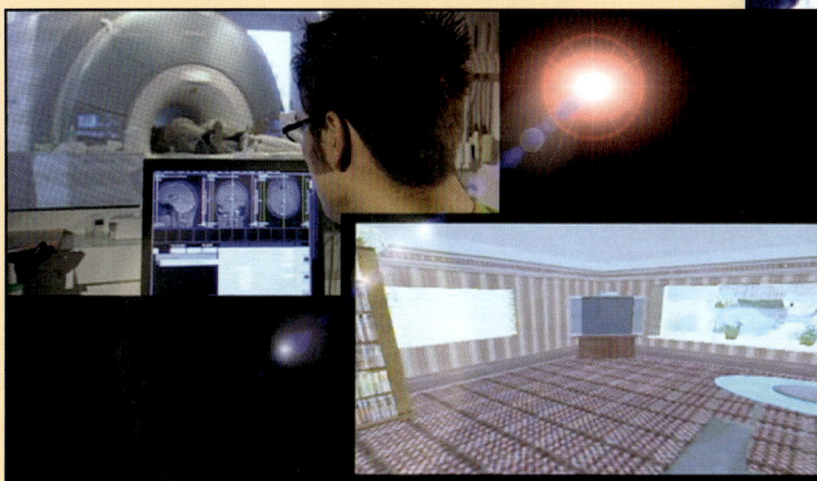

4a Seht die zweite Filmsequenz. Erklärt, was John-Dylan Haynes meint.

> Es gibt ein ethisches Kontinuum bei dem Problem: Auf der einen Seite können wir die Absichten einer Person auslesen, die mit ihrer Gedankenkraft zum Beispiel ein künstliches Gliedmaß steuern möchte. Das heißt, ich stelle mir jetzt jemanden vor, der sich nicht mehr bewegen kann und kommunizieren möchte und zum Beispiel einen künstlichen Arm steuern möchte. So einer Person wollen wir natürlich helfen. Wir wollen dieser Person die Hilfe, die wir ihr mit unserer Forschung geben können, nicht verwehren. Auf der anderen Seite haben wir auch Anwendungen, die umstritten sind. Wir haben zum Beispiel die Lügendetektion.

b Der gläserne Mensch – Was bedeutet dieser Ausdruck? Welche Chancen und Gefahren gibt es? Diskutiert in Gruppen.

Gesund und munter

A Welcher Frühstückstyp bist du? Wähl ein Frühstück aus.

B Wie lange schläfst du durchschnittlich jede Nacht?
a Unter 5 Stunden.
b 6 bis 7 Stunden.
c 8 Stunden und mehr.

C Wann stößt du mit deiner Ausdauer an deine Grenzen? Was strengt dich am meisten an?
a Wenn ich 200 m zur Bushaltestelle sprinte.
b Wenn ich meinen schweren Rucksack in den vierten Stock hinauftrage.
c Wenn ich länger als eine Stunde Fahrrad fahre.
d Wenn ich eine halbe Stunde schnell jogge.

Ihr lernt
Modul 1 | Notizen zu einer Radiosendung über ein medizinisches Thema machen und über Heilmittel sprechen
Modul 2 | Einen Zeitungsartikel zu Ernährungsgewohnheiten verstehen und einen Kommentar schreiben
Modul 3 | Informationen über Lebensmittelsicherheit und Schadstoffe in Lebensmitteln mit der Situation im eigenen Land vergleichen
Modul 4 | Einen Kommentar zu einem Text über Castingshows schreiben
Modul 4 | Ein Handout für ein Referat analysieren und ein Referat halten

Grammatik
Modul 1 | Infinitivsätze in Gegenwart und Vergangenheit
Modul 3 | Nominalisierung und Verbalisierung von Konditionalsätzen

D Wie oft isst du Obst und Gemüse?
a Täglich.
b Regelmäßig.
c Ab und zu.
d Wenn ich Lust habe.

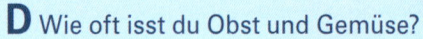

▶ ÜB Wortschatz

6

E Stell dich aufrecht hin. Beuge deinen Oberkörper langsam so weit wie möglich nach unten. Die Arme und Hände streckst du in Richtung Boden. Die Beine sind gerade und die Fußsohlen auf dem Boden. Wie weit kommen deine Fingerspitzen?

- a Bis zu den Knien.
- b Bis zum Schienbein.
- c Bis zu den Fußgelenken.
- d Bis auf den Boden.

F Wie lange bist du am Tag aktiv? Laufen, Fahrrad fahren, Sport, …?

- a 30 Minuten.
- b 1 Stunde.
- c 2–3 Stunden.
- d Mehr als 4 Stunden.

G Welches Obst hat pro 100 Gramm den meisten Zucker?

- a Apfel
- b Banane
- c Himbeere
- d Weintrauben

H Welche Aktivität(en) unternimmst du häufig? Du kannst mehrere wählen.

1a Seid ihr fit für den Alltag? Macht den Gesundheits-Check. Kreuzt bei A–H die passende Aussage an.

b Lest die Auswertung auf Seite 205. Wie fit seid ihr? Was könntet ihr verändern?

 2 Was haltet ihr von solchen Gesundheitstests? Wozu können sie dienen? Warum machen Menschen solche Tests?

Zu Risiken und Nebenwirkungen ...

1a Welche Hausmittel kennt oder nutzt ihr? Sammelt Tipps oder Rezepte gegen verschiedene Krankheiten und Beschwerden (Husten, Kopfschmerzen, Bauchweh, Fieber ...).

Meine Oma hat ein tolles Hausmittel bei Fieber: Zwiebelsaft mit Zucker.
Wenn du nicht einschlafen kannst oder schlecht träumst, musst du warme Milch mit etwas Anis trinken.

b Wirken Hausmittel so gut wie Medikamente? Sprecht in der Klasse.

SPRACHE IM ALLTAG

Wenn es einem gar nicht gut geht:
Mir platzt der Schädel!
Ich fühle mich hundeelend.
Ich stehe völlig neben mir.
Mir tun alle Knochen weh.
Mir ist richtig übel.

2a Was ist der Placebo-Effekt? Erklärt, was man darunter versteht und was das Foto damit zu tun hat.

2.16
b Hört nun den ersten Teil einer Radiosendung zum Thema „Placebo". Lest die Fragen und macht Notizen.

1. Wie unterscheiden sich Placebos von Medikamenten?
2. Was wird über die Wirkung von Placebos gesagt?
3. Welche beiden Definitionen werden zum Begriff „Placebo" genannt?
   a) klassische Definition
   b) heutige Definition

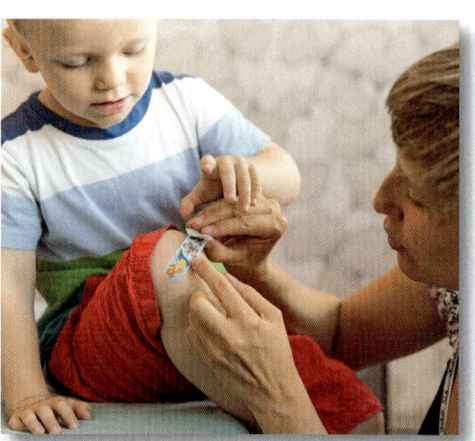

2.17
c Lest die Fragen. Hört den zweiten Teil und notiert Informationen zu den Fragen.

1. Welchen Effekt konnte man in der Placebo-Forschung nachweisen?
2. Wie wirken welche Placebos?

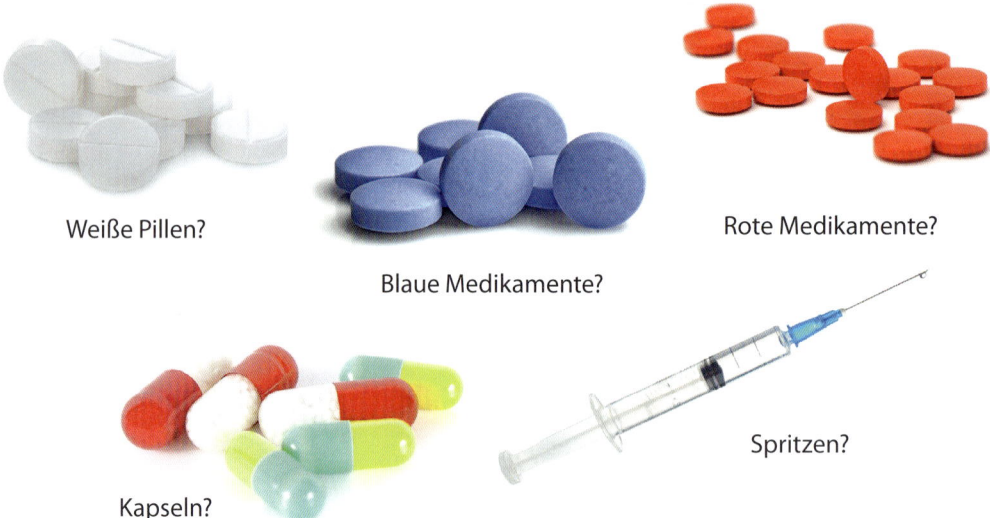

Weiße Pillen?   Blaue Medikamente?   Rote Medikamente?
Kapseln?   Spritzen?

3. Was ist der „Nocebo-Effekt"? Welche Rolle spielt dabei das Arzt-Patienten-Gespräch?

d Was habt ihr über Placebos erfahren? Berichtet und vergleicht eure Notizen aus 2b und c in Gruppen.

▶ Ü 1–2

Modul 1

3a Infinitivsätze in Gegenwart und Vergangenheit. Lest die Beispiele aus der Radiosendung und ergänzt die Infinitivsätze.

Infinitivsätze	
dass-Satz in der Gegenwart → Infinitiv Präsens	
Aktiv	
1. Die Moderatorin bittet Frau Dr. Schill,	**dass** sie den Zuhörern eine Definition zu den Placebos <u>gibt</u>. → den Zuhörern eine Definition zu den Placebos **zu** <u>geben</u>. **dass** sie die Wirkung der Präparate genauer erklärt. → die
Passiv	
2. Es ist für die Patienten wichtig,	**dass** sie über die Wirksamkeit des Präparats <u>informiert werden</u>. → über die Wirksamkeit des Präparats <u>informiert</u> **zu** <u>werden</u>. **dass** sie nicht durch fehlende Aufklärung verunsichert werden. → nicht
dass-Satz in der Vergangenheit → Infinitiv Perfekt	
Aktiv	
3. Die Forschung ist der Ansicht,	**dass** sie interessante Erkenntnisse <u>gewonnen hat</u>. → interessante Erkenntnisse <u>gewonnen</u> **zu** <u>haben</u>. **dass** sie neue Forschungsfragen aufgeworfen hat. → neue
4. Patienten berichten,	**dass** sie für die Gespräche sehr dankbar <u>gewesen sind</u>. → für die Gespräche sehr dankbar <u>gewesen</u> **zu** <u>sein</u>. **dass** sie ihrem behandelnden Arzt treu geblieben sind. → ihrem
Passiv	
5. Viele erinnern sich sicher,	**dass** sie bei Schmerzen <u>getröstet worden sind</u>. → bei Schmerzen <u>getröstet worden</u> **zu** <u>sein</u>. **dass** sie als Kind bei Krankheit verwöhnt worden sind. → bei
Die Umformung in einen Infinitivsatz ist nur möglich, wenn das Subjekt des *dass*-Satzes mit dem Subjekt oder einer Ergänzung des Hauptsatzes identisch ist, oder das Subjekt des *dass*-Satzes *man* ist.	

▶ Ü 3

b Schreibt mit den Satzanfängen *dass*-Sätze in der Gegenwart und in der Vergangenheit. Hauptsatz und Nebensatz sollen das gleiche Subjekt haben. Tauscht dann mit einem Partner / einer Partnerin und formt die *dass*-Sätze in Infinitivsätze um.

> Ich erinnere mich nicht, …   Meine Freundin ist der Ansicht, …   Ich habe schon erlebt, …
>   Bei unserem Arzt habe ich das Gefühl, …   Ich denke oft, …
> Wenn es einem nicht gut geht, hat man oft den Eindruck, …   Von meinen Eltern habe ich gehört, …

Ich erinnere mich nicht, dass ich Masern gehabt habe.
Meine Freundin ist der Ansicht, dass sie von ihrem Arzt gut beraten wird.

▶ Ü 4

Fritten oder Früchte?

1 Arbeitet zu dritt. Was, wann und wie esst ihr zu Hause, in der Schule und unterwegs mit Freunden? Sammelt Gemeinsamkeiten und Unterschiede.

> Wenn ich Hunger habe, hole ich mir zu Hause etwas aus dem Kühlschrank.

> Mit meinen Eltern esse ich um …

> Mit meinen Freunden esse ich am liebsten …

> Nach der Schule esse ich in der Stadt manchmal …

2a Lest den Text und die Aufgaben 1–7. Notiert bei jeder Aufgabe die richtige Lösung.

Essen Jugendliche anders?

Wenn es um das Thema „Ernährung" geht, dann denken viele Menschen bei Jugendlichen gleich an Fastfood. Jugendliches Essverhalten gestaltet sich aber vielschichtiger und ist vor allem vom sozialen Umfeld geprägt. Heute zeigt sich eine eigene Esskultur von Jugendlichen. Historisch betrachtet ist diese Entwicklung neu.

Noch vor Jahrzehnten dienten gemeinsame Mahlzeiten vor allem dem Sattwerden und der Versorgung mit Nährstoffen. Was die jungen Menschen wann oder wie aßen, wurde vor allem von den Erwachsenen bestimmt. Heute haben junge Menschen die Freiheit, mit zu entscheiden und zu bestimmen, was gegessen und gekauft wird. Diese Mitsprache betrifft besonders Fertiggerichte, Snacks oder Getränke. Auf diesem Weg finden sich heute Produkte in den Kühlschränken der Familien, die bei jungen Menschen beliebt sind. Und damit verändert sich auch die Esskultur im gesamten Haushalt.

Umfragen zufolge schätzen viele Jugendliche die gemeinsamen Mahlzeiten in der Familie. Die Funktion dieser Treffen hat sich allerdings verändert. Im Gegensatz zu früher halten Jugendliche den Austausch mit der Familie, die soziale Nähe und Kommunikation für besonders wichtig, wenn man gemeinsam am Tisch sitzt. Die Versorgung mit gesunden Lebensmitteln oder der Genuss von Speisen sind dabei heute oft zur Nebensache geworden. Die Identifikation mit der eigenen Familie und die soziale Geborgenheit stehen deutlicher im Zentrum als früher.

Oft essen Jugendliche außerhalb der gemeinsamen Essenszeiten. Teilweise ist dies den Terminen des Familienalltags, der Versorgung in Ganztagsschulen und dem Freizeitverhalten der Jugendlichen geschuldet. Wenn sie hungrig nach Hause kommen, dann reicht kein Schokoriegel. Und so bedienen sie sich aus dem Kühlschrank oder machen sich im Ofen schnell eine Pizza heiß. Die Jugendlichen leben somit ein Stück eigene Unabhängigkeit und entscheiden frei über ihre Zeiten. Wenn die anderen Familienmitglieder später beim Essen am Tisch sitzen, kommt man eben nicht dazu, um mitzuessen, sondern, weil man die Geselligkeit sucht oder ein Problem besprechen muss.

Der soziale Zusammenhalt ist Jugendlichen aber ganz besonders unter Gleichaltrigen wichtig. Hier identifiziert man sich mit der eigenen Gruppe. Auch, wenn zu Hause die Familie eine große Rolle für die eigene Identität spielt, ist es für Jugendliche wichtig, sich über Gleichaltrige zu definieren. Ein wichtiges Merkmal für die Identitätsbildung ist dabei die Abgrenzung von anderen, besonders von den älteren Generationen. Da wundert es nicht, dass auch das Thema „Essen" einen anderen Stellenwert hat und die Essgewohnheiten unterwegs anders sind als zu Hause. Im Mittelpunkt steht dabei das soziale Erlebnis. Das Essen sollte schnell und unkompliziert sein, es sollte neben anderen Aktivitäten leicht verfügbar und bezahlbar sein. Der Lebensmittelmarkt hält hier für alle jugendlichen Gruppen entsprechende Angebote an Snacks, Fastfood und Fertigprodukten bereit. Jugendliche wählen, je nach Wunsch, wie sie sich selbst inszenieren möchten, aus dieser Palette aus. Manche essen lieber vegan oder vegetarisch, andere lieben Burger oder Döner.

Wenn denn „gesunde Ernährung" einmal Thema in der Schule ist, zeigen eher Mädchen als Jungen Interesse. Allerdings assoziieren Mädchen mit dem Thema „Gesundheit" die Begriffe „Schönheit" und „Wohlbefinden", wogegen Jungen den Begriff vor allem mit „Stärke" in Verbindung bringen.

Wenn Jugendliche also an Ernährungsfragen Interesse zeigen, dann betrachten sie das Thema aus einem anderen Blickwinkel als Erwachsene, die andere Aspekte bei einer gesunden Ernährung für wichtig oder wünschenswert halten. Jugendliche zeigen die Tendenz, ihren Körper modellieren zu wollen. Ihre Ernährung soll sie ihrem Ziel näher bringen. Junge Männer wünschen sich einen muskulöseren Körperbau und treiben viel Sport. Auch viele Mädchen arbeiten an ihrem Aussehen. Mit Sport und Ernährung wollen sie häufig ihr Gewicht reduzieren, das in ihrer Wahrnehmung zu hoch, objektiv aber ganz normal ist. Wenn es um ihr Äußeres geht, können bei Mädchen wie Jungen in manchen Fällen sogar ungesunde Essgewohnheiten oder eine Mangelversorgung beobachtet werden.

Da viele Jugendliche nur aus ihrer eigenen Perspektive an Ernährung interessiert sind, ist ihr Essverhalten schwer zu beeinflussen. Eine positive Änderung zu erreichen, würde voraussetzen, dass Jugendliche wissen, wie eine gesunde Ernährung umgesetzt und gesundes Essen zubereitet wird. In Schulen ist gesunde Ernährung kein Unterrichtsfach. Und aus dem Elternhaus kennen Jugendliche oft weder Rezepte noch haben sie gelernt, ein vollständiges Gericht zuzubereiten. Zu Hause bestimmen sie meist nur beim Essen mit, wenn es um Fertiggerichte geht, die man schnell aufwärmen kann. Das Kochen vollständiger Gerichte wird meist von den Eltern übernommen. Ihre Kinder bekommen dabei unbeliebte Hilfsarbeiten wie Aufräumen und Müll entsorgen, die als minderwertig und freiheitseinschränkend wahrgenommen werden. Die Auswahl und Entscheidung, was gekocht wird, das gemeinsame Planen, die kreative Umsetzung, all diese Prozesse bleiben den Jugendlichen verborgen. Junge Menschen am gesamten Kochen teilhaben zu lassen wäre aber eine gute Brücke, um das Interesse an gesundem Essen zu wecken und die eigene Kompetenz zu stärken.

1. Die Esskultur von Jugendlichen
a) besteht vor allem aus Fastfood.
b) verändert das Essverhalten der Familien.
c) wird von den Eltern bestimmt.

2. Die Mahlzeiten zu Hause
a) haben für Jugendliche eine besondere soziale Bedeutung.
b) haben sich mit der Zeit kaum verändert.
c) sind für die gesunde Ernährung von Jugendlichen wichtig.

3. Zu Hause essen Jugendliche
a) etwas Kaltes oder Fertiggerichte.
b) mit der gesamten Familie.
c) Süßigkeiten gegen den Hunger.

4. Wenn Jugendliche gemeinsam essen,
a) geht es um die Identität mit der Gruppe.
b) verzichten sie gerne auf Fleisch.
c) wählen sie das billigste Essen aus.

5. Jugendliche interessieren sich für gesunde Ernährung,
a) weil sie für die Erwachsenen eine große Rolle spielt.
b) wenn sie als Thema in der Schule bearbeitet wird.
c) wenn sie der Verbesserung ihrer Figur dient.

6. Um eine gesunde Ernährung zu fördern,
a) sollte das Thema im Unterricht stärker behandelt werden.
b) sollten Jugendliche aktiv in den Kochprozess integriert werden.
c) sollten Jugendliche auf Fertiggerichte verzichten.

7. Welche Überschrift passt am besten zum gesamten Text?
a) Essen Jugendliche anders? – Die Esskultur von morgen
b) Essen Jugendliche anders? – Essverhalten und Identität
c) Essen Jugendliche anders? – Gründe für schädliches Essverhalten

▶ Ü 1–2

b Vergleicht die Informationen aus dem Text mit euren Ergebnissen aus Aufgabe 1. Welche Gemeinsamkeiten oder Unterschiede gibt es?

▶ Ü 3

3 Was können Eltern, Schule oder Freunde tun, um jemanden für eine gesunde Ernährung zu motivieren? Erläutert eure Ansichten in einem kurzen Text.

▶ Ü 4

Schmeckt's noch?

1a Lest die Wörter aus einem Artikel. Was könnte das Thema des Artikels sein? Sprecht in der Klasse.

> die Nahrungsmittelqualität   die Produktsicherheit   die Kontrolle   düngen   spritzen
> der Schimmel   die Belastung   der Verbraucher   das Pestizid   die Lebensmittelsicherheit
> die Gentechnik   vertrauen   das Bioprodukt   der Schadstoff

b Lest den Artikel und fasst das Thema des Textes in zwei bis drei Sätzen zusammen.

Dioxin, Salmonellen, Pestizide: Wer sich mit weniger Schadstoffen ernähren will, greift zu Bioprodukten von heimischen Höfen. Doch auch diese Nahrung ist nicht immer unbedenklich. *von Nadine Oberhuber*

Das herzhafte Zubeißen kann einem vergehen: Fleisch wärmt die Erinnerung an Rinderwahn und Schweinepest auf, im Salat ist Nitrat, Pommes machen nicht nur dick, sondern wegen Acrylamid auch Krebs. Da fragt man sich, ob man überhaupt noch irgendetwas unbedenklich essen kann. Zwei von drei Europäern sind überzeugt, sagt eine Umfrage der Europäischen Behörde für Lebensmittelsicherheit, dass unsere Lebensmittel weniger gesund sind als vor zehn Jahren.

„Generell hat sich die Nahrungsmittelqualität und Produktsicherheit stark verbessert. Es hat sich ein engmaschiges, flächendeckendes Überwachungssystem ausgeprägt", sagt Vera Hierholzer von der Universität Frankfurt, die Skandale der Lebensmittelwirtschaft historisch verglichen hat. Das Bundesinstitut für Risikobewertung (BfR) bestätigt das: „Wir bewegen uns in Europa auf einem erheblich besseren Niveau als noch vor 20 Jahren", sagt Alfonso Lampen, Leiter der Abteilung Lebensmittelsicherheit, „auch, weil man viele Dinge besser nachweisen kann."

Nun sind zwar die Höchstgrenzen für Schadstoffe schärfer geworden, aber auf ihre Einhaltung wird nicht gut genug geachtet – das sagen sogar diejenigen, die dafür zuständig sind: der Bundesverband der Lebensmittelkontrolleure. Er klagt, es fehlten 1.500 Prüfer. Wenn andere also überfordert sind, können sich Verbraucher selbst helfen?

Gibt es gute Industrie-Lebensmittel?

Eines sollte der Verbraucher nicht hoffen, sagt Martin Rücker von der Vereinigung Foodwatch: „Es ist utopisch zu glauben, der Kunde könne im Supermarkt erkennen, welche Produkte belastet sind und welche nicht." Auch der Preis ist kein Indikator. Teures Essen muss nicht besser sein, belegen Studien immer wieder. Und besseres Essen muss nicht viel teurer sein, zeigt das Dioxin im Schweinefutter: Für Bauern macht das Futter zwar zwei Drittel des Fleischpreises aus. Aber durch ordentliches Futter verteuerte sich das Kilo Schnitzel für den Kunden lediglich von 8,50 auf 8,70 Euro. Das könnten die meisten wohl verkraften – wenn Handel und Fleischverarbeiter mitspielten. Zumindest in der Vergangenheit brachten Markenprodukte ein wenig mehr Sicherheit, sagt Historikerin Hierholzer: „Weil Markenhersteller einen Namen zu verlieren haben und den weniger leichtfertig aufs Spiel setzten."

Was, wenn ich direkt vom Hof kaufe?

Eine Sicherheit haben die Kunden, wenn sie direkt beim Bauern kaufen: Sie wissen, wo ihr Obst, Gemüse und Fleisch herkommen. Nicht aber, wie der Bauer gewirtschaftet, ob er gedüngt oder gespritzt hat. Einige Landwirte erzählen dazu aber gern mehr, wenn die Kunden danach fragen. Der Rest ist eine Frage des Vertrauens.

Ist Bioware besser?

Europäische Biosiegel besagen immerhin, dass Gemüse und Obst ohne Gentechnik, chemische Dünger und Pestizide angebaut wird. Tiere werden mit mehr Zeit und Platz aufgezogen und ihr Futter muss biologisch erzeugt sein. Aber nur zum Teil auf dem eigenen Hof, der Rest kann zugekauft sein. Eine Gefahr bei Bioprodukten sind auch Schimmelpilze – dagegen werden konventionelle Produkte gespritzt. Bei Kontrollen überschritten vier Prozent der Bioproben die Schadstoff-Höchstgrenzen (konventionelles Gemüse aber zu 26 Prozent). Meist sind Bioprodukte jedoch viel weniger belastet.

Fazit

Ein bisschen Risiko gehört zum Leben. Aber die sicherste Ernährung ist immer noch die mit saisonalen, heimischen Lebensmitteln, möglichst aus der Bioecke. Jedenfalls ist Bio so lange besser als Industrieware, bis auch diese Produktion industrialisiert wird.

c Vergleicht die Informationen aus dem Artikel mit der Situation in eurem Land.

1. Wo kaufen die Menschen meistens ein?
2. Wie groß ist das Interesse am Thema „Schadstoffe in Lebensmitteln"?
3. Welche Rolle spielen Bio-Lebensmittel?
4. Wer kontrolliert die Qualität von Lebensmitteln?

▶ Ü 1–3

2a Ergänzt die Satzanfänge mit Informationen aus dem Artikel.

Zeile 1–33:
1. Beim Verzehr von Fleisch erinnern sich viele Leute an …
2. Ohne Erhöhung der Kontrollen kann die Einhaltung der …

Zeile 34–90:
3. Bei Verwendung von gutem Futter erhöht sich …
4. Bei Nachfragen auf dem Bauernhof bekommt man …
5. Ohne Kennzeichnung der Produkte mit einem Biosiegel kann man nicht wissen, …

b Formt die Satzanfänge aus 2a um. Verwendet Nebensätze mit *wenn* oder *wenn … nicht*. Notiert dann die Regel im Heft.

1. Viele Leute erinnern sich an …, wenn sie Fleisch verzehren.

Konditionalsätze

Verbalform (Konnektor)	Nominalform (Präposition)
wenn, falls, sofern	▨ + Dativ
wenn … nicht	▨ + Akkusativ

▶ Ü 4–5

3 Schreibt drei Beispielsätze mit *wenn (nicht)*, *falls* oder *sofern* auf je einen Zettel und notiert darunter die Nominalisierungen. Faltet die Beispielsätze nach hinten und tauscht mit eurem Partner / eurer Partnerin. Jede/r notiert unter die Nominalisierungen die Verbalisierungen. Kontrolliert am Schluss gemeinsam.

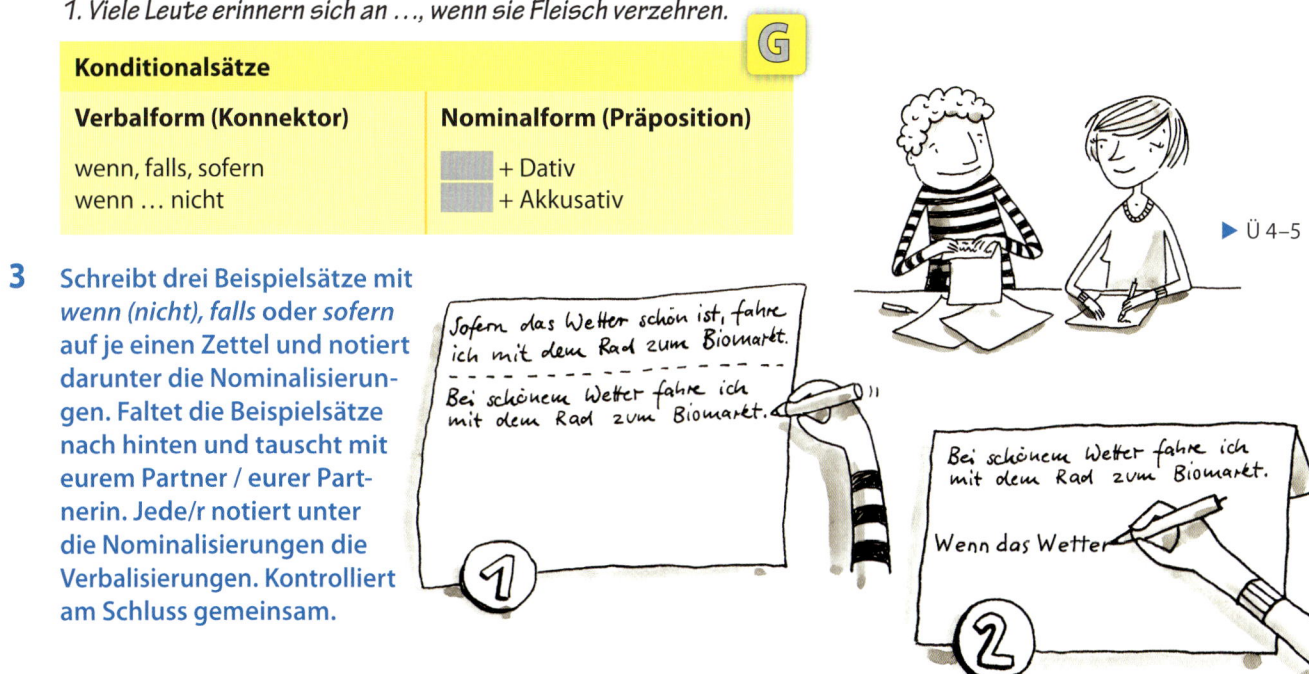

▶ Ü 6

Alles nur Show?

1a Welche Castingshows gibt es bei euch? Welche seht ihr manchmal oder oft an? Was macht die Shows unterhaltsam? Sprecht in der Klasse.

b Lest den Text über eine bekannte deutsche Castingshow. Warum ist die Show für viele interessant?

Der Schönheitswahn geht in die nächste Runde

Seit dem 8. Februar ist es wieder so weit:
Tausende weibliche Teenager suchen ihre einmalige Chance im Modelbusiness durchzustarten.

VON NUSHIN

Mit oberflächlichen Blicken werden die „Auserwählten" rausgefiltert und für den Job als Nachwuchsmodel vorbereitet. In der Castingshow Germany's Next Topmodel (GNTM) von Heidi Klum, einem internationalem Topmodel, geht es darum, Deutschlands „nächstes Topmodel" durch das Prinzip eines großen Wettbewerbes zu finden. Die Teilnehmerinnen werden mit unterschiedlichen Aufgaben und Fotoshootings konfrontiert. Das Ziel einer jeden Staffel ist es, einer jungen Frau den Einstieg in die Modebranche als Model zu vereinfachen. Die Gewinnerin der Staffel erhält einen Sach- oder Geldpreis, ein Covershoot für ein bekanntes Modemagazin und einen zunächst befristeten Modelvertrag in einer renommierten Agentur – zufällig die Agentur von Heidi Klums Vater Günther Klum. Somit öffnet sich angeblich für die Gewinnerin die Tür zum Traumberuf als Model.

Donnerstag, 20:15 Uhr, Fernseher an!

Jeden Donnerstag heißt es für mich um 20:15 ProSieben einschalten. Ja, auch ich gehöre zu den regelmäßigen GNTM-Guckern. Auch wenn ich jedes Mal vorm Fernsehen sitze und mich mit meiner Mutter über die Umstände und das vermittelte Schönheitsbild aufrege, ist der Unterhaltungsfaktor zu groß, um wegzuschalten. Die Mädchen zicken rum, beschweren sich wegen den unnötigsten Dingen und versuchen krampfhaft die Aufmerksamkeit der Kamera, der Jurymitglieder und Auftraggeber auf sich zu ziehen – was davon echt ist oder nur geschickter Zusammenschnitt durch die Produktionsfirma, die Zuschauer*innen erfahren es nicht.

Das Gefälschte, über das Niemand redet.

Fest steht: Die Einschaltquoten haben immer Vorrang und die Teilnehmerinnen geben in der Fernsehshow viel über ihr Leben preis. Sie begeben sich in die Gefahr, für immer den Stempel der Teilnehmerin einer Deutschen Unterhaltungsshow an sich haften zu haben. Etwas, was im internationalen Business nicht immer gut ankommt.

Die Kandidatinnen wohnen jedes Jahr in einer Villa im Herzen von Los Angeles. Natürlich mit All-Inclusive-Service, in einer Location wie man sie sonst nur aus Hollywood-Filmen kennt. Heidi Klum scheint wie die Mutti der Teilnehmerinnen vor Ort zu sein. Dass dieses sorglose Leben von den GNTM-Teilnehmerinnen nicht annähernd der Realität von Topmodels entspricht, konnten vorherige Gewinnerinnen wie Jana Beller bestätigen. Jana Beller klagte sich zwei Monate nach ihrem Gewinn der Staffel mit einem Anwalt aus dem GNTM-Vertrag (Agentur One) heraus. Für sie war schnell klar, dass das Modelleben selten ein perfektes und glückliches Leben repräsentiert.

▶ Ü 1

Fertigkeitstraining

Modul 4

6

c Welche Einstellung hat die Autorin zur Show? Notiert Beispiele mit Zeilenangaben aus dem Text, die ihre Meinung deutlich machen.

d Und ihr? Welche Meinung habt ihr zu solchen Shows? Sprecht in Gruppen.

2a Ordnet die Überschriften den Redemitteln für einen Kommentar zu.

- **A** Konsequenzen für das eigene Handeln darlegen / Resümee ziehen
- **B** einen Kommentar einleiten
- **C** die eigene Ansicht argumentierend darlegen
- **D** auf Argumente/Aussagen eingehen
- **E** die eigenen Hauptgründe hervorheben

EINEN KOMMENTAR SCHREIBEN

1. Mein Kommentar bezieht sich auf …

   Ein aktuell viel diskutiertes Thema ist …

   Ich möchte in meinem Kommentar zum Thema … Stellung nehmen.

   Ich habe einen Text / eine Meldung / eine Sendung zum Thema … gelesen/gehört/gesehen. Darin wurde deutlich, dass …

2. Ich bin der Meinung/Ansicht/Auffassung, dass …

   Ich halte diese Idee für …, weil …

   In meinen Augen ist dieses Konzept / diese Methode / sind solche Shows …, denn …

   Für/Gegen … spricht zum Beispiel das Argument, dass …

   Für mich ist klar, dass …

   Aus meiner Sicht kann man sagen, dass …

3. Sicher ist … für viele … sinnvoll, aber …

   Oft wird zwar gesagt, dass …, aber …

   Man sollte bedenken, dass …

   Dieser Gedanke ist für viele sicher richtig/hilfreich …, trotzdem …

   Auch wenn ich gut nachvollziehen kann, dass/wenn … möchte ich doch betonen, dass …

4. Für mich persönlich ist … am wichtigsten.

   Mein Standpunkt zu … lautet ganz klar: …

   Das entscheidende Argument dafür/dagegen ist …

   Ich bin ganz eindeutig der Meinung, dass …

5. Meine persönliche Schlussfolgerung ist …

   Für mich kommt nur … in Frage.

   Ich würde niemals/jederzeit …

   Dies alles bringt mich zu der Überzeugung, dass …

   Abschließend möchte ich nochmals verdeutlichen, dass/wie …

b Wählt je zwei Redemittel, die ihr in einem Kommentar verwenden wollt.

c Schreibt einen Kommentar zu dem Phänomen Castingshows. Geht dabei auch auf Shows aus eurem Land ein.

Alles nur Show?

3a Lest die Kommentare eines Lehrers zu einem Handout für ein Referat zum Thema „Castingshows und ihre Auswirkungen". Welche Kommentare (a–g) passen wo (1–7)?

a) Fasse auf dem Handout nur wichtige Inhaltspunkte in Stichworten zusammen.
b) Es sollte sofort erkennbar sein, dass dies das Handout ist. Formuliere dies auch: „Handout zum Referat: …"
c) Der Umfang des Handouts sollte 1–2 Seiten sein.
d) Gib deinen Namen an und das Datum, an dem du das Referat hältst.
e) Im Handout nicht nur die Unterthemen nennen, sondern auch die wichtigsten Ergebnisse.
f) Die Gliederung des Handouts sollte übersichtlich sein und Platz bieten, damit die Zuhörenden Notizen machen können.
g) Achte auf die Rechtschreibung!

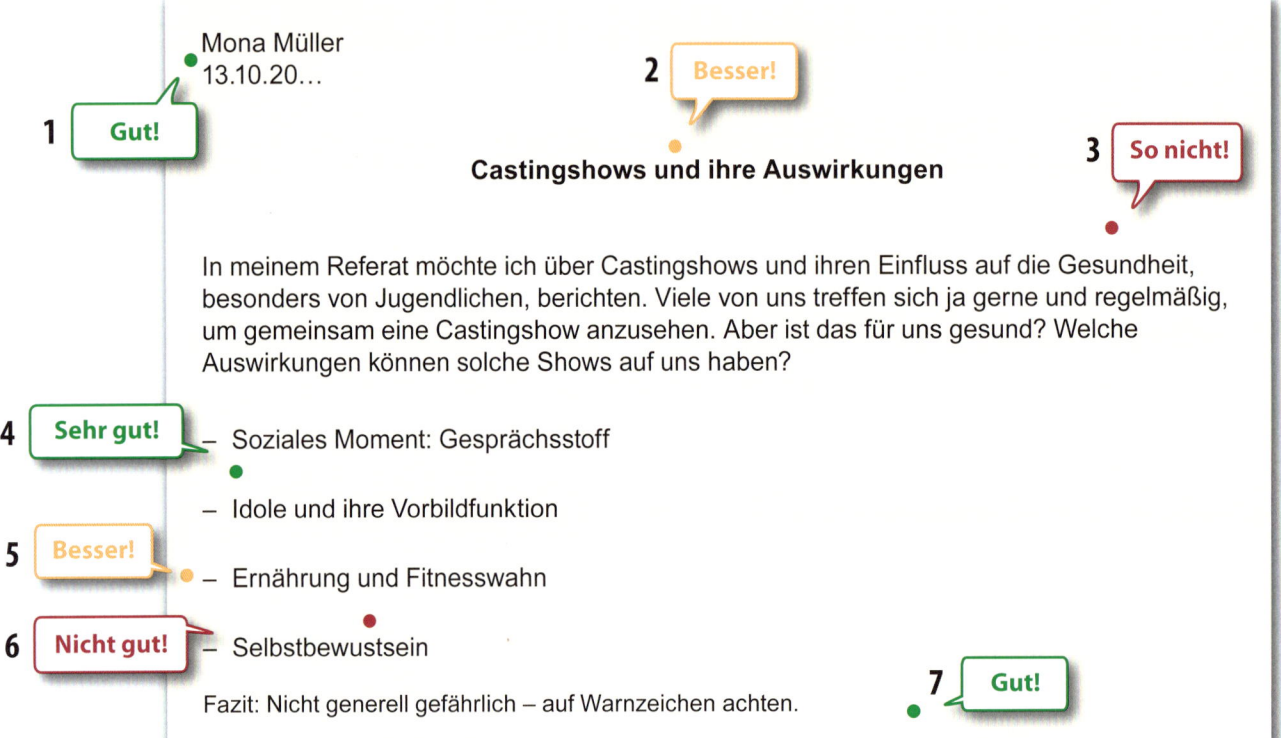

 b Hört das Referat und notiert wichtige Informationen zu jedem Unterthema aus dem Handout.
2.18-22

 c Hört das Referat ab dem Hauptteil noch einmal und ergänzt eure Notizen. Vergleicht und kontrolliert dann eure Notizen zu zweit.
2.19-22
▶ Ü 2–3

 4a Wählt ein Thema aus dem Bereich „Gesundheit" (z. B. Medien und Gesundheit, Ernährung an eurer Schule …) und bereitet ein Referat vor.

1. Schritt: Recherchiert wichtige Informationen und notiert sie auf je einer Karte (mit Angabe, woher die Informationen stammen).
2. Schritt: Bringt die Informationen in eine sinnvolle Reihenfolge.
3. Schritt: Überlegt euch einen guten Einstieg und einen guten Schluss.
4. Schritt: Erstellt nun übersichtliche Karten mit den Informationen, die ihr als Gedächtnishilfen für euer Referat braucht. Nummeriert die Karten!
5. Schritt: Erstellt ein Handout für das Referat.
6. Schritt: Übt euer Referat.

Fertigkeitstraining — Modul 4 — 6

b Ordnet die Redemittel zu und sammelt weitere. Ihr könnt dazu auch noch einmal das Referat aus 3b anhören.

> A Zusammenfassend ist festzuhalten, dass … B Als Nächstes möchte ich auf … eingehen.
> C Darf ich später auf diese Frage zurückkommen und zunächst …? D Das will ich gerne erklären: …
> E In meinem Referat geht es um … F Fazit des gerade Gesagten ist … G Häufig hört man auch, dass …

EIN REFERAT EINLEITEN	ZUM NÄCHSTEN PUNKT ÜBERLEITEN	EIN REFERAT ABSCHLIESSEN
Heute möchte ich mich der Frage / dem Thema … widmen.	Viele sind des Weiteren davon überzeugt, dass …	Abschließend möchte ich noch einmal hervorheben, dass …
	Ein weiterer Punkt ist auch die Frage, ob …	Schließlich kann man zu dem Ergebnis kommen, dass …

AUF EINWÄNDE REAGIEREN / ZEIT (ZUM NACHDENKEN) GEWINNEN	AUF FRAGEN ANTWORTEN
Mit diesen kritischen Überlegungen hast du bestimmt recht, dennoch möchte ich noch mal darauf zurückkommen, dass …	Das ist eine gute Frage, die ich mir bei der Recherche auch schon gestellt habe. Es ist so: …
Ich verstehe deinen Einwand, möchte aber darauf hinweisen, dass …	Danke für diese Frage, auf die ich gerne eingehe: …
Vielen Dank für diesen Hinweis! Das ist ein weiterer interessanter Punkt.	

c Arbeitet in Gruppen und haltet euer Referat. Die anderen notieren Fragen, die sie zum Referat stellen möchten, und eventuell auch Einwände. Stellt dann eure Fragen und notiert die Antworten.

STRATEGIE — **Aktiv zuhören**
So behaltet ihr möglichst viele Informationen:
– Überlegt euch schon vor dem Referat Fragen zum Thema.
– Denkt während des Referats mit. Findet z. B. eigene Beispiele.
– Notiert interessante Informationen.
– Notiert Fragen sofort (andernfalls sind sie schnell vergessen).

FRAGEN STELLEN	EINWÄNDE ERHEBEN
Eine Sache ist mir nicht ganz klar geworden: …	Ich bin nicht sicher, ob man … so sagen kann.
Könntest du bitte noch einmal erklären, wie/warum …?	Ich finde es wichtig, auch zu bedenken, dass …
Mich würde noch interessieren, ob/warum/wie …	Hast du bei deinen Recherchen auch bedacht, dass …?
Ich würde gerne noch mehr über … wissen.	

d Berichtet den anderen Gruppen, welche Themen die Referate hatten und welche interessanten Informationen ihr bekommen habt.

Porträt

Dr. Eckart von Hirschhausen (*26. August 1967)

Arzt, Komiker, Autor und Gründer der Stiftung HUMOR HILFT HEILEN

„Das Gesundheitssystem braucht einen Hofnarren und den gebe ich gern"

Wohin er auch kommt – Dr. med. Eckart von Hirschhausen bringt das Lachen mit. Seit mehr als 30 Jahren ist der promovierte Neurologe, Kabarettist und Buchautor mit seinen Bühnenprogrammen auf Tournee.

Forum: Herr von Hirschhausen oder Herr Doktor – wie hätten Sie es denn gern?

Eckart von Hirschhausen: ... Doktor, bitte, so viel Zeit muss sein (lacht). Das ist keine Eitelkeit, sondern damit beuge ich der Frage „Sind Sie wirklich Arzt?" vor. Das ist nicht nur der akademische Titel, den ich mir mühsam erworben habe, sondern auch Teil meiner Marke. Was mich von anderen Kabarett-Kollegen unterscheidet, ist nun mal mein medizinischer Hintergrund.

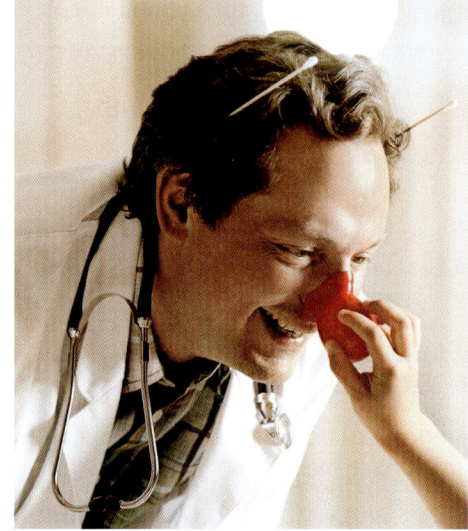

Dr. Eckart von Hirschhausen ist aktiv in der Prävention tätig

Forum: Derzeit herrscht an deutschen Kliniken Ärztemangel. Wie können Sie es in diesen Zeiten verantworten, dass Sie den weißen Kittel offiziell an den Nagel gehängt haben und nicht mehr praktizieren?

Hirschhausen: Ich praktiziere ja – ich bin aktiv in der Prävention tätig. Ärzte beschäftigen sich mit Menschen, wenn sie krank sind. Ich beschäftige mich mit ihnen, damit sie gar nicht erst krank werden. Was ich in meinen Bühnenprogrammen erzähle, ist verkappte Psychotherapie und stammt beispielsweise aus der kognitiven Verhaltenstherapie bei Depressionen. Als praktizierender Arzt würde ich genau das auch erzählen, nur immer jedem Patienten einzeln. Wenn jetzt 1.500 Leute gleichzeitig in meine Show kommen, dann spare ich jeden Abend fünf Jahre in der Klinik. So gesehen bin ich hocheffektiv. Wie könnte ich verantworten, das nicht zu tun?

Forum: Sie betrachten die Medizin mit Humor – plädieren aber auch ernsthaft für eine neue Wahrnehmung des Themas Gesundheit.

Hirschhausen: Die eigentliche Wissenschaft der Medizin ist die Wissenschaft vom inneren Schweinehund. Wir wissen alle, was uns guttäte, wir tun es nur zu selten. Das medizinische Wissen verdoppelt sich alle vier Jahre. Heißt das, dass wir alle vier Jahre doppelt so schlau sind oder doppelt so gesund? Der menschliche Körper ist ein schöner Lehrmeister für den Unterschied zwischen Qualität und Quantität. Wer vier Grad über der normalen Körpertemperatur liegt, ist nicht halb so krank wie jemand, der acht Grad darüber liegt, sondern doppelt so lebendig! Zwischen 41 und 45 Grad Celsius gibt es also einen Qualitätssprung – nämlich den über die Klinge. Die zentralen Themen der Medizin sind: Wie gehe ich mit mir um, den Menschen um mich herum um, wie halte ich es mit Bewegung und Essen? Wie verarbeite ich das, was die Biologie als Verfall und Krankheit und Sterblichkeit mitgegeben hat, damit ich nicht die Lebensfreude verliere? Gesundheit ist am schönsten, wenn man so viel Freude am Leben hat, dass sie nicht nur für einen selbst, sondern auch für andere reicht.

Forum: Gesundheit und Glück sind also dasselbe?

Hirschhausen: Ein erfülltes, sinnhaftes Dasein ist relativ unabhängig vom körperlichen Zustand. Als Arzt lernen Sie viele Menschen kennen, die trotz körperlicher Misere und drohender Endlichkeit ihr Leben genießen. Grundsätzlich gilt aber: Das menschliche Gehirn besteht aus einem Frontallappen – der plant. Und aus einem Seitenlappen – der vernetzt. Wir Deutschen haben einen zusätzlichen Hirnteil – den Jammerlappen, der verhindert. Der hat keine Verbindung zum Sehnerv, hat aber immer schon alles kommen sehen.

www Mehr Informationen zu Dr. Eckart von Hirschhausen.

Sammelt Informationen über Persönlichkeiten aus dem In- und Ausland, die für das Thema „Gesundheit" interessant sind, und stellt sie in der Klasse vor.

Beispiele aus dem deutschsprachigen Bereich: Hildegard von Bingen – Robert Koch – Albert Schweitzer – Ernährungsdocs – Medizinkabarett Peter & Tekal – Arbeiter-Samariter-Bund

Grammatik-Rückschau

6

1 Infinitivsätze in Gegenwart und Vergangenheit

dass-Satz in der Gegenwart → Infinitiv Präsens	
Aktiv	
Die Moderatorin bittet Frau Dr. Schill,	**dass** sie den Zuhörern eine Definition zu den Placebos <u>gibt</u>. → den Zuhörern eine Definition zu den Placebos **zu** <u>geben</u>.
Passiv	
Es ist für die Patienten wichtig,	**dass** sie über die Wirksamkeit des Präparats <u>informiert werden</u>. → über die Wirksamkeit des Präparats <u>informiert</u> **zu** <u>werden</u>.
***dass*-Satz in der Vergangenheit → Infinitiv Perfekt**	
Aktiv	
Die Forschung ist der Ansicht,	**dass** sie interessante Erkenntnisse <u>gewonnen hat</u>. → interessante Erkenntnisse <u>gewonnen</u> **zu** <u>haben</u>.
Patienten berichten,	**dass** sie für die Gespräche sehr dankbar <u>gewesen sind</u>. → für die Gespräche sehr dankbar <u>gewesen</u> **zu** <u>sein</u>.
Passiv	
Viele erinnern sich sicher,	**dass** sie bei Schmerzen <u>getröstet worden sind</u>. → bei Schmerzen <u>getröstet worden</u> **zu** <u>sein</u>.

Die Umformung in einen Infinitivsatz ist nur möglich, wenn das Subjekt des *dass*-Satzes mit dem Subjekt oder einer Ergänzung im Hauptsatz identisch ist. Oder, wenn das Subjekt im Hauptsatz durch *„es"* ersetzt ist und das Subjekt des *dass*-Satzes das Indefinitpronomen *man* ist.
Es ist sinnvoll, **dass man** den Einfluss von Placebos auf die Heilung <u>untersucht</u>.
→ den Einfluss von Placebos auf die Heilung **zu** <u>untersuchen</u>.

Bildung des Infinitivs

	Aktiv	**Passiv**
Präsens	*zu* + Infinitiv	Partizip II + *zu werden*
Perfekt	Partizip II + *zu haben / zu sein*	Partizip II + *worden zu sein*

Im Präsens verwendet man *dass*-Sätze und Infinitivsätze auch mit Modalverben:
Der Arzt bestätigt, dass er den Patienten mit Placebos <u>heilen kann</u>.
→ den Patienten mit Placebos <u>heilen</u> **zu** <u>können</u>.
In der Vergangenheit verwendet man meistens *dass*-Sätze mit Modalverb im Präteritum.
Der Arzt bestätigt, dass er den Patienten <u>heilen konnte</u>.
selten: → den Patienten <u>geheilt</u> <u>haben</u> **zu** <u>können</u>.

2 Konditionalsätze

Verbalform (Konnektor)	**Nominalform (Präposition)**
wenn, falls, sofern **Wenn** man gutes Futter verwendet, erhöht sich der Preis für Fleisch nicht stark.	**bei + Dat.** **Bei** Verwendung von gutem Futter erhöht sich der Preis für Fleisch nicht stark.
wenn … nicht **Wenn** die Kontrollen **nicht** erhöht werden, kann die Einhaltung der Höchstgrenzen nicht ausreichend überprüft werden.	**ohne + Akk.** **Ohne** Erhöhung der Kontrollen kann die Einhaltung der Höchstgrenzen nicht ausreichend überprüft werden.

Lernen, richtig zu essen

1 Wie hängen Gesundheit und Ernährung eurer Meinung nach zusammen?

 2 Im Film wird Ursula Pfeifer vom Verein „Lobby für Kinder" gezeigt. Seht den Film und notiert alle Stationen, in denen sie zu sehen ist und was sie dort macht.

 3a Seht die erste Sequenz. Welche Probleme werden genannt und wie versucht Ursula Pfeifer zu helfen?

  b Was machen die Kinder in dem Restaurant? Wie findet ihr diese Idee? Diskutiert.

 4a Seht die zweite Sequenz. Welche Aussagen sind richtig?

1. Die alleinerziehende Mutter bekommt finanzielle Unterstützung vom Staat.
2. Sie muss fünf Kinder versorgen.
3. Sie muss monatlich 80 Euro für ihre Schulden abgeben.
4. Das Geld reicht oft nicht für Obst und Gemüse.
5. Der Mutter ist es wichtig, dass die Kinder satt und zufrieden sind.

sehen | nachdenken | diskutieren | …

6

b Ergänzt die Sätze.

1. Frau Pfeifer kommt zum Einkaufen mit, um …
2. Beim Hackfleisch achtet sie darauf, dass es einerseits … und andererseits …
3. Frau Pfeifer respektiert aber auch die Entscheidungen von Markos Mutter, z. B. …
4. Am Abend bereitet Marko eine Überraschung vor: …

c Lest die Aussagen von Frau Pfeifer. Welche Umschreibung passt?

1. Die kriegen das irgendwie nicht gebacken.
   - Sie schaffen das nicht.
   - Sie können nicht kochen oder backen.
   - Sie fangen vieles an, machen es aber nicht fertig.
2. Die Kinder sollen auch lernen, Essen zu schätzen.
   - Sie sollen wissen, wie viel das Essen kostet.
   - Sie sollen vorab überlegen, wie viel sie essen werden.
   - Sie sollen das Essen als etwas Schönes und Wertvolles wahrnehmen.

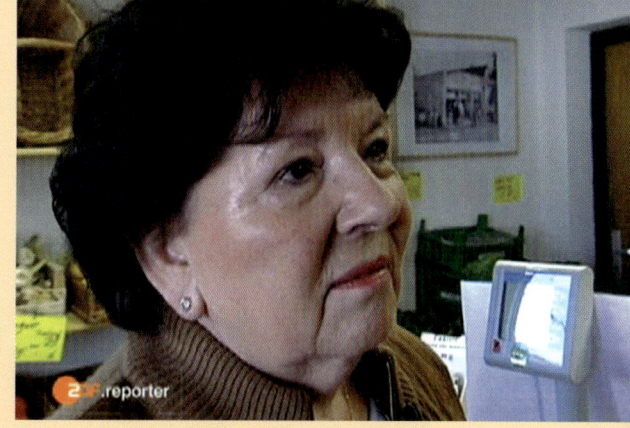

d Wie findet ihr das Engagement von Frau Pfeifer? Glaubt ihr, dass sich durch ihre Hilfe die Ernährungsgewohnheiten langfristig ändern?

5a Was spielt für eine gesunde Lebensweise alles eine Rolle? Seht den Film noch einmal und stellt eine Liste mit Empfehlungen zusammen. Ergänzt auch eigene Ideen.

b Lest den Blogeintrag. Diskutiert die Aussage und schreibt dann einen Kommentar. Bezieht auch eure Empfehlungen aus 5a ein.

---

heute / 12:41 Uhr
Tomato

Also, ich weiß nicht, das Thema „gesunde Ernährung" nervt mich langsam. Alle sagen immer, gesunde und abwechslungsreiche Ernährung sei super wichtig. Ich glaube das nicht! Ich bin der Meinung, dass es viel wichtiger ist, Sport zu machen und viel draußen zu sein, dann darf man auch Pommes, Fertigschnitzel und Schokolade essen, ohne dass es ein Problem ist. Außerdem weiß man ja heute eh nicht mehr, was man essen darf: Entweder es ist ungesund, oder die Produktionsbedingungen sind unfair und schädlich für die Natur, oder die Lebensmittel sind mit Schadstoffen belastet. Ich esse, worauf ich Lust habe, und ich bin sicher, dass mein Körper weiß, was ihm und mir gut tut.

Recht so!

Ihr lernt
Modul 1 | Zeitungsmeldungen verstehen und über Vorgänge berichten
Modul 2 | Grafiken Informationen entnehmen und den Inhalt einer Diskussion detailliert verstehen
Modul 3 | Anhand eines Artikels über Vorschriften und Gesetze diskutieren, was man alles juristisch regeln kann
Modul 4 | Einen Artikel über Krimis zusammenfassen
Modul 4 | Verschiedene Vorschläge diskutieren und eine Entscheidung aushandeln

Grammatik
Modul 1 | Besonderheiten des Passivs
Modul 3 | Modales Partizip

Echt von Bill Zander … und nur 150 Euro, weil es das letzte Stück ist.

▶ ÜB Wortschatz

1a Welche Begriffe passen zu den Bildern? Manchmal gibt es mehrere Möglichkeiten. Ordnet zu.

> die Sachbeschädigung   der Betrug   die Erpressung   der bewaffnete Raubüberfall
> die Fahrerflucht   der Ladendiebstahl   die Produktpiraterie   die Körperverletzung
> die unterlassene Hilfeleistung   die Kunstfälschung

b Arbeitet zu zweit. Wählt ein Bild und eine Person aus, die von der Tat berichtet. Schreibt einen Dialog (Detektiv berichtet einem Kollegen, Kundin erzählt einer Freundin, Bankmitarbeiter spricht mit seiner Frau, Fahrradfahrer berichtet einem Arzt …).

- ○ Na, wie war es heute beim Shopping?
- ● Hör bloß auf, ich komme gerade von der Polizei.
- ○ Was? Wieso das denn? …
- ● Ich habe gesehen, wie …

c Spielt die Dialoge in Gruppen vor. Welche Geschichte ist am interessantesten?

Dumm gelaufen

1a Arbeitet zu zweit. Jede/r liest zwei Meldungen. Berichtet anschließend eurem Partner / eurer Partnerin darüber. Welchen Fall findet ihr am komischsten?

A Vier Jahre Haft lautet das Urteil für einen ungeschickten Täter und ehemaligen Polizeibeamten, der bei einem Banküberfall, bei dem er 14.260 Euro erbeutete, seine Bankkarte in der Filiale verlor. Kurz nach der Tat zahlte er in einer anderen Bank am Schalter die gesamte Beute auf sein Konto ein und meldete den Verlust seiner Bankkarte. Da die Karte bereits gefunden und dem Täter zugewiesen worden war, erschien auf dem Computer der Bankangestellten eine Warnmeldung. Sie verzögerte geistesgegenwärtig die Transaktion, indem sie den Täter in ein Gespräch verwickelte. Unauffällig alarmierte sie die Polizei und kurz darauf konnte der Täter festgenommen werden. Als Motiv gab er an, er habe sich nach der Trennung von seiner Frau und Geldmangel nicht mehr zu helfen gewusst.

B Ein Einbrecher der etwas schusseligen Art hat Polizeibeamten im US-Bundesstaat Wisconsin einen ungewöhnlich entspannten Einsatz beschert. Der Einbrecher nutzte eine sturmfreie Bude, um in Ruhe seine E-Mails zu checken. Schon das ist hinsichtlich der Tatsache, dass niemand im Web wirklich anonym unterwegs ist, reichlich dumm. Das Verhalten des Einbrechers war auch sonst nicht sonderlich von Vorsicht geprägt: Er machte sich einen Kaffee und duschte, bevor er eine Runde fernsah. Zwischendurch streute er noch die Zubereitung einiger kleiner Snacks ein. Was der Einbrecher jedoch nicht tat, führte am Wochenende zu seiner Verhaftung: Er loggte sich nicht aus. Der E-Mail-Account des Einbrechers war nach seinem Verschwinden immer noch offen. Bei so viel Dummheit war die Identifizierung des Täters kein Kunststück mehr – zumal bereits wegen anderer Vergehen nach ihm gesucht wurde. Er konnte mitsamt seiner Beute schnell gefunden werden.

C Durch die Fahndung in einem Online-Netzwerk konnte Neuseelands Polizei einen tollpatschigen Dieb fassen. Nur mithilfe einer Brechstange und eines Winkelschleifers wollte der junge Einbrecher den Tresor einer Bar knacken und versagte dabei gleich mehrfach: Den Safe konnte er nicht bezwingen und die Überwachungskamera sah er auch zu spät. Der 21-jährige Einbrecher nahm während seiner Aktion die Skimaske ab und entdeckte dann mit überraschtem Blick die Überwachungskamera. Dank dieses Fehlers konnte die Polizei kurz darauf das Überwachungsvideo sowie ein paar Fotos in ein beliebtes Online-Netzwerk stellen. Nur einen Tag nach dem missglückten Einbruch wurde der Täter identifiziert und von der Polizei nahe seiner Wohnung festgenommen.

D Dumm stellten sich zwei Einbrecher an, die versuchten, eine Wohnung auszuräumen. Zur Tarnung hatten sie sich ihre Gesichter schwarz angemalt. Da in der Gegend in den letzten Monaten oft eingebrochen wurde, waren die Nachbarn besonders wachsam. So wurden die beiden jungen Männer bei ihrem Einbruch beobachtet und die Nachbarn riefen auch gleich die Polizei. Da die Einbrecher den Zeugenaussagen so perfekt entsprachen, konnten sie kurze Zeit später gefasst werden. Die Männer hatten nämlich nicht beachtet, dass der Marker, mit dem sie ihre Gesichter bekritzelt hatten, nicht abwaschbar war.

b Sammelt zu zweit aus den Meldungen alle Wörter aus dem Bereich „Kriminalität" und notiert sie im Heft. Vergleicht mit einem anderen Paar.

▶ Ü 1

Modul 1

2a Lest die Sätze. Was ist das Besondere an den Passivsätzen? Welche Regel (A oder B) passt zu welchem Passivsatz?

Aktivsatz ohne Akkusativobjekt	Unpersönliches Passiv
1. Die Männer brachen ein.	1. Es wurde eingebrochen.
2. Die Männer brachen in viele Wohnungen ein.	2. In viele Wohnungen wurde eingebrochen.
3. Die Polizei ermittelte erfolgreich.	3. Es wurde erfolgreich ermittelt.
4. Die Polizei ermittelte in diesem Fall.	4. In diesem Fall wurde ermittelt.

Unpersönliches Passiv

A. In Passivsätzen ohne Subjekt steht das Pronomen *es* als stellvertretendes Subjekt auf Position 1.
B. Wenn möglich, wird *es* durch ein anderes Satzglied ersetzt.

es steht nur im Hauptsatz, nicht im Nebensatz:
Es wurde eingebrochen. → Die Nachbarn sahen, dass eingebrochen wurde.

b Arbeitet zu zweit. Jede/r bildet fünf kurze Passivsätze mit *es* am Satzanfang. Tauscht eure Sätze und erweitert sie dann so, dass *es* wegfällt.

Es wird Tag und Nacht gearbeitet.   *Bei der Polizei wird Tag und Nacht gearbeitet.*

▶ Ü 2

3a Tempusformen des Passivs mit Modalverb. Ergänzt die Sätze.

Passiv mit Modalverb in Gegenwart und Vergangenheit			
Präsens	Der Täter muss gefasst werden.	Die Tat ▭ aufgeklärt werden.	
Präteritum	Der Täter ▭ gefasst werden.	Die Tat konnte aufgeklärt werden.	
Perfekt	Der Täter hat gefasst werden müssen.	Die Tat ▭	

b Lest die Sätze. Wo steht das konjugierte Verb im Nebensatz? Ergänzt die Regel im Heft.

Hauptsatz: *Der Täter konnte gefasst werden.*
Nebensatz: *Die Polizei gab bekannt, dass der Täter gefasst werden konnte.*

Hauptsatz: *Der Täter hat gefasst werden können.*
Nebensatz: *Die Zeitung schrieb, dass der Täter hat gefasst werden können.*

Passiv mit Modalverb im Nebensatz

Passiv mit Modalverb im Präsens oder Präteritum
Das konjugierte Verb steht im Nebensatz ▭.
Passiv mit Modalverb im Perfekt
Das konjugierte Verb steht im Nebensatz vor dem ▭.

Um Vergangenheit auszudrücken, verwendet man im Passiv mit Modalverb vor allem das Präteritum. Im Konjunktiv II des Passivs mit Modalverb in der Vergangenheit ist die Verbstellung wie im Perfekt:
Der Täter hätte gefasst werden können. / Die Zeitung schrieb, dass der Täter hätte gefasst werden können.

▶ Ü 3

4 Was hätte anders gemacht werden müssen? Arbeitet zu zweit und schreibt Sätze.

Fenster zumachen   den Computer mit einem Passwort sichern   das Fahrrad anketten
die Tür abschließen   das Handy ausmachen   die Alarmanlage aktivieren   …

Das Geld hätte zur Bank gebracht werden müssen!

▶ Ü 4

Jugendsünden?!

1 Was denkt ihr? Was sind typische Straftaten bei Jugendlichen? Sammelt und diskutiert in der Klasse.

2a Seht die Grafik an. Wozu findet ihr Informationen (Themen, Zeiträume, Quelle …)?

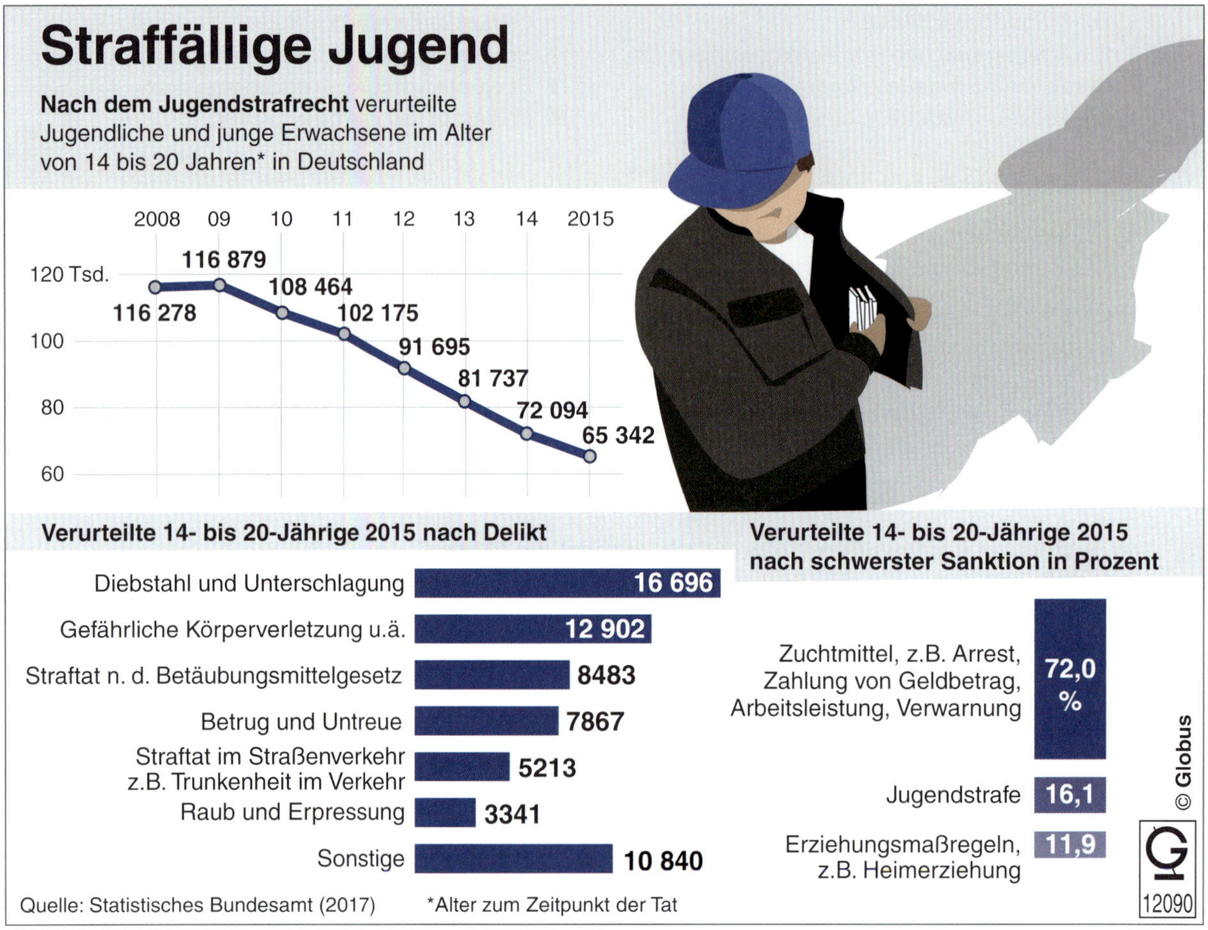

Straffällige Jugend

Nach dem Jugendstrafrecht verurteilte Jugendliche und junge Erwachsene im Alter von 14 bis 20 Jahren* in Deutschland

Jahr	Anzahl
2008	116 278
09	116 879
10	108 464
11	102 175
12	91 695
13	81 737
14	72 094
2015	65 342

Verurteilte 14- bis 20-Jährige 2015 nach Delikt

- Diebstahl und Unterschlagung: 16 696
- Gefährliche Körperverletzung u.ä.: 12 902
- Straftat n. d. Betäubungsmittelgesetz: 8483
- Betrug und Untreue: 7867
- Straftat im Straßenverkehr z.B. Trunkenheit im Verkehr: 5213
- Raub und Erpressung: 3341
- Sonstige: 10 840

Verurteilte 14- bis 20-Jährige 2015 nach schwerster Sanktion in Prozent

- Zuchtmittel, z.B. Arrest, Zahlung von Geldbetrag, Arbeitsleistung, Verwarnung: **72,0 %**
- Jugendstrafe: **16,1**
- Erziehungsmaßregeln, z.B. Heimerziehung: **11,9**

Quelle: Statistisches Bundesamt (2017)   *Alter zum Zeitpunkt der Tat

© Globus 12090

▶ Ü 1

b Formuliert mithilfe der Grafik Aussagen zu den folgenden Punkten.

- Entwicklung in den Jahren 2008–2015
- Häufigkeit bei den Delikten
- Häufigkeit der Strafen
- verschiedene Arten der Strafen

Im Vergleich zu 2008 ist die Zahl der …
Bei der Bestrafung ist auffällig, dass …

Das häufigste Delikt war 2015 …
Man kann deutlich sehen, dass …

c Was könnten Gründe für Straftaten von Jugendlichen sein? Sammelt in Gruppen.

Manche wollen ihren Freunden zeigen, wie mutig sie sind, darum …
In Gruppen kommt man schnell auf Ideen, die …

3a Hört die Einleitung zu einer Radiodiskussion zum Thema „Kriminalität von Jugendlichen" mit der Richterin Tamara Koops, der Polizistin Nadine Marani und dem Streetworker Hannes Wolfrath. Welche Fragen soll die Diskussion beantworten?

b Hört jetzt den ersten Abschnitt der Diskussion und notiert Informationen zu den Fragen aus 3a. Vergleicht dann zu zweit.

Modul 2

 c Hört den zweiten Abschnitt und notiert: Wer nennt welche Gründe für den Rückgang der Jugendkriminalität?

Nadine Marani   Tamara Koops   Hannes Wolfrath

N. Marani (Polizistin)	T. Koops (Richterin)	H. Wolfrath (Streetworker)
Maßnahmen greifen: – Schule: Sozialarbeiter …		

d Im Konflikt mit dem Gesetz. Ordnet die Verben den Ausdrücken aus der Radiodiskussion zu. Manchmal gibt es mehrere Möglichkeiten.

> A befreien   B begehen   C bestrafen   D durchsetzen   E erwischt werden
> F geraten   G verhängen   H verlieren   I verringern

1. bei einer Straftat …
2. die Kriminalität …
3. eine Strafe …
4. eine Straftat …
5. einen Täter …
6. den Kontakt zu Freunden …
7. mit dem Gesetz in Konflikt …
8. sich aus einer Situation …
9. sich mit Gewalt …

4a Welche Maßnahmen oder Strafen haltet ihr zur Verringerung bzw. Vermeidung von Jugendkriminalität für sinnvoll? Notiert Argumente für euren Standpunkt.

b Diskutiert nun in Gruppen.

EINEN STANDPUNKT VERTRETEN/ DIFFERENZIEREN	WIDERSPRECHEN
Ich bin der Ansicht, dass …	Das sehe ich ganz anders, denn …
Für mich ist ganz klar, dass …	Ich möchte bezweifeln, dass …
Einerseits kann man beobachten, dass …	Das ist eine gängige Sichtweise, aber …
Andererseits darf man nicht unterschätzen, dass …	Da möchte ich widersprechen, weil …
Das Problem hat mehrere Seiten/Aspekte, z. B. …	So einseitig kann man das nicht sehen, denn …
	Man kann … beobachten …, aber trotzdem …

▶ Ü 2

Da lacht Justitia …

1a Seht den Cartoon an. Worüber macht er sich lustig?

b Was bedeuten die Wörter zum Thema „Recht und Gesetz"? Ordnet zu.

A die Bürokratie   C die Bürger
B die Gesetzgeber   D die Rechtsprechung

1. Gremien, die Gesetze beschließen/ändern
2. Entscheidungen der Richter
3. Menschen, die in einem Land leben
4. Institutionen der Verwaltung

2a Seht die Fotos im Artikel an. Um welche Regeln oder Gesetze könnte es gehen?

b Lest jetzt den Artikel. Notiert die Themen, um die es geht und welche Regeln es dazu gibt.

Alles geregelt

Die deutsche Bürokratie und Gesetzgebung ist weit über die deutschen Grenzen hinaus dafür bekannt, dass sie versucht, alle Fragen des Alltags bis ins kleinste Detail zu beantworten. Viele sprechen sogar von einer Bürokratie-Wut.

Deutschland bringt es auf weit über 1.600 Bundesgesetze und 2.700 Bundesverordnungen. Hinzu kommen noch zahlreiche Regelungen innerhalb der Bundesländer. Aber auch andere Länder haben viele Vorschriften. Bei manchen Gesetzen kann man sich durchaus fragen, ob hier nicht etwas übertrieben wurde. Hier einige außerhalb Deutschlands zu findende, kuriose Vorschriften:

In Frankreich sollten sich Paare nicht auf Bahnübergängen küssen. Das ist verboten, denn die Wahrscheinlichkeit für Unfälle mit Zügen ist wohl nicht gerade gering. Dagegen sind in England Briefmarken mit dem Bild des königlichen Oberhaupts bitte nur korrekt mit dem Kopf nach oben aufzukleben. Alles andere fällt unter Landesverrat. Interessant, welche zu befolgenden Regelungen in anderen Ländern gelten.

Aber Deutschland hält bei der Gesetzesflut für die zu wahrende Ordnung leicht mit und bietet dabei ebenfalls interessante Regelungen: Steht man vor einem fremden Haus, so darf man das Grundstück nicht einfach betreten. Ausnahme: Man besitzt Bienen. Und diese Bienen sind genau auf dieses Grundstück geflogen. Dann darf und muss man den Tieren folgen, denn sonst verlieren sie laut Gesetz ihren Besitzer. Dieser wird also alles versuchen, um seine Bienen einzufangen. In diesem Fall darf ein nicht zu betretendes Grundstück betreten werden. Negative, zu erwartende Folgen für den Besitzer der Bienen gibt es keine. Auch das Verhalten am Arbeitsplatz ist bei uns klar definiert: Schläft ein Mitarbeiter während der Arbeitszeit an seinem Schreibtisch ein und fällt dabei vom Bürostuhl, gilt folgende Regelung: Steht die Müdigkeit klar in Verbindung mit der zu erbringenden Arbeit, kann der Sturz als betrieblicher Unfall betrachtet werden. Sonst leider nicht. Und wenn ein deutscher Beamter während einer Dienstreise stirbt, dann ist laut Gesetz des Bundeslandes Nordrhein-Westfalen die Dienstreise beendet.

In all diesen Fällen kommen wir schon mal ins Grübeln … Ob alle zu lösenden Probleme mit immer spezielleren gesetzlichen Regelungen kleiner oder einfacher werden, kann man durchaus bezweifeln. Und vielleicht können wir ja auch mit dem einen oder anderen gesetzlich nicht zu regelnden Ereignis selbst fertig werden. Aber … man weiß ja nie, was kommt! Wir, die Bürger, sind jedenfalls auf alles vorbereitet. Nicht nur in Deutschland.

c Welche Einstellung hat der Autor zu den Gesetzen und Regelungen? Welche Einstellung habt ihr? Sprecht in der Klasse darüber.

Ich kann mir gar nicht vorstellen, dass man alles …
Gesetze sind wichtig. Ohne Regeln …

3a Im Artikel findet ihr die markierten Formen. Wie werden sie gebildet? Was bedeuten sie? Ergänzt die Regel.

die <u>zu erwartenden</u> Folgen = Folgen, die erwartet werden können
die <u>zu befolgenden</u> Regelungen = die Regelungen, die befolgt werden müssen

| Adjektiv | Modalverb | Partizip I | Relativsatz |

Modales Partizip

Das modale Partizip wird aus *zu* + ▢ gebildet. Es steht vor Nomen, deshalb muss es wie ein ▢ dekliniert werden.
In seiner Bedeutung entspricht das modale Partizip einem ▢ im Passiv mit ▢ (können, müssen, sollen, (nicht) dürfen).
Texte mit modalem Partizip gehören meist zur formellen Sprache, z. B. in Gesetzen, Regelungen oder Anweisungen.

b Formt die Relativsätze in modale Partizipien um. Vergleicht eure Lösungen mit dem Artikel.

1. die Probleme, die gelöst werden müssen
2. die Ordnung, die gewahrt werden muss
3. die Vorschriften, die gefunden werden können
4. die Arbeit, die erbracht werden soll
5. das Ereignis, das nicht geregelt werden kann
6. das Grundstück, das nicht betreten werden darf

1. die zu lösenden Probleme

c Schreibt den Infotext ohne modales Partizip neu und lest zu zweit abwechselnd Satz für Satz vor.

Neu zu beschließende Gesetze entstehen in einem langen Prozess. Zunächst wird dem Bundestag ein zu besprechender Vorschlag vorgelegt. Experten beschäftigen sich dann in einem Ausschuss mit der zu formulierenden neuen Regelung. Im Ausschuss sollen alle zu erwartenden Vor- und Nachteile verglichen werden. Danach bewertet der Ausschuss, ob es sich um einen zu befürwortenden Vorschlag handelt. Bei einer positiven Bewertung stimmt zuerst der Bundestag über das Gesetz ab. Nach der Zustimmung beschäftigt sich der Bundesrat mit dem zu bewertenden Entwurf. Ist auch der Bundesrat einverstanden, muss das neu einzuführende Gesetz erst vom entsprechenden Ministerium, dem/der Bundeskanzler/in und dem/der Bundespräsidenten/-in unterschrieben werden. Erst dann ist das Gesetz gültig.

Gesetze, die neu beschlossen werden sollen, entstehen in einem …

▶ Ü 1–4

4 Recherchiert kuriose Gesetze oder Regelungen und stellt sie in der Klasse vor.

Kriminell

1a Lest ihr gerne Krimis? Seht ihr euch Krimis oder Thriller an? Berichtet kurz, was ihr daran mögt oder nicht mögt.

b Was sind die zentralen Elemente eines Krimis? Sammelt in der Klasse.

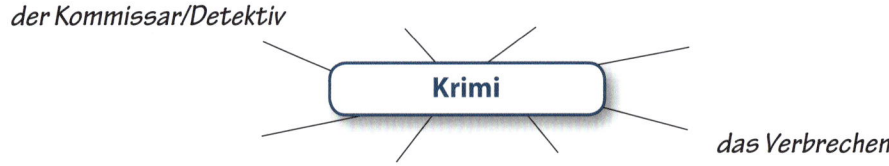

▶ Ü 1

2a Lest den Artikel aus einer Schweizer Zeitung und notiert wichtige Informationen zu den folgenden Themen.

- Entwicklung der Kriminalliteratur
- Gründe für die Beliebtheit von Krimis

Warum uns das Böse im Buch so fasziniert
Von Juliane Lutz

Jede Woche erscheinen neue Bücher, in denen offizielle oder selbst ernannte Ermittler in Los Angeles, Oslo oder auch am Thunersee Verbrechern auf der Spur sind. Warum bloss ist das Böse so beliebt?

Suter, Adler-Olsen und Leon. Diese drei Namen führen seit Wochen die Bestsellerliste Belletristik an. Kriminelle Machenschaften verkaufen sich also bestens und lassen die Kassen klingeln. Und dies keineswegs nur zur Ferienzeit, wenn man alles möchte, nur keine Langeweile. „Kriminalromane sind das ganze Jahr gefragt", sagt Stephanie Schaffer. Sie betreut seit 10 Jahren die Krimiabteilung in der Berner Buchhandlung Stauffacher und kann beobachten, dass immer mehr Titel die Tische und Regale füllen.

Aus wenigen wurden viele

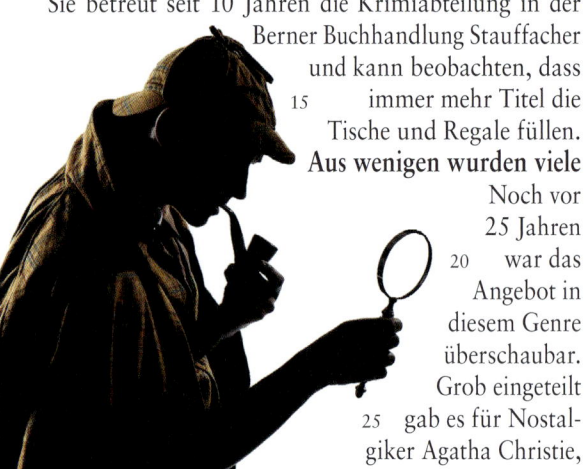

Noch vor 25 Jahren war das Angebot in diesem Genre überschaubar. Grob eingeteilt gab es für Nostalgiker Agatha Christie, sozialkritisch Eingestellte kauften Bücher des schwedischen Paars Maj Sjöwall und Per Wahlöö, während USA-Liebhaber Krimis von Raymond Chandler und Dashiell Hammett verschlangen. Leute, die an einer anderen Sicht der Dinge interessiert waren, erfreuten sich an den charmanten Mördern Patricia Highsmiths, und alle lasen Georges Simenon.

Heute legen Buchhändler jede Woche Neuerscheinungen aus, in denen schon fast um die Wette gemordet wird. Allein Skandinavien brachte in den letzten paar Jahren so viele Autoren hervor, dass es schwierig ist, den Überblick über all die Edwardsons, Holts oder Indridasons zu behalten. „Seit 10 Jahren versuchen sich immer mehr Schriftsteller an diesem Genre und springen auf den erfolgreichen Zug auf", sagt Schaffer. „Es kam zu einer enormen Ausweitung der Titel." In der Schweiz könne man in den letzten zwei Jahren sogar von einem regelrechten Krimiboom sprechen. Warum sich so viele Autoren an das einstige Schmuddelkind der Literatur wagen, dafür hat Jochen Vogt einen Erklärungsversuch parat. Der deutsche Literaturwissenschaftler gilt als der einzige seriöse Krimiforscher im deutschsprachigen Raum. „Einen Krimi schreiben kann man lernen, da die Form leicht zu handhaben ist", sagt er. Und er fügt an: „Selbst wenn es dann kein guter wird, wie es öfter der Fall ist."

Reizvoller Kick für Normalos

Was aber reizt die Leser an der Beschreibung aufgedunsener Wasserleichen oder der Planung eines Verbrechens? Wenn in der Wirklichkeit fanatische Psychopathen Amok laufen oder nur ein Bekannter erzählt, dass er übel geprellt wurde, schrecken wir zurück. Und hoffen, dass uns das nicht passiert. Um später freiwillig zu lesen, wie gestörte Geister und Kriminelle Kinder töten oder Rachefeldzüge planen. Ist unser meist geregeltes Leben so langweilig, dass wir als Gegensatz wohldosiertes Erschauern benötigen?

Ja, meint Lars Schafft. „Wir wollen uns nicht mit dem unterhalten, was wir täglich erleben", sagt der Gründer von Krimi-Couch.de, einem der grössten Webportale zum Thema im deutschsprachigen Raum. „Deshalb greifen wir zum Krimi. Wie in den griechischen Dramen der Antike werden auch dort Menschen in Extremsituationen beschrieben. Das gibt uns einen Kick."

Tröstliches Happy End

„Ich mag einfach den Nervenkitzel beim Lesen", gibt Buchhändlerin Schaffer zu. „Eine derartige Spannung, wie sie in diesen Büchern vermittelt wird, erlebt man im Alltag nicht", bestätigt sie Lars Schaffts These. Beruhigend sei jedoch, dass am Ende die Schuldigen bestraft würden. Ähnlicher Meinung ist auch Krimiautor Paul Wittwer. „Die Angst vor irgendwelchen Bedrohungen spielt in unserem Leben eine grosse Rolle", sagt der studierte Arzt, der bei Burgdorf praktiziert. „Wir wissen aber, dass ein Krimi gut und mit einer Auflösung endet. Mit dem Vertrauen auf das Happy End können wir dann auch die Handlung ertragen und uns unseren Ängsten stellen." An brutalen Schilderungen und der Darstellung abartiger Persönlichkeiten, auf die viele seiner Kollegen setzen, ist Wittwer wenig interessiert. „Ich möchte das Rätsel, den Fall lösen. Deshalb lese ich Krimis selbst so gerne", sagt er.

Krimis für jede Befindlichkeit

Laut Experten findet der Krimi auch so grossen Anklang, weil er eine unendliche Vielfalt an Themen bietet. „Friedrich Glauser schrieb einmal, dass die Krimihandlung zwar nötig sei, aber dass der Krimi erst durch das Füllsel so richtig interessant werde: die Psychologie, die Menschen, die Schauplätze", sagt Literaturwissenschaftler Jochen Vogt. Der Fall an sich erscheint oft nebensächlich, heute überwiege das Füllsel. Vogt vergleicht ihn mit einem Fahrgestell: „Je nachdem, welche Karosserie darauf gesetzt wird, entsteht ein Psychodrama, ein Roman über die Mafia oder über die Beziehungsprobleme der Ermittler." So kann jeder in diesem Literatursegment den gerade zu seiner Befindlichkeit passenden Titel kaufen.

Und: Der Krimi schildert deutlicher als andere Genres das, was jetzt ist. So führt er uns längst überallhin. Dabei gibt er Einblicke in Gesellschaft und Sitten. „Mittlerweile dient der Krimi häufig als Ergän-

zung zum Reiseführer", stellt Krimi-Couch-Gründer Schafft fest. Gleichzeitig spiegelt der nicht enden wollende Strom an Regionalkrimis auch unsere stärkere Sehnsucht nach Heimat in Zeiten der Globalisierung wider. Es klingt etwas kitschig, aber es scheint so zu sein: Wie ein Freund in Buchform unterhält uns der Krimi, er gibt uns das, wonach wir momentan suchen, und konfrontiert uns auch mal mit unseren dunklen Seiten. Das macht ihn so beliebt. (Berner Zeitung)

b Arbeitet zu zweit und sprecht anhand eurer Notizen aus 2a über den Artikel. Ergänzt gegebenenfalls Stichpunkte.

c Ergänzt die Aussagen zum Text.

1. Während es früher eher wenig Auswahl für Krimi-Leser gab, …
2. Viele Autoren schreiben Krimis, weil …
3. Für die Beliebtheit der Krimis bei den Lesern gibt es mehrere Gründe, z. B. …
4. Regionalkrimis sind unter anderem so populär, weil …

Kriminell

d Schreibt mithilfe eurer Notizen aus 2a und b eine Zusammenfassung des Artikels.

EINEN TEXT ZUSAMMENFASSEN	
Einleitung	In dem Text geht es um das Thema …
	Der Text befasst sich mit dem Thema …
Inhaltspunkte darstellen	Es wird erklärt/erläutert/beschrieben/dargelegt, …
	Zunächst wird … dargestellt/erklärt, dann folgt …
	Im Anschluss wird erläutert …
	Folgendes Beispiel wird angeführt: …
	Die Beispiele zeigen / machen deutlich, …
	Laut … / Nach Meinung von …
Schluss	Insgesamt zeigt sich …
	Abschließend kann man sagen, …

▶ Ü 2

STRATEGIE — Eine Zusammenfassung schreiben

Schreibt die wichtigsten Aussagen nicht wörtlich aus dem Text ab. Achtet darauf, dass ihr die Sätze umformuliert und in einer sinnvollen Reihenfolge miteinander verknüpft. Denkt daran, dass auch jemand, der den Originaltext nicht gelesen hat, die Zusammenfassung verstehen muss.

2.26-30

3 Hört ein Krimi-Hörspiel und beantwortet die Fragen.

Abschnitt 1
a Warum geht Petersen zu seinem Chef?
b Wie reagiert Fossner?
c Womit erpresst Petersen seinen Arbeitgeber?
d Vermutet: Wie könnte die Geschichte weitergehen?

SPRACHE IM ALLTAG
Mörderische Wendungen
Ich könnte mich totlachen.
Die Hitze bringt mich noch um.
Du bringst mich noch ins Grab.
Ich langweile mich zu Tode.
Er hat kein Sterbenswörtchen gesagt.

Abschnitt 2
e Warum kann Petersen vor seinem nächsten Nachtdienst nicht schlafen?
f Vermutet: Was hat er vor?

Abschnitt 3
g Wer ist Jahnke?
h Warum trifft sich Petersen mit Jahnke?
i Welche Information hat Jahnke für Petersen?

Abschnitt 4
j Wer taucht plötzlich in dem Café auf?
k Wie reagiert Petersen?
l Vermutet: Was werden die drei Personen jetzt tun?

Abschnitt 5
m Warum ruft Petersen Fossner an und wie reagiert dieser?
n Erklärt das Ende.
o Gebt dem Hörspiel einen Titel.

Fertigkeitstraining

Modul 4

4 Arbeitet in Gruppen und denkt euch ein Krimi-Hörspiel aus. Ihr könnt einen der Textanfänge nutzen oder euch eine eigene Geschichte überlegen. Schreibt den Text und die Dialoge. Verteilt die Rollen und spielt euer Hörspiel vor oder nehmt es auf.

Verbrechen
- Diebstahl
- Betrug
- Erpressung
- …

Rollen
- Kommissar/in und Assistent/in
- Täter/in
- Zeugen
- Opfer
- Erzähler/in
- …

Situationen, die gespielt werden sollen
- Verbrechensplanung
- Verbrechen
- Verhöre durch die Polizei
- Zeugenbefragung
- Festnahme
- …

1 *Marina konnte sich nicht konzentrieren. Die Nachbarn hatten die Musik schon wieder so laut aufgedreht. Alles Reden half bei diesen Menschen nicht. Sie musste wohl endlich zu anderen Mitteln greifen. Sie würden schon sehen, was sie von ihrer Rücksichtslosigkeit hatten. Plötzlich klingelte es. …*

2 *Wurde er verfolgt? Ben drehte sich zum wiederholten Mal um. Seit Tagen bekam er immer wieder diese merkwürdigen SMS und Nachrichten. Konnte es sein, dass Marco wieder in der Stadt war und sich für diese dumme Geschichte vor zwei Jahren rächen wollte? Bei dem Gedanken brach Ben der Schweiß aus. …*

3 *Die Party war in vollem Gange, als plötzlich ein lauter Schrei ertönte. Viktoria lag auf dem Boden und rührte sich nicht. War sie etwa tot? Den ganzen Abend war sie so anders gewesen, hatte angegeben mit ihrem Kleid und dem neuen Schmuck. Woher hatte sie eigentlich plötzlich so viel Geld? Nina ging langsam zu der Menschentraube, die sich um Viktoria gebildet hatte, und …*

5 Ihr plant einen Ausflug für eure Klasse. Vergleicht die verschiedenen Vorschläge und begründet euren Standpunkt. Widersprecht eurem Partner / eurer Partnerin, wenn ihr nicht einverstanden seid. Kommt am Ende zu einer gemeinsamen Lösung.

Folgende Vorschläge stehen zur Auswahl:
- im Kino einen Thriller sehen
- die Lesung eines berühmten Krimi-Autors besuchen
- eine Stadttour, bei der man einen Fantasie-Fall lösen muss
- ein Theaterbesuch
- eine Buchmesse besuchen
- an einem Workshop zum Thema „Wie schreibt man Krimis?" teilnehmen

VORSCHLÄGE MACHEN	VORSCHLÄGE ANNEHMEN UND ABLEHNEN	SICH EINIGEN
Was hältst du davon, wenn wir …?	Das klingt gut, aber …	Dann sind wir uns einig und machen …, oder?
Wie findest du folgende Idee: …?	Das halte ich für eine/keine gute Idee, weil …	Dann machen wir also Folgendes: …
Ich würde vorschlagen, dass …	Ich verstehe deinen Standpunkt, aber sollten wir nicht lieber …	Schön, dann können wir festhalten, dass …
Wärst du einverstanden, wenn wir …?	Ja/Nein, dafür/dagegen spricht …	Dann können wir uns also auf … einigen, richtig?
Ich fände es gut, wenn …	Das kann ich gut / nicht so richtig nachvollziehen.	
Ich hatte den Gedanken, dass …		
Mir scheint in diesem Fall … am geeignetsten.		

▶ Ü 3

Porträt Ursula Poznanski

Autorin
* 30. Oktober 1968, Wien/Österreich

„Wenn jemand mich fragt, seit wann ich schreibe, antworte ich meistens ‚immer schon', was zwar nicht stimmt, sich aber trotzdem richtig anfühlt." Das Bauchgefühl und die Intuition sind zwei Konstanten, die sich in Ursula Poznanskis Leben immer wieder finden. Dies zeigt sich auch in der Aus- und Abwahl ihrer Studienfächer – als da wären: Japanologie, Publizistik, Rechtswissenschaften, Theaterwissenschaften – in ungefähr dieser Reihenfolge, ohne Gewähr und, wie Ursula Poznanski nicht ohne Zwinkern verrät: „alle ohne Abschluss". Bevor sie die Lust überfiel, ihre Geschichten auf Papier zu bringen, begann sie als Redakteurin in einem medizinischen Fachverlag.

Einen Einschnitt brachte der Jahrtausendwechsel: Im Jahr 2000 startete der ORF einen Drehbuchwettbewerb. „Ich hatte sechs Monate zuvor ein Baby bekommen, war zu Hause und hungerte nach Herausforderungen abseits des Wickeltisches. Ein Drehbuch zu schreiben, klang spannend und die Vorstellung, berühmte Schauspieler würden demnächst meinen Text sprechen, war unwiderstehlich (das Preisgeld auch, nur am Rande bemerkt)." Zwar war sie mit ihrem Beitrag nicht unter den Gewinnerinnen, aber allein die Tatsache, dass sie zum ersten Male unter einen ihrer Texte das Wort „Ende" schrieb, erstaunte und beflügelte sie gleichermaßen. „Ich hatte Feuer gefangen" – und sie begann, Romanideen zu sammeln und probierte alles Mögliche über Handlungsstränge, Personenkonstellationen und Dialogführung aus. 2003 erblickte dann ihr erstes Kinderbuch das Licht der Welt.

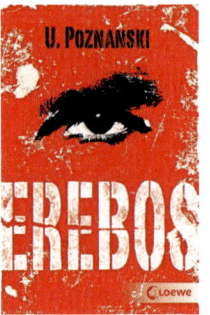

Nach einigen Erstlesebüchern, Kinderkrimis und einem Abstecher zum Teenager-Liebesroman erschien (…) 2010 (…) mit „Erebos" ihr erster Thriller. Innerhalb eines Jahres wurden 100.000 Exemplare verkauft. Die Wochenzeitung DIE ZEIT kürte „Erebos" zum „Sommerthriller des Jahres" (…) Das größte Los erhielt „Erebos" im Jahr 2011, als der Thriller von der Jugendjury mit dem Deutschen Jugendliteraturpreis ausgezeichnet wurde. Scheinbar mühelos kontrastiert Poznanski die virtuellen Welten der Computerspiele mit der Realität und hat damit nicht nur den Nerv des Zeitgeistes eingefangen, sondern diesem auch neue Aspekte und eine literarische Stimme gegeben. (…)

„Ich finde die Vorstellung, dass das, was ich allein an meinem Küchentisch ausgebrütet habe, bei anderen Menschen landet, unglaublich spannend. Bei Lesungen und Signierstunden begegne ich diesen Menschen wirklich, und das genieße ich sehr; überhaupt dann, wenn Fragen gestellt werden, wenn sich Gespräche und Diskussionen entwickeln." Engen Kontakt zu ihren Lesern sucht Poznanski auch über ihre Facebookseite, auf der sie Einblicke in ihre Schreibwerkstatt gewährt. (…)

2012 erhielt Ursula Poznanski den Österreichischen Staatspreis für Kinder- und Jugendliteratur für „Saeculum", 2016 für „Layers" den Hansjörg-Martin-Preis für Kinder- und Jugendkrimis.
Mit „Thalamus" ist ein neuer Jugendthriller entstanden, der zeigt, wie die Autorin ihr medizinisches Wissen aus der Hirnforschung auf spannende Weise in einem Roman verarbeitet.

www Mehr Informationen zu Ursula Poznanski.

Sammelt Informationen über Persönlichkeiten aus dem In- und Ausland, die für das Thema „Recht und Unrecht" interessant sind, und stellt sie in der Klasse vor.

Beispiele aus dem deutschsprachigen Bereich: Friedrich Dürrenmatt – Friedrich Ani – Christian Linker – Carla del Ponte – Ferdinand von Schirach – Nele Neuhaus – Volker Klüpfel und Michael Kobr – Tatort

Grammatik-Rückschau

7

1 Unpersönliches Passiv

Aktivsätze ohne Akkusativobjekt bilden ein unpersönliches Passiv.
Die Männer brachen ein. → *Es wurde eingebrochen.*
In Passivsätzen ohne Subjekt steht das Pronomen *es* als stellvertretendes Subjekt auf Position 1. Wenn möglich, wird *es* durch ein anderes Satzglied ersetzt.
***Es** wurde eingebrochen.* → *In viele Wohnungen wurde eingebrochen.*
***Es** wurde ermittelt.* → *In diesem Fall wurde ermittelt.*

es steht nur im Hauptsatz, nicht im Nebensatz.
Es wurde eingebrochen. → *Die Nachbarn sahen, dass eingebrochen wurde.*

2 Passiv mit Modalverb

Präsens	Modalverb im Präsens + Partizip II + *werden*	Der Täter muss gefasst werden.
Präteritum	Modalverb im Präteritum + Partizip II + *werden*	Der Täter musste gefasst werden.
Perfekt	*haben* + Partizip II + *werden* + Infinitiv Modalverb	Der Täter hat gefasst werden müssen.

Im Nebensatz steht im Präsens und Präteritum das konjugierte Modalverb wie üblich am Ende:
Die Polizei gab bekannt, dass der Täter nicht gefasst werden konnte.
Im Perfekt steht das konjugierte Verb vor dem Partizip II:
Die Zeitung schrieb, dass der Täter hat gefasst werden können.

Um Vergangenheit auszudrücken, wird im Passiv vor allem das Präteritum verwendet.
Im Konjunktiv II des Passivs mit Modalverb in der Vergangenheit ist die Verbstellung wie im Perfekt:
Der Täter hätte gefasst werden können.
Die Zeitung schrieb, dass der Täter hätte gefasst werden können.

3 Modales Partizip

Das modale Partizip wird aus *zu* + Partizip I gebildet. Es steht vor Nomen, deshalb muss es wie ein Adjektiv dekliniert werden: *eine **zu** beachten**de** Regel, die **zu** beachten**den** Regeln*

In seiner Bedeutung entspricht das modale Partizip einem Relativsatz im Passiv mit Modalverb. Es drückt eine Notwendigkeit (*muss/soll*), eine Möglichkeit (*kann*) oder ein Verbot (*darf nicht*) aus.
eine zu erwartende Folge = *eine Folge, die erwartet werden kann*
die zu beachtenden Regeln = *die Regeln, die beachtet werden müssen*

Das modale Partizip kann von transitiven, passivfähigen Verben gebildet werden.
Im Relativsatz können auch Passiv-Ersatzformen verwendet werden.

Passiv + *können*	eine Folge, die	zu erwarten ist erwartbar ist sich erwarten lässt man erwarten kann
Passiv + *müssen*	die Regeln, die	zu beachten sind man beachten muss

Texte mit modalem Partizip gehören meist zur formellen Sprache, z. B. Gesetze, Regelungen, Anweisungen, formelle Schreiben, wissenschaftliche oder juristische Texte im Nominalstil.

Computer vor Gericht

1 In welchen Bereichen sind Computer bzw. Roboter den Menschen voraus? Welche Tätigkeiten können sie besser ausführen, welche nicht?

2a Computer vor Gericht – Was stellt ihr euch darunter vor? Worum kann es in einem Film mit diesem Titel gehen?

 b Seht den Film und erklärt kurz den Titel des Films.

c Was bedeuten die folgenden Ausdrücke aus dem Film? Ordnet zu.

1. die Fehlentscheidung
2. die rechtliche Grauzone
3. die Haftung
4. nachjustieren
5. jdn. auf den Plan rufen
6. ein Fahrzeug zulassen

A die Verantwortung für einen Schaden übernehmen
B die Erlaubnis geben, am Verkehr teilzunehmen
C ein Bereich, für den es keine eindeutigen Regeln gibt
D jdn. in Aktion treten lassen
E ein falscher Entschluss
F etw. nachträglich noch einmal genauer bestimmen/festlegen

d Ergänzt die Sätze mit den Ausdrücken aus 2c.

1. Auch intelligente Maschinen treffen manchmal …
2. Das Problem, das die Würzburger Juristen …, war der Testlauf eines neuen Gerätes.
3. Es ist von Seiten des Staates noch nicht genau festgelegt, wer für manche Schäden haftet. Das ist …
4. Bestimmte Punkte im Strafrecht müssen wohl … werden.

Eric Hilgendorf

sehen | nachdenken | diskutieren | … **7**

 3a Seht die erste Filmsequenz. Welche Probleme werden geschildert? Macht Notizen und erklärt.

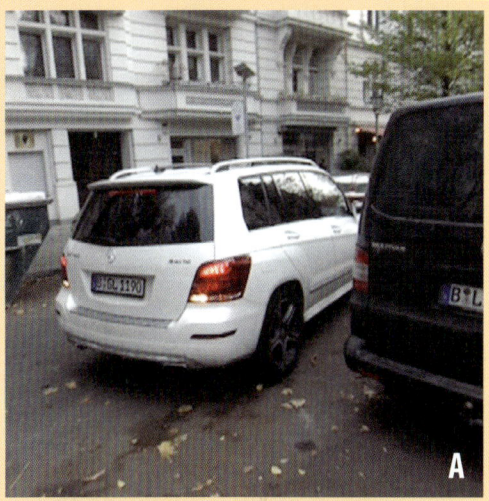

A B C

b Wer muss bezahlen, wenn ein internetfähiger Kühlschrank einfach Essen bestellt?

 4a Seht die zweite Filmsequenz und ergänzt die Sätze.

1. Es ist möglich, dass Cyberkriminelle …
2. Bereits heute kann man …

b Welche anderen Fehler könnten computergesteuerte Geräte, Fahrzeuge oder Roboter im Alltag machen? Arbeitet in Gruppen und skizziert ähnliche Situationen wie in 3a.

> Rasenmäher Fahrstuhl Klimaanlage …
> Züge Alarmanlage Smartphone

c Schreibt in eurer Gruppe eine Zeitungsmeldung zu einer der Situationen in 4b.

> In der Nacht von Samstag auf Sonntag geriet in München-Sendling ein Rasenmäher völlig außer Kontrolle. Der computergesteuerte Rasenmäher war darauf eingestellt, den Rasen der Familie S. zu mähen. Er durchbrach den Gartenzaun und drang in mehrere Nachbargärten ein. Dabei zerstörte er wertvolle Pflanzen und beschädigte mehrere Büsche und Zäune. Wer für den Schaden aufkommt, ist noch nicht geklärt.

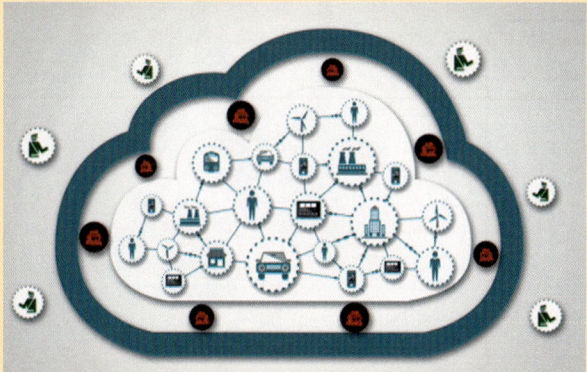

Du bist, was du bist

Lieblingsmensch
Namika

Manchmal fühl' ich mich hier falsch, wie ein Segelschiff im All
Aber bist du mit mir an Bord, bin ich gerne durchgeknallt
Selbst der Stau auf der A2 ist mit dir blitzschnell vorbei
Und die Plörre von der Tanke
Schmeckt wie Kaffee auf Hawaii, yeah
Auch wenn ich schweig', du weißt Bescheid
Ich brauch gar nichts sagen, ein Blick reicht
Und wird uns der Alltag hier zu grau
Pack ich dich ein, wir sind dann mal raus

Hallo Lieblingsmensch, ein riesen Kompliment
Dafür, dass du mich so gut kennst
Bei dir kann ich ich sein, verträumt und verrückt sein
Na na na na na na
Danke Lieblingsmensch, schön dass wir uns kennen
…

Ihr lernt
Modul 1 | Ergebnisse von Experimenten aus der Alltagsforschung zusammenfassen
Modul 2 | Einen Vortrag zum Thema „Glück" verstehen und einen Forumsbeitrag verfassen
Modul 3 | Eine Radiosendung zum Thema „Mobbing" verstehen und Vermutungen äußern
Modul 4 | Berichte über ungewöhnliche Erlebnisse und positive/negative Erfahrungen verstehen
Modul 4 | Einen Vortrag zu einem kontroversen Thema vorbereiten und halten

Grammatik
Modul 1 | Subjektive Modalverben: Behauptungen ausdrücken
Modul 3 | Subjektive Modalverben: Vermutungen ausdrücken

▶ ÜB Wortschatz

Absolut niemand darf's erfahren, aber dir vertrau' ich's an
Weil du's sicher aufbewahrst meine Area 51
Und manchmal drehen wir uns im Kreis
Aus 'ner Kleinigkeit wird Streit
Aber mehr als 5 Minuten kann ich dir nicht böse sein, yeah
Mach' ich dir was vor, fällt's dir sofort auf
Lass ich mich hängen dann baust du mich auf
Manchmal wiegt der Alltag schwer wie Blei
Doch sind wir zu zweit, scheint alles so leicht!

Hallo Lieblingsmensch, ein riesen Kompliment
Dafür, dass du mich so gut kennst
Bei dir kann ich ich sein, verträumt und verrückt sein
Na na na na na na
Danke Lieblingsmensch, schön dass wir uns kennen

Zeiten ändern sich und wir uns gleich mit
Du und ich so jung auf diesem alten Polaroid Bild
Das letzte Mal als wir uns sahen, ist viel zu lang her
Doch jetzt lachen wir, als wenn du nie weg gewesen wärst

Hallo Lieblingsmensch, ein riesen Kompliment
Dafür, dass du mich so gut kennst
Bei dir kann ich ich sein, verträumt und verrückt sein
Na na na na na na
Danke Lieblingsmensch, schön dass wir uns kennen

1a Hört zuerst das Lied „Lieblingsmensch" von Namika, ohne den Text mitzulesen. Beschreibt die Stimmung des Liedes.

3.2

b Hört das Lied noch einmal und lest den Text mit. Was wird im Text über den „Lieblingsmenschen" gesagt?

Der Lieblingsmensch ist jemand, der … / mit dem …

2a Namika sagte in einem Interview, sie habe viele Lieblingsmenschen. Welche Personen würdet ihr zu euren Lieblingsmenschen zählen?

b Notiert passende Adjektive für einen Menschen, den ihr als Lieblingsmenschen bezeichnen würdet.

c Im Duden gibt es das Wort „Lieblingsmensch" nicht. Schreibt eine kurze Erklärung für dieses Wort. Nutzt dafür eure Adjektive.

Wusstet ihr schon …?

1a Lest die Aussagen. Vermutet: Welche vier sind richtig? Warum?

1. Das Wetter beeinflusst unser Gedächtnis.

2. Viele Probleme lösen sich im Schlaf.

3. Zu viel Fernsehen gefährdet die Gesundheit.

6. Das Auge isst mit.

4. Jeder ist sich selbst der Nächste.

5. Lachen steckt an.

b Lest die vier Infotexte aus der Alltagsforschung. Welche Aussagen aus 1a werden bestätigt?

A

Wissenschaftler der Universität Oxford sind der Frage nachgegangen, welchen Einfluss Material, Größe und Farbe von Geschirr und Besteck auf unser Essverhalten haben können. Dazu führten sie Experimente mit dutzenden Teilnehmern durch, die von farblich unterschiedlichem Geschirr aßen. Die Ergebnisse sind verblüffend: Die Probanden mit rotem Teller sollen weniger gegessen haben als Probanden mit anderen Farben. Wer abnehmen will, sollte demnach von roten Tellern essen. Denn Essen sei eine Erfahrung, die viele Sinne anspreche, so die Wissenschaftler. Schon bevor wir Essen in unseren Mund nehmen, hat sich unser Gehirn eine Meinung dazu gebildet, die unseren Gesamteindruck beeinflusst.

B

Durch zu großen Fernsehkonsum soll unsere Gesundheit stark geschädigt werden. Das behauptet zumindest der australische Wissenschaftler David Dunstan vom Baker Herz- und Diabetes-Institut in Melbourne. In einer Studie untersuchte er mit seinem Team über mehrere Jahre hinweg den Lebensstil von 8.800 Australiern. Von den 284 Teilnehmern, die in dieser Zeit starben, litten 87 an einer Herz-Kreislauf-Erkrankung. Zwischen dem Fernsehkonsum und einer solchen Erkrankung soll laut Dunstan ein erkennbarer Zusammenhang bestehen: Wer täglich mehr als vier Stunden fernsehe, habe ein 80 Prozent höheres Risiko, an einer derartigen Krankheit zu sterben, als jemand, der täglich weniger als zwei Stunden vor der Glotze sitze, meint Dunstan.

C

Bei schlechtem Wetter sollen wir uns Dinge besser einprägen. Um diese Behauptung zu untermauern, führte Joseph Forgas von der Universität New South Wales in Australien ein Experiment durch. 73 Kunden eines Zeitungsgeschäftes sollten sich an zehn Dinge erinnern, die auf dem Verkaufstisch gestanden hatten. Das Ergebnis war eindeutig: Die Teilnehmer, die an regnerischen Tagen befragt wurden, konnten sich an dreimal so viele Gegenstände erinnern als jene, die bei Sonnenschein befragt wurden. Das bestärkt nach Forgas den Verdacht, dass das Wetter unser Gedächtnis wirklich beeinflusst.

D

Wer jemanden lächeln sieht, lächelt fast automatisch mit. Den Grund dafür will Sophie Scott vom University College in London herausgefunden haben: Unser Gehirn spiegelt positive Emotionen besonders stark wider. Scott führte eine Studie durch und spielte darin den Testpersonen verschiedene Laute vor: Gelächter, Jubel, aber auch Zeichen von Angst. Währenddessen erfasste sie mithilfe eines Hirnscans, was sich im Gehirn ihrer Probanden abspielte. Dabei beobachtete sie, dass die Emotionen eine unterschiedliche Resonanz erzeugen. Besonders starke Reaktionen sollen bei positiven Gefühlen gezeigt worden sein. Das legt den Schluss nahe, dass positive Emotionen generell anstecken.

▶ Ü 1
▶ Ü 2

c Wählt einen Text und erklärt die Studie oder das Experiment in der Klasse genauer: Wer? Was? Wie? Welches Ergebnis?

Modul 1

2a Behauptungen ausdrücken. Welche Bedeutung haben die Sätze A und B?

> **A** Bei schlechtem Wetter prägen wir uns Dinge besser ein.
>
> **B** Bei schlechtem Wetter sollen wir uns Dinge besser einprägen.

1. eine Behauptung, die man nicht überprüfen kann oder vielleicht bezweifelt
2. eine Aussage, die man als Tatsache darstellt

b Was drücken Behauptungen mit den Modalverben *sollen* und *wollen* aus? Ordnet zu: *was jemand von sich selbst sagt – was er gelesen oder gehört hat*.

	Umschreibung ohne Modalverb	Behauptung mit Modalverb	Ein Sprecher gibt wieder, …
1	In der Studie stand, dass die Probanden mit rotem Teller weniger gegessen haben.	Die Probanden mit rotem Teller **sollen** weniger gegessen haben.	
2	Die Probanden mit rotem Teller gaben an, dass sie weniger gegessen haben.	Die Probanden mit rotem Teller **wollen** weniger gegessen haben.	

c Schreibt die Sätze in euer Heft und unterstreicht alle Verben. Ergänzt dann die Regel mit den Begriffen *Vergangenheit*, *subjektiven* und *objektiven*.

Aktiv: objektiv: *Der Kranke hat Suppe essen sollen.*
          subjektiv: *Von roten Tellern sollen die Probanden weniger gegessen haben.*
Passiv: objektiv: *Die Suppe hat gegessen werden sollen.*
          subjektiv: *Von roten Tellern soll weniger gegessen worden sein.*

Subjektive und objektive Modalverben in der Vergangenheit

In der _____ unterscheiden sich die Formen von subjektiven und objektiven Modalverben. In der _____ Form wird das Hilfsverb *haben* konjugiert, in der _____ Form wird das Modalverb *sollen* oder *wollen* konjugiert.

	objektiv	subjektiv
Aktiv	*haben* + Infinitiv Verb + Infinitiv Modalverb	*sollen/wollen* + Partizip II Verb + *haben/sein*
Passiv	*haben* + Partizip II Verb + *werden* + Infinitiv Modalverb	*sollen/wollen* + Partizip II Verb + *worden sein*

Im Präsens unterscheiden sich die Formen nicht. Der Kontext entscheidet, welche Bedeutung gemeint ist: *Von roten Tellern soll man weniger essen. / Der Kranke soll Suppe essen.*

▶ Ü 3–6

3 Was schreibt die Zeitung über den Wissenschaftler? Schreibt Behauptungen mit *sollen/wollen*.

1. Ich habe schon mehrere Preise gewonnen.
2. Die letzte Studie war ein großer Erfolg.
3. Ich bekomme viele Forschungsaufträge.
4. Er hat schon zwei Dissertationen geschrieben.

1. *Er will schon mehrere Preise gewonnen haben.*

4 Recherchiert interessante Erkenntnisse aus der Wissenschaft. Formuliert Behauptungen mit *wollen* und *sollen* und stellt eure Ergebnisse in der Klasse vor.

Vom Glück

1a Arbeitet zu zweit. Lest die Aussagen, wählt je eine aus und erklärt sie euch gegenseitig.

A Du bist ein Glückskind!
B Glücklich ist, wer vergisst, was doch nicht zu ändern ist. (Johann Strauss)
C Er hat mehr Glück als Verstand.
D Glück bedeutet eine gute Gesundheit und ein schlechtes Gedächtnis. (Ingrid Bergmann)
E Geld macht nicht glücklich.

▶ Ü 1   F Jeder ist seines Glückes Schmied.

b Was ist für euch Glück? Wann seid ihr glücklich? Sprecht und sammelt in Gruppen.

  2a Ihr hört gleich einen Vortrag von Dr. Marc Lehmann. Er beschäftigt sich mit der Glücksforschung und schreibt Ratgeber für ein glückliches Leben. Lest die Aufgaben 1–8. Notiert beim Hören bei jeder Aufgabe die richtige Lösung. Hört den Vortrag zweimal.

1. Der Weltglückstag soll darauf aufmerksam machen, dass

   a) die Menschen immer glücklicher werden.
   b) es verschiedene Ansichten über Glück gibt.
   c) Glück mehr ist als ökonomischer Wohlstand.

2. Die Glücksforschung interessiert Dr. Lehmann

   a) erst seit seiner Hochschulausbildung.
   b) schon seit seiner Jugend.
   c) seit seinem Abitur.

3. Wenn wir Glück empfinden,

   a) findet in unserem Gehirn ein Lernprozess statt.
   b) können unsere Neuronen nicht arbeiten.
   c) wird die Produktion von Dopamin eingestellt.

4. Ob wir glücklich sind oder nicht,

   a) hängt zum Großteil von äußeren Faktoren ab.
   b) ist teilweise genetisch festgelegt.
   c) können wir nicht selbst beeinflussen.

5. Geld macht dann glücklich, wenn

   a) es die Lebensgrundlage ermöglicht.
   b) man seinen Besitz weiter vergrößern kann.
   c) man sich etwas Besonderes leisten kann.

6. Um glücklicher zu werden, sollte man

   a) im Alltag Routinen meiden.
   b) in seiner Freizeit faul sein dürfen.
   c) körperliche Leistungen reduzieren.

7. Die intensive Suche nach dem Glück kann uns auch

   a) ausgeglichener machen.
   b) unglücklich machen.
   c) unserem Lebensziel näher bringen.

8. Der passende Titel für den Vortrag von Dr. Lehmann lautet:

   a) Fakten und Forschung zum Glück
   b) Macht Geld glücklich?
   c) Tipps, wie wir unser Glück finden

b Vergleicht eure Sammlung aus 1b mit den Informationen aus dem Vortrag. Welche Aspekte wurden genannt? Welche Aspekte waren im Vortrag neu?

▶ Ü 2   **c** Welche drei Informationen findet ihr am wichtigsten? Diskutiert in Gruppen, stellt die Informationen vor und begründet eure Auswahl.

Modul 2

3a Lest die Forumsbeiträge zum Vortrag. Welchen Aussagen stimmt ihr zu, welchen nicht? Warum?

Webforum für dich

Campi_17	8.8. / 22:24 Uhr Kann ja sein, dass Glück im Gehirn entsteht. Ich fühle Glück aber mehr in meinem Bauch. Mein großes Glück ist die Arbeit mit meinem Pferd. Jeden Tag komme ich zum Stall und beschäftige mich mit meinem vierbeinigen Freund. Und wenn wir dann zusammen ausreiten und wir durch die Wiesen galoppieren, dann kribbelt es in meinem Bauch und mein Glück ist perfekt.
isklar	8.8. / 22:21 Uhr Ich finde, dass viel zu viel über das Glück geredet wird. Klar kann man viele Dinge tun, damit man glücklich ist und wird. Den Spruch „Jeder ist seines Glückes Schmied." kann man aber auch falsch verstehen. Darum machen manche Leute sich richtig Stress mit dem Glück. Die machen Therapien, Yoga oder Glücksseminare. Die Leute, von denen ich denke, dass sie glücklich sind, sind ziemlich entspannt und nehmen alles nicht so schwer. Meine Großeltern zum Beispiel.
0815nerd	8.8. / 22:17 Uhr Glücksforschung … wenn ich das schon höre. Wann wir uns glücklich fühlen und was da im Körper passiert, kann man bestimmt untersuchen. Aber ist das alles nicht eine Luxus-Wissenschaft? Man sollte lieber untersuchen, wie man Menschen helfen könnte, die so schlechte Lebensbedingungen haben, dass sie wegen Hunger, fehlender Sicherheit oder schlechter Zukunftsaussichten nur noch sehr selten Glück empfinden können. Und die Ergebnisse der Forschung sollte man dann an die Politiker weitergeben. Meine Meinung.
King_DiDi	8.8. / 22:03 Uhr Mir hat der Vortrag sehr gut gefallen. Und ich kann aus meiner Erfahrung nur bestätigen, dass man Glück in ganz verschiedenen Situationen empfinden kann. Ich bin zum Beispiel im Moment sehr glücklich, weil ich länger krank war und wieder gesund bin. Aber auch während meiner Krankheit gab es glückliche Momente mit meinen Freunden und meiner Familie, die immer da waren. Aber manchmal hat das Glück auch mit Zufall zu tun. Ich habe nämlich eine neue Freundin, die ich zufällig im Bus kennengelernt habe. Glück gehabt!

▶ Ü 3

b Schreibt einen eigenen Beitrag.

c Hängt eure Beiträge ohne euren Namen in der Klasse auf. Geht durch die Klasse und sucht einen Beitrag, der eurem ähnlich ist.

d Vermutet in der Klasse, wer den Beitrag geschrieben hat. Nennt Gründe für eure Vermutungen. Richtig oder falsch?

Wo ist das Problem?

1a Lest die Sprichwörter. Wie versteht ihr sie? Tauscht euch in der Klasse darüber aus.

1. Kleine Kinder, kleine Sorgen – große Kinder, große Sorgen.
2. Tatsachen schafft man nicht dadurch aus der Welt, dass man sie ignoriert.
3. Lieber einen wahren Freund als hundert falsche.

1. Ich verstehe das Sprichwort so: Wenn man Kinder erzieht, entstehen die größeren Probleme oft erst dann, wenn die Kinder älter werden. Das könnte daran liegen, dass …

b Findet Beispiele aus dem Alltag, in denen diese Sprichwörter verwendet werden können.

 3.4

2a Hört den ersten Teil einer Radiosendung. Macht Notizen zu Phillip.

b Was vermutet ihr: Welche Ursachen haben Phillips Probleme? Benutzt die Redemittel.

	VERMUTUNGEN AUSDRÜCKEN
Etwas ist sicher.	Ich bin sicher, dass …
	Ich bin überzeugt, dass …
	Alles deutet darauf hin, dass …
	Alle Anzeichen sprechen dafür, dass …
	Bestimmt/Sicher/Gewiss/Zweifellos …
Etwas ist sehr wahrscheinlich.	Aller Wahrscheinlichkeit nach …
	Wahrscheinlich/Vermutlich …
	Ich vermute / nehme an, dass …
	Ich bin ziemlich sicher, dass …
	Es sieht so aus, als ob …
Etwas ist möglich.	Es ist möglich/denkbar / nicht ausgeschlossen, dass …
	Vielleicht/Möglicherweise/Eventuell/Angeblich …
	Es besteht die Möglichkeit, dass …
	… lässt darauf schließen, dass …
	… lässt vermuten, dass …

▶ Ü 1

 3.5

c Hört den zweiten Teil der Radiosendung. Haben sich eure Vermutungen über Phillip bestätigt? Notiert, über welche Teilthemen gesprochen wird.

1. Regeln für den Umgang in der Klasse
2. Abgrenzung der Begriffe: Mobbing – Konflikt
3. Lösen von Konflikten
4. Unterscheidung: Jungen – Mädchen
5. Definition von Mobbing
6. Konsequenzen für die Mobber

 3.6

d Hört den dritten Teil der Radiosendung und beantwortet die Fragen.

1. Welche kurzfristigen und langfristigen Folgen verursacht Mobbing?
2. Wozu braucht man ein Mobbing-Tagebuch?
3. Was kann das Opfer selbst gegen Mobbing tun?
4. Wie sollten Lehrer und Eltern reagieren?

▶ Ü 2

SPRACHE IM ALLTAG

Wenn jemand Probleme hat:

in Schwierigkeiten stecken
Trouble haben
in Teufels Küche kommen
Es brennt an allen Ecken.

Modul 3

e Ordnet die Verben zu.

1. zu körperlicher Gewalt
2. sein Opfer
3. das eigene Handeln als harmlos
4. einen klaren Standpunkt
5. jdn. in die Lösung
6. Gerüchte

a bewerten
b beziehen
c streuen
d neigen
e ausgrenzen
f einbeziehen

3 In der Radiosendung werden Vermutungen mit Modalverben ausgedrückt. Notiert die Sätze aus der Sendung in euer Heft und formuliert sie mithilfe der Redemittel aus 2b um.

Grad der Sicherheit	Modalverb	Umschreibung ohne Modalverb
hoch Etwas ist sicher.	*müssen:* Phillip **muss** ernsthafte Probleme haben.	*Zweifellos hat Phillip ernsthafte Probleme.*
	nicht können: Phillip **kann keine** Probleme mit anderen Mitschülern haben.	
Etwas ist sehr wahrscheinlich.	*dürfen* (nur Konjunktiv II): Phillip **dürfte** gleich mehrere Probleme haben.	
	können: Phillip **kann** gemobbt werden.	
Etwas ist möglich. niedrig	*können* (nur Konjunktiv II): Phillip **könnte** krank sein.	

▶ Ü 3–5

4 Seht euch die Situationen an. Formuliert zu zweit mithilfe der Modalverben Vermutungen.

1. Die Schülerin dürfte gerade einen wichtigen Termin verpassen.

Grenzen überwinden

1a Lest den Artikel in der Schülerzeitung. Wozu will der Artikel die Schüler motivieren? Sprecht in der Klasse darüber.

Nicht zögern – einfach machen!

Wann hast du zuletzt etwas Neues ausprobiert? Gestern, letzte Woche, vor einem Jahr? Was traust du dir zu? Das Schuljahr geht zu Ende, bald haben alle Ferien. Genau der richtige Zeitpunkt, um aus deinem Schulalltag rauszukommen. Versuch doch mal, etwas ganz anderes auszuprobieren. Versuche haben gezeigt, dass Menschen, die etwas Neues wagen und Abwechslung in ihr Leben bringen, einfach glücklicher und auch selbstbewusster sind. „Das kann ich!", ist ihr erklärtes Motto. Und wenn es mal nicht so klappt, dann ist man um eine Erfahrung reicher. Man weiß jetzt, wie man es das nächste Mal besser macht oder dass einem andere Dinge gefallen. Also: Runter vom Sofa, weg von der Spielekonsole … Was willst du Neues erleben? Parkour ausprobieren? Fallschirmspringen? Akrobat im Zirkus werden? Einen Film drehen? Mach, was du willst. Aber mach es! Wachse über dich selbst hinaus! Und schreib uns, wie es war.

▶ Ü 1

b Habt ihr oder hat jemand, den ihr kennt, schon einmal etwas Besonderes ausprobiert? Wie war es? Berichtet in Gruppen.

2a Seht die Fotos an und lest die Überschriften. Was findet ihr interessant? Was möchtet ihr ausprobieren? Sprecht in Gruppen.

Moderator/in sein:
eine Radiosendung alleine gestalten

Survivalcamp im Wald:
ohne Handy, Strom und Zelt

Selbstversuch:
24 Stunden blind die Welt ertasten

Astronautentraining:
Schwerelos aktiv sein

b Wozu könnten die Aussagen a–h passen? Ordnet sie den vier Aktionen aus 2a zu.

a Meine Sinne wurden extrem geschärft.
b Wenn du keinen Plan hast, bist du verloren.
c Mit der Dunkelheit kam die Angst.
d Zuerst war es lustig, aber dann sehr anstrengend.
e Wenn ich etwas wissen wollte oder nachfragen musste, war das eine Überwindung.
f Es gab genug zu essen, wir mussten es nur erkennen.
g Mit jedem Schritt wurde ich sicherer.
h Mich hat überrascht, wie spannend Naturwissenschaften sein können.

3.7–8

c Arbeitet zu viert. Jede/r wählt eine Person. Hört die Radiosendung und notiert Informationen zu den vier Aspekten für eure Person.

- Gründe für die Teilnahme
- Positive Erfahrungen
- Negative Erfahrungen
- Fazit

Sofia:
Astronautentraining
Gründe:
Geschenk vom Vater
Positive Erfahrungen:
…

Erno:
Radiomoderation
Gründe:
…
Positive Erfahrungen:
…

Fritz:
Blind die Welt ertasten
Gründe:
…
Positive Erfahrungen:
…

Emma:
Survivalcamp
Gründe:
…
Positive Erfahrungen:
…

d Über besondere Erlebnisse berichten. Lest die Redemittel und ergänzt zu jedem Aspekt mindestens zwei weitere.

ÜBER EMOTIONEN BERICHTEN	ÜBER POSITIVE ERFAHRUNGEN BERICHTEN	ÜBER NEGATIVE ERFAHRUNGEN BERICHTEN
Ich habe mich gut/schlecht/… gefühlt.	Ich hätte nicht gedacht, dass ich … kann/schaffe.	Ich war ziemlich enttäuscht als …
Ich hatte viel Spaß/Angst/…	Ich bin positiv überrascht, dass ich …	Ich habe … falsch eingeschätzt.
Ich fand die Situation lustig/traurig/irritierend/beängstigend/…	Für mich persönlich war es gut, dass …	… habe ich mir anders vorgestellt.

e Berichtet jetzt in der Gruppe über eure Person und ihre Erfahrungen.

Sofia hatte sich sehr darauf gefreut, dass sie …

f Würdet ihr eure Wahl aus Aufgabe 2a nach den Berichten noch einmal ändern? Warum (nicht?) ▶ Ü 2

3 Schreibt einen kurzen Bericht über ein besonderes Erlebnis aus Aufgabe 1b oder über eine der Personen aus Aufgabe 2. Was war neu? Welche Erfahrungen gab es? Wie lautet euer Fazit? Nutzt auch die Redemittel aus 2d.

Ich möchte über ein besonderes Erlebnis aus meinen letzten Ferien berichten. Ich war mit meinem Sportverein in den Bergen und wir konnten neue Sportarten ausprobieren: Paragliding, Rafting, … Ich habe …

▶ Ü 3

Grenzen überwinden

 4a Ihr sollt eine Präsentation zum Thema „Zukunft wagen" vorbereiten und halten. Wählt eines der vier Themen. Die Beispiele helfen bei der Sammlung von weiteren Ideen und Aspekten.

Work and Travel

Ein Jahr im Ausland verbringen

Au Pair im fremden Land

Leistungssport treiben

Sport am Limit

Extremsportarten

Eine eigene Firma gründen

Neue Berufswege gehen

Das Hobby zum Beruf machen

Auf Handys verzichten

Medien- und Konsumverhalten

Produkte für einen fairen Konsum anbieten

 b Recherchiert Informationen zu eurem Thema, z. B. im Internet, in Zeitschriften und Zeitungen. Sammelt Material (deutsche Texte, Grafiken, Fotos, Videos …) in einer Materialmappe.

Berücksichtigt bei der Recherche zu eurem Thema, dass ihr ausreichend Material unter folgenden Aspekten sammelt:
- Mehrere Perspektiven vorhanden
- Kontroverse Diskussion möglich
- Bezug zu Deutschland und eurer Heimat vorhanden
- Problemorientierung sichtbar

> Bei der DSD-Prüfung entscheidet ihr euch ein halbes Jahr vor der Prüfung für ein Thema und besprecht dessen Eignung mit eurer Lehrkraft.

c Lest die Texte eurer Materialsammlung genau durch. Markiert in den Texten Schlüsselwörter. Erstellt eine Wortliste zum Thema und klärt unbekannte Begriffe.

Fertigkeitstraining — **8**

Modul 4

d Ordnet euer Material und notiert eine sinnvolle Struktur.

Möglichkeiten, das Material zu strukturieren:
- Idee – Planung – Umsetzung
- Vergleich Land X und Land Y / Perspektive A und B
- vom Problem zur Lösung
- Pro und Contra
- …

e Notiert alle wichtigen Informationen aus den gesammelten Texten in Stichpunkten und überlegt, wie ihr sie präsentieren wollt. Folien, Plakat oder …?

Die Präsentation sollte ungefähr 5 Minuten dauern. Anschließend folgt ein Gespräch (auch 5 Minuten).

5a Präsentationen bestehen aus den Gliederungspunkten *Einleitung*, *Hauptteil* und *Schluss*. Ordnet die Teilthemen den drei Gliederungspunkten zu.

A um Reaktionen bitten
B Pro- und Contra-Argumente erläutern
C Informationen mit Zahlen belegen und dann bewerten
D die Präsentation zusammenfassen
E Struktur der Präsentation vorstellen
F die Wahl des Themas begründen

Einleitung	Hauptteil	Schluss
Thema nennen Interesse wecken	Informationen/Daten/Fakten zum Thema nennen mit Beispielen veranschaulichen interkultureller Vergleich (mein Land – Deutschland)	persönlich Stellung nehmen eine Lösung nennen eine Empfehlung geben einen Ausblick auf die Zukunft geben

 b Lest die Redemittel im Kasten. Welche passen zur Einleitung, zum Hauptteil und zum Schluss? Erstellt eine Tabelle und ergänzt eventuell weitere.

In meiner Präsentation beschäftige ich mich mit …
Ich will Ihnen das anhand … verdeutlichen.
Damit komme ich zur Frage …
Ich werde Ihnen heute … vorstellen.
Am Ende möchte ich noch einmal das Gesagte zusammenfassen.
Darauf werde ich nun genauer eingehen.
Um Ihnen … zu erklären, habe ich … vorbereitet.
Am Ende möchte ich noch mal unterstreichen, dass …
Nachdem ich … kurz skizziert habe, will ich …
Zusammenfassend lässt sich also feststellen, dass …
Das will ich mit … verdeutlichen.
Auf … möchte ich im Folgenden eingehen.
Ich wende mich jetzt … zu.
Anhand des Beispiels kann man sehen, dass …
Dieses Bild / Diese Grafik zeigt deutlich …

c Erarbeitet mithilfe eurer Materialsammlung, den Stichpunkten und den Redemitteln die Präsentation. Notiert wichtige Stichwörter eurer Präsentation.

d Haltet dann eure Präsentation in der Klasse. Die Klasse notiert sich während der Präsentation inhaltliche Fragen und stellt diese im Anschluss.

e Gebt ein Feedback zu eurer Präsentation und dem Gespräch. Was war leicht? Was möchtet ihr noch üben? Fragt auch nach weiteren Meinungen aus der Klasse, z. B. zu Struktur, Aussprache, Tempo, etc.

STRATEGIE — **Vorträge üben**

Nutzt jede Gelegenheit, um kurze Vorträge zu üben. Wählt regelmäßig ein Thema oder einen Text aus (z.B. aus dem Kursbuch, aus einer Zeitung, …) und haltet dazu einen kurzen Vortrag. Stoppt die Zeit, um ein Gefühl dafür zu bekommen, wie lange euer Vortrag etwa dauern darf.

Porträt Namika

(*07. September 1991)

Sängerin und Songschreiberin

Namika, die mit bürgerlichem Namen Hanan Hamdi heißt, kommt aus Frankfurt. Sie hat afrikanische Wurzeln, da ihre Großeltern aus Marokko stammen. Diese Verbindung drückt sie in ihrem Künstlernamen aus. „Namika" bedeutet so viel wie „die Schreiberin". Namika hatte von Kindheit an eine enge Bindung zur Musik. Während ihrer Schulzeit sang sie im Schulchor und begann eigene Songs zu schreiben. Ihre ersten Versuche als professionelle Musikerin waren eine Mischung aus Rap und Gesang. Ihre erste Single („Lieblingsmensch") brachte sie 2015 heraus und schaffte damit ihren Durchbruch als Sängerin.

Du unterstützt das SOS-Kinderdorf-Projekt in Marokko. Ist es für dich ein besonderes Gefühl, insbesondere dort helfen zu können, wo auch deine eigenen Wurzeln liegen?

Es ist generell ein schönes Gefühl zu helfen. Doch ich glaube, es sind die persönlichen Erfahrungen, die ich mit Waisenkindern in Marokko gemacht habe, die mich dazu bringen, genau dieses SOS-Kinderdorf zu unterstützen. Ich selbst habe zwei jüngere Brüder und wenn ich die Augen dieser Kinder sehe, die teilweise auf der Straße leben und Zigaretten, Kaugummis oder sonstiges aus einer kleinen Holzkiste verkaufen, um etwas zwischen die Zähne zu bekommen, weckt das Schwester-Gefühle in mir. [...]

Du beschreibst in deinem Song „Nador", dass du in Marokko „die Deutsche" bist und in Deutschland „die Marokkanerin". Bist du der Meinung, dass sich dieses Bild und somit das Gefühl in dir [...] je ändern wird?

Ich weiß nicht, ob sich das jemals ändern wird, jedoch wäre es doch sehr schön, als Mensch keinem Stück Erde zugewiesen zu werden. Denn bevor es diese Grenzen und dessen Länder gab, waren wir doch alle einfach nur Erdlinge. Ich mag den weltweiten One-Nation-Gedanken, dass wir nicht aus Ländern, sondern vom Planeten Erde stammen. [...]

Gibt es generell etwas in deinem Leben, das du unbedingt noch machen möchtest – vielleicht einen Traum, den du dir erfüllen möchtest?

Ich würde meiner Mom gerne ein Haus bauen. [...]

Was war die erste Reaktion deiner Familie, als sie erfuhren, dass du tatsächlich mit Musik deinen Lebensunterhalt verdienen möchtest?

Erstmals waren sie skeptisch, doch als sie sahen, dass es mich glücklich macht und ich mit meinem Debütalbum „Nador" auch tatsächlich große Erfolge gefeiert habe, war das Ding in trockenen Tüchern.

Du gibst in deinen Liedern viele Emotionen preis – hast du keine Angst davor, dich dadurch angreifbarer zu machen?

Klar macht man sich angreifbar, doch viel schöner ist die Tatsache, dass man als Künstlerin ein Sprachrohr der Nation sein kann. Und Erfahrungen/Emotionen mit Hunderttausenden von Menschen teilen und ggf. ihnen sogar damit helfen kann, eine andere Perspektive auf Dinge zu bekommen.

www Mehr Informationen zu Namika.

Sammelt Informationen über Persönlichkeiten aus dem In- und Ausland, die für das Thema „Psychologie und Emotionen" interessant sind, und stellt sie in der Klasse vor.

Beispiele aus dem deutschsprachigen Bereich: Jörg Merten – Karlheinz Ruckriegel – Rosa Maria Puca – Yvonne Catterfeld – Herbert Grönemeyer – Max Giesinger

Grammatik-Rückschau

1 Subjektive Bedeutung von Modalverben: Behauptungen ausdrücken

Mit den Modalverben *wollen* und *sollen* wird eine Behauptung ausgedrückt, die man nicht überprüfen kann oder vielleicht bezweifelt.

Bedeutung	Behauptung mit Modalverb	Umschreibung ohne Modalverb
Ein Sprecher gibt wieder, was er gelesen oder gehört hat.	**sollen:** Die Probanden mit rotem Teller **sollen** weniger gegessen haben.	In der Zeitung / Im Artikel steht/stand, dass … Man sagt/berichtet/behauptet, dass … In der Studie stand, dass die Probanden mit rotem Teller weniger gegessen haben.
Ein Sprecher gibt wieder, was jemand von sich selbst sagt.	**wollen:** Die Probanden mit rotem Teller **wollen** weniger gegessen haben.	Er/Sie behauptet, dass … Er/Sie sagt von sich selbst, dass … Er/Sie gibt vor/an, dass … Die Probanden mit rotem Teller gaben an, dass sie weniger gegessen haben.

Bildung

Im Präsens Aktiv und Passiv unterscheiden sich die Formen nicht. Der Kontext entscheidet, welche Bedeutung gemeint ist. In der Vergangenheit wird in der objektiven Form das Hilfsverb *haben* konjugiert, in der subjektiven Form das Modalverb *sollen/wollen*.

		objektiv	subjektiv
Aktiv	Gegenwart	*wollen/sollen* + Infinitiv	
	Vergangenheit	*haben* + Infinitiv Verb + Infinitiv Modalverb*	*sollen/wollen* + Partizip II Verb + *haben/sein*
Passiv	Gegenwart	*wollen/sollen* + Partizip II + *werden*	
	Vergangenheit	*haben* + Partizip II Verb + *werden* + Infinitiv Modalverb	*sollen/wollen* + Partizip II Verb + *worden sein*

* Meistens wird das Präteritum verwendet: *Er sollte weniger essen.*

2 Subjektive Bedeutung von Modalverben: Vermutungen ausdrücken

Grad der Sicherheit	Modalverb + Infinitiv*	Umschreibung ohne Modalverb
hoch ↑ Etwas ist sicher.	**müssen:** Phillip **muss** ernsthafte Probleme haben.	Ich bin sicher, dass … Ich bin überzeugt, dass … Alles deutet darauf hin, dass … Alle Anzeichen sprechen dafür, dass … Bestimmt/Sicher/Gewiss/Zweifellos …
	nicht können: Phillip **kann keine** Probleme mit anderen Mitschülern haben.	
Etwas ist sehr wahrscheinlich.	**dürfen** (nur Konjunktiv II): Phillip **dürfte** gleich mehrere Probleme haben.	Aller Wahrscheinlichkeit nach … Wahrscheinlich/Vermutlich … Ich vermute / nehme an, dass … Ich bin ziemlich sicher, dass … Es sieht so aus, als ob …
	können: Phillip **kann** gemobbt werden.	
Etwas ist möglich. **niedrig**	**können** (nur Konjunktiv II): Phillip **könnte** krank sein.	Es ist möglich/denkbar / nicht ausgeschlossen, dass … Vielleicht/Möglicherweise/Eventuell/ Angeblich … Es besteht die Möglichkeit, dass … … lässt darauf schließen, dass … … lässt vermuten, dass …

* Formen für Gegenwart und Vergangenheit wie in 1

Intuition – das schlaue Gefühl

1 Wie spontan und intuitiv handelt ihr? In welchen Alltagssituationen entscheidet ihr eher rational, wann eher intuitiv?

Wenn ich etwas kaufe, dann …
Bei meinem Referatsthema habe ich …

 2a Was ist Intuition? Seht den Film und notiert alles, was für eine Definition des Begriffs „Intuition" wichtig ist.

b Formuliert mithilfe eurer Notizen eine Definition und vergleicht in der Klasse.

 3a Seht die erste Sequenz und beschreibt das Experiment „Wiedererkennungsintuition". Geht besonders auf die Vorkenntnisse und auf die Entscheidungsfindung der Testpersonen ein.

b „Intuitive Entscheidungen (z. B. beim Kauf eines Produktes) müssen nicht immer richtig sein." Begründet diese Behauptung.

4 Wissenschaftler an der Harvard-Universität haben einige Experimente zu intuitivem und rationalem Handeln durchgeführt. Führt ein ähnliches Experiment jetzt selbst durch.

a Arbeitet zu viert.

Jedes Mitglied der Gruppe soll einen beliebigen Anteil (in Prozent) seines Taschengeldes in eine Gemeinschaftskasse einzahlen. Euer eingezahlter Betrag wird verdoppelt und der Gesamtbetrag wird dann unter allen vier Gruppenmitgliedern zu gleichen Teilen aufgeteilt.

Das heißt, auch wer gar nichts spendet, bekommt den gleichen Anteil wie die anderen Gruppenmitglieder.

Jede/r trifft seine Entscheidung allein und notiert die Prozentzahl und die Zeit, die er/sie für die Entscheidung gebraucht hat.

sehen | nachdenken | diskutieren | spielen | …

8

b Vergleicht die Ergebnisse in der Gruppe. Wer gibt wie viel Prozent seines Taschengeldes ab?

c Lest das Ergebnis der Harvard-Wissenschaftler auf Seite 205. Vergleicht es mit euren Ergebnissen in der Klasse.

2

5a Seht die zweite Sequenz. Notiert, wie Intuition aus medizinischer Sicht erklärt wird. Berichtet kurz.

b Der Bauch wird oft als Ort unserer Intuition genannt. Welche Redewendungen gibt es in eurer Sprache?

Mein Bauch sagt mir, dass …
Beim Einkaufen entscheide ich meist aus dem Bauch heraus.

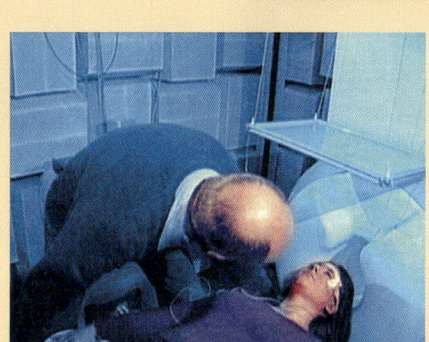

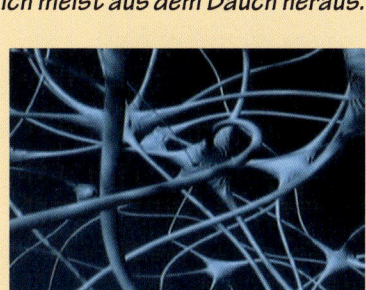

3

6a Seht die dritte Sequenz. Welche Wege gibt es, um intuitives Verhalten zu begünstigen und zu trainieren?

b Entscheidet euch für eine Aufgabe und schreibt einen kurzen Text.

A Beschreibt Situationen, in denen intuitive Entscheidungen nicht passend bzw. gefährlich sein können.

B Beschreibt ein Erlebnis, bei dem ihr intuitiv richtig oder falsch gehandelt habt.

Die schöne Welt der Künste

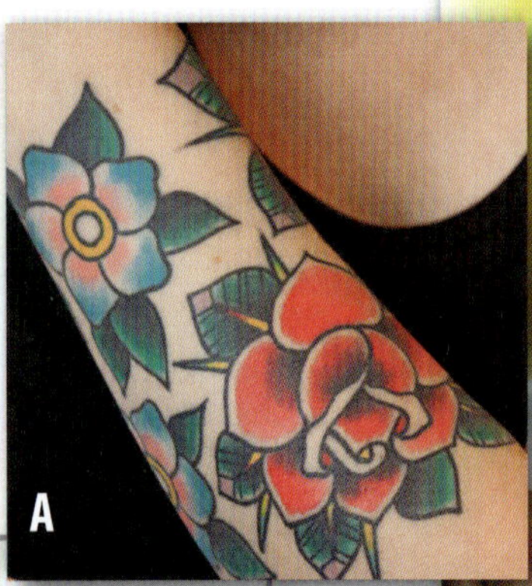

A — Tattoo

B — Straßenmusik

C — Zeichnung von Jakob, 7 Jahre alt

D — Design von TALBOT RUNHOF

Ihr lernt
Modul 1 | Ein Fazit aus Texten zu Methoden der Kreativität ziehen
Modul 2 | Filmbeschreibungen zusammenfassen und über eine Grafik zum Thema „Medien" schreiben
Modul 3 | Einen Artikel über das Leben als Künstler kommentieren und Ratschläge geben
Modul 4 | Einen autobiografischen Text verstehen und über Lesegewohnheiten sprechen
Modul 4 | Einen Text über das Thema „Bücher und Leseverhalten" schreiben und ein Buch vorstellen

Grammatik
Modul 1 | Nominalisierung und Verbalisierung von Präpositionalergänzungen
Modul 3 | Konnektoren *(allerdings, mittlerweile, vielmehr …)*

9

▶ ÜB Wortschatz

E

Graffiti in Berlin

MedienHafen, Düsseldorf 
F

G
Hip Hop-Tänzer

H
Katharina Grosse: Father and daughter

Stuhl von
Konstantin Grcic
I

1a Seht die Bilder an. Ist das für euch Kunst? Begründet eure Meinung.

b „Kunst liegt im Auge des Betrachters." Was bedeutet das?

c Welche Bereiche der Kunst interessieren euch besonders bzw. überhaupt nicht? Sprecht in Gruppen.

Ich finde Architektur sehr spannend und in …

2 Recherchiert Informationen zu einem Künstler / einer Künstlerin und stellt die Person in der Klasse vor.

Kreativ

1 In welchen Situationen müssen wir kreativ sein? Sammelt in der Klasse.

2a Lest die Thesen. Welchen stimmt ihr zu, welchen nicht? Begründet eure Meinung.

- **A** In Krisen sind wir besonders kreativ.
- **B** Nur wer viel über ein Thema weiß, kann auf geniale Ideen kommen.
- **C** In der Gruppe sind wir einfallsreicher als allein.
- **D** Ablenkung hilft bei der Problemlösung.

b Lest die Texte über Methoden der Kreativität. Welcher Text bezieht sich auf welche These in 2a?

1 Brainstorming setzt man für die Entwicklung neuer Ideen ein. Dabei sitzt man zusammen mit mehreren Leuten in der Gruppe und „brainstormt". Diese beliebte Kreativtechnik basiert auf der Anwendung folgender
5 Regeln: Man äußert jeden Einfall, der einem durch den Kopf geht, auch wenn er zunächst nicht so brillant erscheint. Und man bewertet weder die eigenen Ideen noch die anderer.
Aber funktioniert das auch in der Praxis? Menschen ha-
10 ben oft Probleme damit, ihre nicht ganz ausgereiften Ideen ungehemmt hinauszuposaunen. Manch einer hat einfach Angst vor einer Blamage. Denn den meisten fällt es ziemlich schwer, die zweite Regel einzuhalten, und die Vorschläge und Ideen werden dann doch sofort
15 kommentiert. Außerdem entsteht Konkurrenzdruck: Hat der oder die andere etwa bessere Ideen als ich? Das bedeutet wiederum Gift für die Kreativität.

2 Die besten Ideen kommen tatsächlich eher in der Freizeit, z. B. beim Sport oder beim Musikhören. Jeder weiß doch: Man sitzt stundenlang an einem Refe-
5 rat und überlegt sich eine Gliederung bzw. einen guten Einstieg,
10 aber der zündende Einfall lässt auf sich

warten. Wenn man eigentlich schon fast aufgibt, fällt einem oft ganz unerwartet die Lösung
15 ein, während man auf seinem Fahrrad sitzt oder auf dem Weg zu Freunden ist. Der berühmte Physiker Albert Einstein meinte dazu: „Wir können die Probleme nicht auf der gleichen Ebene lösen, auf der wir sie geschaffen haben."
20 Was macht man also am besten in unkreativen Phasen? Kreativitätstrainer raten zur gedanklichen Loslösung vom Problem. Besonders monotone Tätigkeiten wie Joggen, Fernsehen oder Radfahren helfen beim Finden kreativer Ideen.
25 Denn dabei wird das Gehirn abgelenkt und kann gleichzeitig nach Lösungen suchen. Doch kann man seine Eltern wirklich von der positiven Wirkung einer Radtour überzeugen, anstatt am Schreibtisch sein Referat zu schreiben?

3 Nur wer auf die Entwicklung von Werbung spezialisiert ist, kann auch einen erfolgreichen Werbeslogan formulieren. Diese Meinung ist weit verbreitet. Also kann nur jemand, der sich in einem Bereich besonders gut auskennt, verblüffende Ideen ent-
5 wickeln? Eine große Menge an Wissen und Erfahrungen führt oft zum Rückgriff auf Altbewährtes. Gedanken und Handlungen laufen automatisch ab; der Blick auf Neues ist dadurch versperrt. Das zeigen auch Untersuchungen mit Schachspielern. Erfahrene Spieler wählen oft die konventionellste Lösung. Sie können sich
10 nur schwer von jahrelang eingeübten Spielzügen lösen und brauchen deshalb für den Sieg ein paar Züge mehr als nötig. Löst euch also von euren Gewohnheiten und betretet neue Wege. Euer Umfeld wird sich über eure Kreativität freuen.

4 Berühmte Dichter schrieben ihre Gedichte in Phasen, in denen sie sehr verzweifelt waren. Johann Wolfgang von Goethe hatte zum Beispiel Liebeskummer, als er seinen „Werther" schrieb. Viele Menschen glauben an eine Steigerung der Kreativität in Lebenskrisen. Das wird von Psychologen allerdings nicht bestätigt. Studien und Versuche zeigen, dass wir eher dann ideenreich und kreativ sind, wenn wir in einer stabilen und psychisch aus-
5 geglichenen Verfassung sind, und nicht dann, wenn es uns schlecht geht. So hat Edward R. Hirt von der Indiana-Universität in Bloomington herausgefunden, dass gut gelaunte und positive Menschen kreativer sind als Miesepeter. Er führte Probanden lustige und traurige Filme vor, um ihre Stimmung zu beeinflussen. Im Anschluss testete er ihren Ideenreichtum. Das Ergebnis: Gute Laune trägt zur Kreativität der Menschen bei.

Modul 1

c Welche These aus 2a wird bestätigt, welche widerlegt?

d Welche Konsequenzen könnte man aus den Texten ziehen? Formuliert in Gruppen zu jedem Text einen Tipp.

Tipp zu Text 1: Jeder/Jede sollte zuerst für sich allein Ideen sammeln und aufschreiben. Anschließend lesen alle ihre Liste der Gruppe vor. Diese einigt sich auf eine Idee.

▶ Ü 1–2

3a Nominalisierung und Verbalisierung von Präpositionalergänzungen. Notiert die Verben mit der Präposition und dem Kasus. Die Texte helfen.

1. basieren
2. helfen
3. beitragen
4. Angst haben
5. überzeugen
6. glauben
7. sich lösen
8. einsetzen
9. spezialisiert sein
10. raten
11. führen
12. sich freuen

1. basieren auf + D …

b Arbeitet zu zweit. Nennt abwechselnd ein Verb aus 3a. Der Partner / Die Partnerin nennt die Präposition und den Kasus.

c Arbeitet zu zweit. Jede/r wählt zwei Texte und sucht zu den Verben in 3a einen Beispielsatz. Formuliert dann gemeinsam die Sätze in Verbalform und vergleicht mit einem anderen Paar.

Nominalform	Verbalform
*Brainstorming setzt man **für** die Entwicklung neuer Ideen ein.*	*Brainstorming setzt man **dafür** ein, neue Ideen zu entwickeln.*
*Euer Umfeld wird sich **über** eure Kreativität freuen.*	*Euer Umfeld wird sich **darüber** freuen, dass ihr kreativ seid.*

d Ergänzt die Regel und schreibt sie in euer Heft.

Hauptsatz	*dass*-Satz	Infinitivsatz

Nominalisierung und Verbalisierung von Präpositionalergänzungen

Präpositionalergänzungen können in einen ▢ oder ▢ umgeformt werden. Bei der Umformung wird die Präposition zu einem Präpositionaladverb im ▢. Bei vielen Verben kann das Präpositionaladverb weggelassen werden: *Euer Umfeld wird sich (darüber) freuen, dass ihr kreativ seid.*

▶ Ü 3–6

4 Arbeitet in Gruppen. Formuliert Aufgaben oder Problemsituationen (in der Schule, in der Uni, mit Freunden …) oder wählt eine Situation 1–3. Eine andere Gruppe findet möglichst kreative Lösungen dazu.

1 Du hast angeboten, einen Artikel für die Schulzeitung zu schreiben. Aber du hast keine Idee, welches Thema du nehmen könntest.

2 Freunde von dir haben ein Schülercafé eröffnet. Wenn nicht bald mehr Gäste kommen, muss das Café wieder schließen.

3 Dein bester Freund hat morgen Geburtstag. Du hast leider vergessen, ein Geschenk zu besorgen. Dummerweise sind die Geschäfte jetzt geschlossen.

▶ Ü 7–8

Film ab!

1a Welche Filme aus dem deutschsprachigen Raum oder mit deutschsprachigen Schauspielern kennt ihr? Erzählt, worum es geht.

b Arbeitet in Gruppen. Welche der folgenden Ausdrücke könnt ihr erklären?

1. jdn. in einem Heim unterbringen
2. über sich hinauswachsen
3. sich als Herausforderung gestalten
4. der moralische Zeigefinger
5. fliehen
6. sich rührend um jdn. kümmern
7. gehackt werden
8. aus einem Spiel fliegen

c Fragt andere Gruppen nach Erklärungen der Ausdrücke, die euch fehlen.

2a Hört das Filmmagazin und notiert: Zu welchem Film passt welche Aussage? Manchmal passen mehrere Filme.

1. Die Hauptdarsteller haben einen Unfall.
2. Die beiden Hauptdarsteller haben einen Preis bekommen.
3. Es handelt sich um eine Buchverfilmung.
4. In dem Film geht es um die Reise zweier Menschen.
5. Die beiden Hauptdarsteller sind Außenseiter.
6. In dem Film geht es um einen Gamer, der gehackt wurde.
7. Im Film befreunden sich die Hauptdarsteller, die sich anfangs fremd sind.
8. Der Film hat mehrere Auszeichnungen erhalten.
9. Im Film suchen zwei junge Männer ihren Vater.
10. Es geht um zwei Jungs, die mit einem gestohlenen Auto durch Deutschland reisen.
11. Im Film mischen sich verschiedene Welten.

b Welchen Film findet ihr am interessantesten? Welchen würdet ihr gerne ansehen? Warum?

Modul 2

3a Im Folgenden seht ihr eine Grafik. Ordnet die Redemittel zur Beschreibung einer Grafik den passenden Überschriften zu.

> Genauso verhält es sich auch bei …   Anders als früher, …   Ungefähr vergleichbar ist die Nutzung von …
> Völlig neu war/ist für mich, dass …   Die Ergebnisse von/aus … sind für mich sehr überraschend.
> Ganz anders stellt sich … dar.   Fast übereinstimmend/gleich ist die Nutzung von …
> … und … unterscheiden sich klar/deutlich voneinander.   Überraschend ist die Tatsache, dass …

UNTERSCHIEDE HERVORHEBEN	ÜBERRASCHENDES NENNEN	AUF ÄHNLICHKEITEN VERWEISEN
…		

b Eure Aufgabe ist es, euch dazu zu äußern, wie sich der Fernsehkonsum in Deutschland verändert hat.

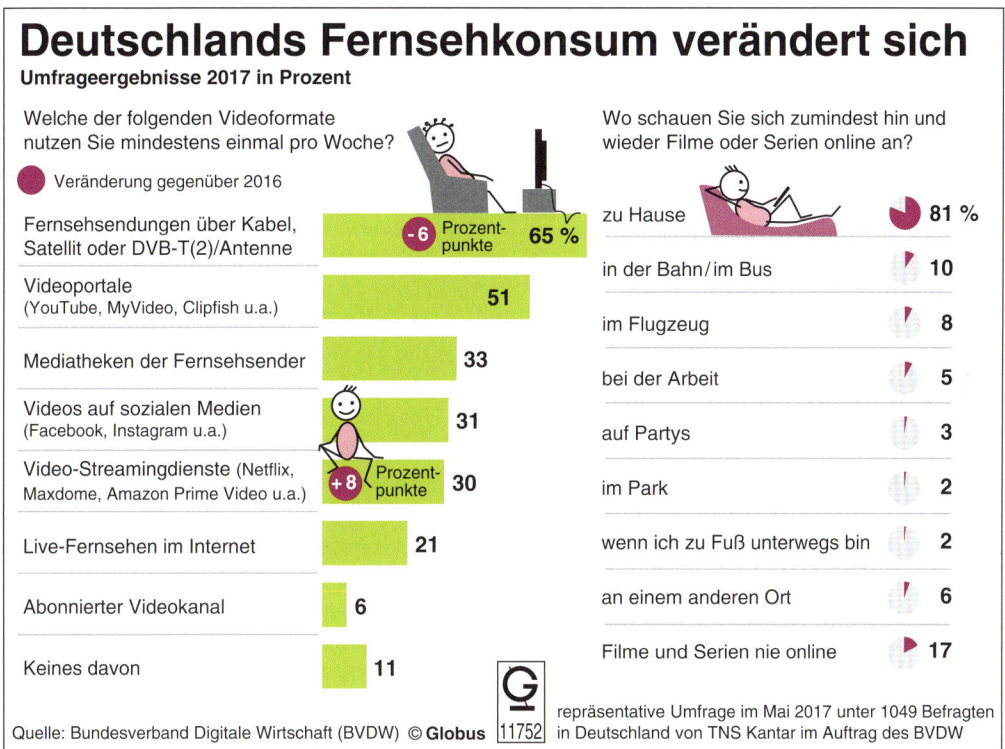

Schreibt,
- was die wichtigsten Informationen der Grafik sind.
- wie das Fernsehverhalten in eurem Land ist.
- was euch an diesen Zahlen überrascht.
- warum sich eurer Meinung nach Fernsehkonsum verändert hat.
- wann und wie ihr Filme und Serien usw. meistens anseht.

Hinweise:
Bei der Beurteilung wird u. a. darauf geachtet,
- ob ihr alle Inhaltspunkte berücksichtigt habt,
- wie korrekt ihr schreibt,
- wie gut Sätze und Abschnitte sprachlich miteinander verknüpft sind.

Schreibt mindestens 200 Wörter.

▶ Ü 1

Ein Leben für die Kunst

1 Welche Eigenschaften und Fähigkeiten braucht man für ein Leben als Künstler/in? Sammelt in der Klasse.

Man muss leicht Kontakte knüpfen können.

2a Lest den Artikel und sammelt Informationen zu den beiden Themen.

Bedingungen für den künstlerischen Erfolg

SPRACHE IM ALLTAG
Redewendungen mit Kunst

Das ist eine Kunst für sich.
Das ist nach allen Regeln der Kunst gemacht.
Das ist eine brotlose Kunst.
Das ist keine Kunst.

Künstleralltag

Ein Leben für die Kunst

Von der Kunst leben zu können – davon träumen viele junge Künstler. Die große Karriere winkt am Horizont. *Demgegenüber* steht die harte Realität. Und dort wartet auf die meisten kein einfacher Alltag. Doch wer wirklich für die Kunst brennt, den schreckt das nicht. Der Andrang an den Kunstakademien und Schauspielschulen ist nach wie vor ungebrochen hoch. Dort durchläuft man eine Ausbildung, die einem viel abverlangt – vorausgesetzt, man meistert die Aufnahmeprüfung. Generell gilt: Wer sich der Kunst verschreibt, hat einen unsicheren Weg gewählt. Die Konkurrenz ist groß, die Erwartungen hoch, feste Arbeitszeiten selten und finanzielle Unsicherheit ein gängiges Los. *Inzwischen* setzen viele Schulen auf eine möglichst breite Ausbildung, um ihren Absolventen bessere Berufsmöglichkeiten zu schaffen. So sind beispielsweise die Absolventen der Hamburger Stage School nicht nur auf der Bühne zu finden, sondern auch beim Film und Fernsehen, als Moderatoren, Komponisten, Drehbuchautoren, Regisseure oder Choreografen.

Eine Ausbildung im Kunstbereich verlangt einem einiges ab. *Währenddessen* sollte man sich bereits ein breites Netzwerk aufbauen, denn dies ist neben Talent und Handwerk nicht zu unterschätzen. Wer über gute Kontakte verfügt, tut sich in der Kunstwelt leichter. Langfristig sichert aber nur eines den Erfolg: der unbändige künstlerische Drang. Anders ist dieses Leben auf Dauer nicht durchzuhalten. Darauf achtet Kim Moke, künstlerische Direktorin der Hamburger Stage School, schon bei der Aufnahmeprüfung: „Dieses Funkeln in den Augen. Auf die Bühne zu wollen, koste es, was es wolle. Ohne diesen Willen geht es nicht." Das Gleiche gilt für Opernsänger, weiß Norma Sharp, Professorin für Gesang an der Hochschule für Musik Hanns Eisler in Berlin. „Diesen Beruf sollten nur die wählen, die es unbedingt wollen, denn man muss viele Schwierigkeiten aushalten. Etwa damit umgehen können, 10- oder 15-mal vorzusingen, ohne genommen zu werden – und trotzdem weiterzumachen." Auch Studenten der Kunstakademie brauchen enormes Durchhaltevermögen und den Glauben an sich selbst. Sonst sollte man lieber einen anderen Studiengang wählen.

Sich nicht entmutigen zu lassen und immer wieder aufs Neue zu versuchen, sich gegen die Konkurrenz durchzusetzen, sind die entscheidenden Karrierefaktoren im Kunstbereich.

Fabian Könnek, Kunsthochschule Kassel:
Manchmal frage ich mich natürlich, ob das der richtige Weg ist. *Mittlerweile* haben meine alten Freunde alle in irgendeiner Art Karriere gemacht. *Dagegen* dreht sich bei mir immer noch alles primär darum, zu überleben. Neulich habe ich ein Bild zu einem ziemlich guten Preis verkauft. *Daraufhin* habe ich mir gleich viele neue Materialien angeschafft, in der Hoffnung auf mehr Verkäufe. Leider hat sich seitdem nichts getan. Noch kann ich von meiner Kunst nicht leben. *Bis dahin* brauche ich noch die finanzielle Unterstützung meiner Eltern. Die sind natürlich nicht sonderlich begeistert darüber und mir wäre es auch lieber, finanziell endlich unabhängig zu sein. *Allerdings* will ich ohne dieses Kribbeln, diese Aufregung, wenn ich meine Ideen entwickle, nicht leben. Deswegen bin ich Künstler geworden.

Isabella Wellman, Hochschule für bildende Künste Hamburg:

Früher habe ich mir ein Künstlerleben immer irgendwie romantisch vorgestellt. Jetzt muss ich sagen, dass es mit Romantik wenig zu tun hat. *Vielmehr* ist es vor allem harte Arbeit. Meine größte Angst ist, dass ich irgendwann aufgebe, weil sich kein materieller Erfolg einstellt. Es wäre natürlich ganz gut, ein zweites Standbein zu haben. Im Moment lebe ich von dem bisschen Geld, das ich als Museumspädagogin verdiene. Ich hätte auch einfach Medizin studieren können wie meine Schwester, *stattdessen* habe ich mich für die oft brotlose Kunst entschieden. Manchmal bin ich deswegen ein bisschen verzweifelt. *Gleichzeitig* bekomme ich viele positive Reaktionen auf meine Werke. Auch wenn der große Durchbruch nicht kommt, werde ich sicherlich trotzdem immer etwas mit Kunst machen.

b Könntet ihr euch vorstellen, als Künstler zu leben und zu arbeiten? Begründet eure Meinung.

3a Wie werden die folgenden Konnektoren im Artikel verwendet? Schreibt die Tabelle in euer Heft und ordnet die Konnektoren den Bedeutungen zu.

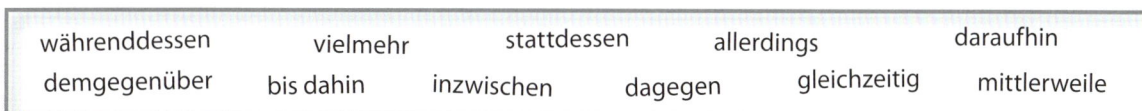

Konnektoren

Gegensatz	Einschränkung	Zeit
dagegen,		

Diese Konnektoren leiten einen Hauptsatz ein. Konnektoren machen einen Text flüssiger und abwechslungsreicher.

▶ Ü 1–3

b Schreibt die Sätze weiter.

1. Junge Menschen träumen oft von einer Karriere als Künstler. Allerdings …
2. Einige bekannte Künstler verdienen mit ihrer Kunst viel Geld. Demgegenüber …
3. Viele Kunststudenten wünschen sich, von ihrer Kunst leben zu können. Stattdessen …
4. Eine Ausbildung an einer guten Hochschule ist wichtig. Gleichzeitig …

c Schreibt drei Sätze ohne Konnektor und drei Sätze, die mit einem Konnektor beginnen, auf Kärtchen. Tauscht mit einem Partner / einer Partnerin und ergänzt je nach Kärtchen einen Satz mit oder ohne Konnektor.

> *Ich sollte für die Aufnahmeprüfung lernen. Stattdessen bin ich …*

> *Er malt … Gleichzeitig hört er Musik.*

4 Deine Freundin Elisa singt in ihrer Freizeit in einer Band. Sie weiß immer noch nicht, was sie studieren soll: Gesang an der Musikhochschule oder doch eher Wirtschaft an einer Uni. Sie schreibt dir und möchte gern deine Meinung dazu. Schreib eine Antwort.

STRATEGIE — **Texte abwechslungsreich gestalten**

Denkt daran, eure Texte sprachlich auszufeilen:
– Verknüpft die Sätze mit Konnektoren.
– Variiert die Satzanfänge.
– Verwendet gelegentlich auch Nominalisierungen.

▶ Ü 4

Leseratten

1a Leseratten sind Menschen, die gerne und viel lesen. Welche Wörter für Lesefreunde gibt es in eurer Sprache?

b Welche Bücher oder Texte lest ihr gerne? Was gefällt euch daran?

2a Lest den Text von Doris Dörrie über das Lesen und beantwortet die Fragen.

1. Wie kam es, dass sie mit dem Lesen begann?
2. Was meint die Autorin mit der Äußerung, sie habe zwei Leben?
3. Wie äußert sich die Autorin zu Literaturverfilmungen?
4. Welche Bücher las sie als Erstes, welche danach?
5. Was sagt sie über das Vorlesen?
6. Wie beschreibt sie ihr Verhältnis zum Lesen?
7. Was erhofft sie sich von einem Buch?

Lesen

Ich betrachte es als mein großes Glück, dass meine Eltern Leseratten sind und waren und ich mit sehr vielen Büchern und ohne Fernseher aufgewachsen bin. Nach dem Abendessen setzten sich meine Eltern im Wohnzimmer aufs Sofa und lasen. Das war so langweilig,
5 dass man als Kind irgendwann auch zu einem Buch griff, um herauszubekommen, wie man das aushalten kann: einfach still dazusitzen und in ein Buch zu schauen. Ich kann mich sehr gut an das Wunder erinnern, das geschah, als ich lesen lernte und sich mit einem Mal auf den weißen Seiten mit den bis dahin langweiligen schwarzen Buch-
10 staben eine riesige, bunte, unbekannte Welt auftat, in der ich ganz allein herumreisen konnte. Von da an hatte ich mindestens zwei Leben: Ich erinnere mich an das Gefühl, auf dem Sofa meiner Großmutter mit einem Buch in der Hand zu liegen, gleichzeitig aber auf einem Pferderücken zu sitzen und zusammen mit Winnetou durch die Prärie
15 zu galoppieren. Bald stand ich auf einem schwankenden Schiff und segelte mit Graf von Luckner durch einen schweren Sturm, jagte mit Sigismund Rüstig am Strand Schildkröten oder erlebte die Meuterei auf der Bounty.

Doris Dörrie, Autorin und Regisseurin

Mein Vater gab mir die Kinderbücher seiner Kindheit, und aufge-
20 regt erzählte ich ihm von meinen Abenteuern, die ich nun erlebte und an die er sich gut erinnern konnte. Das war eine Welt, an der meine Mutter und meine kleineren Geschwister, die noch nicht lesen konnten, keinen Anteil hatten. Sie wussten ja noch nicht einmal, was ein Greenhorn war!

Mit meinem Vater sah ich auch die ersten Filme meines Lebens, natürlich alles Winnetou-Filme, und verstehe sehr gut die unvermeidliche Enttäuschung des treuen Lesers: Der eigene Film, der beim Lesen ent-
25 steht, ist immer besser, großartiger, schöner.

Irgendwann wechselte ich von der Jugendwelt meines Vaters in die meiner Mutter. Ich las „Flicka" und „Die Familie auf Jalna", „Vom Winde verweht". Unvergleichlich das Gefühl, mit einem Buch zu leben. Es nicht erwarten zu können, weiter zu lesen, mit den Charakteren die anregendsten Gespräche zu führen, mit Herzklopfen den Fortgang der Ereignisse zu erwarten und gleichzeitig das Ende zu fürchten. Ein tolles
30 Buch ausgelesen zu haben ist ein Abschied der besonderen Art. Manche Figuren verlassen einen nie mehr, manche Schicksale lassen einen nicht mehr los. Sie bleiben für immer in Erinnerung.

Fertigkeitstraining

9

Modul 4

Meine Lehrerin in der Volksschule, Frau Müller, erkannte meinen Lesefimmel und ermunterte mich, an Vorlesewettbewerben teilzunehmen. Fasziniert stellte ich fest, dass man einer Geschichte, wenn man sie laut und deutlich und mit richtiger Betonung vorliest, zu einem virtuellen Leben im Raum verhelfen kann, das
35 von anderen wahrgenommen und geteilt wird. Das begeistert mich bis heute.

Später, als Teenager, waren meine Eltern so klug, kein Buch ihres umfangreichen Bücherregals wegzusperren oder zu zensieren, und so las ich – in den meisten Fällen viel zu früh – Bücher von Grass, Böll, Gordimer, Dostojewski, D. H. Lawrence, Remarque, Zweig, Andersch, Lenz. Was ich nicht verstand, übersprang ich. Ich fraß mich durch diese Bücher wie eine Raupe, und wie die Raupe Nimmersatt konnte ich nicht mehr
40 aufhören. Bis heute. Ich kann mir gar nicht vorstellen, an einem Abend nicht zu lesen. Ohne Buch ins Bett zu gehen ist für mich, wie in eine Badewanne ohne Wasser zu steigen. Wenn ich nicht mindestens ein Mal am Tag dieses Fenster öffnen darf in eine andere Welt, habe ich das Gefühl, nicht genug Luft zu bekommen. Lesen ist wie atmen, eine Inspiration. Und immer noch bin ich auf der Suche nach Büchern, die mich durch den Tag und die Nacht begleiten. Das wird leider mit zunehmendem Alter schwieriger. Mein Vater liest im-
45 mer noch zwischen sechzig und siebzig Bücher im Jahr. Für die anderen Leser in der Familie hat er notiert, wie ihm ein Buch gefallen hat. Oft steht „Großer Mist" auf der ersten Seite. Manchmal jedoch: „Hat mich nicht losgelassen." Und davon träume ich jedes Mal, wenn ich ein Buch öffne: dass es mich nicht loslassen möge, weit über die letzte Seite hinaus.

b Möchtet ihr eine Geschichte lieber als Buch lesen oder seht ihr lieber die Verfilmung? Oder erlebt ihr beides gern? Welche Reihenfolge findet ihr besser: erst lesen und dann ins Kino gehen oder umgekehrt? Begründet. ▶ Ü 1–2

3a Rund ums Lesen: Was passt? Ergänzt die Sätze.

| verlesen | lesen | auslesen | ~~belesen~~ | durchlesen | ablesen | vorlesen |

1. Jemand, der viele Bücher liest, ist *belesen*.
2. Er hat seine Brille nicht dabei. Deswegen muss sie ihm die Speisekarte …
3. Warte, ich will das Buch noch schnell …
4. Oh je, ich habe mich …: Der Zug fährt schon um 13:45 Uhr.
5. Diesen interessanten Artikel musst du dir unbedingt …
6. Er will ihr jeden Wunsch von den Augen …
7. Diesen Krimi musst du unbedingt mal … Er ist sehr spannend.

b Arbeitet zu zweit. Jede/r wählt drei Redewendungen und recherchiert: Was bedeuten sie und woher kommen sie? Berichtet euch gegenseitig.

1. Das kann doch kein Schwein lesen!
2. Er ist ein Buch mit sieben Siegeln.
3. Dem werde ich die Leviten lesen!
4. Sie lügt wie gedruckt!
5. Er redet wie ein Buch.
6. Hier muss man zwischen den Zeilen lesen.

Leseratten

4a Hört die Umfrage zum Thema „Lesen". Macht Notizen.

1. Wer wurde befragt?
2. Wie findet die Moderatorin das Ergebnis der Umfrage?
3. Was lesen die befragen Personen?

b Wie findet ihr die Ergebnisse der Umfrage? Was überrascht euch? Wie, was und wo lest ihr? Sprecht in der Klasse.

5 Lest den Text und seht die Grafik an. Schreibt dann einen zusammenhängenden Text zum Thema „Bücher und Leseverhalten".

Bearbeitet in eurem Text die folgenden drei Punkte:
- Arbeitet wichtige Aussagen aus dem Text heraus.
- Wertet die Grafik anhand von wichtigen Daten aus.
- Nehmt in Form einer ausgearbeiteten Argumentation ausführlich zum Thema „unterschiedliche Mediennutzung beim Lesen" Stellung.

STRATEGIE

Informationen aus Texten und Grafiken wiedergeben

Sucht die wichtigsten Informationen im Text und in der Grafik.

Bezieht euch in eurem Text auf die wichtigsten Punkte aus Text und Grafik und macht deutlich, woher die Informationen sind.

Nehmt zu den Informationen Stellung und begründet eure Meinung mit Beispielen.

Und sie lesen doch!

„Die Jugendlichen von heute lesen ja so gar nicht mehr!" – Wer hat diese Äußerung nicht schon einmal gehört? Aber wer sind denn „die Jugendlichen von heute"? Die gibt es doch gar nicht, denn wie früher
5 auch, ist das Leseverhalten der Jugendlichen sehr unterschiedlich: Manche lesen gar nicht, andere in jeder freien Minute, wieder andere lesen nur, um sich Informationen zu einem Thema zu beschaffen. „Die Jugendlichen von heute" verkörpern also alles, vom
10 Leseverweigerer bis hin zur Leseratte.

Mit Blick auf die europäischen Kompetenzprüfungen in den Schulen, die zeigen, dass fast jede/r Fünfte der 15-Jahrigen sich mit sinnerfassendem Lesen sehr schwer tut und dem Wissen, dass Schulabbrüche ein
15 grundlegendes Problem des europäischen Bildungssystems sind, rückt die Förderung der Lesekompetenz in den Mittelpunkt. Denn ohne diese Kompetenz sind Erfolge im Beruf oder in der Ausbildung nicht denkbar.

20 Wichtig ist aber, dass man das Ziel der Lesekompetenzförderung vor dem Hintergrund des veränderten Mediennutzungsverhaltens sieht: Die digitalen Medien sind selbstverständliche Begleiter im Alltag und so lesen Jugendliche eigentlich ständig: in sozialen Netzwerken, im Internet, auf dem Smartphone, Tablet oder
25 PC etc. Diese Art des Lesens unterscheidet sich natürlich vom „analogen" Lesen eines Buches. Es ist ein paralleles Lesen von Bildern und Texten, das dem Leser eine hohe Eigenleistung abverlangt, um die Textteile und Bilder in einen Zusammenhang zu bringen.

30 Es ist also wichtig, sowohl gedruckte, als auch elektronische Medien für eine angemessene Leseförderung einzubeziehen. Denn auch wenn viele Jugendlichen kein großes Interesse an klassischen Büchern oder dem Lesen um des Lesens Willen haben, so heißt
35 das noch lange nicht, dass sie sich nicht für gute Geschichten begeistern können, sei es gehört, gelesen, erlebt oder auch selber geschrieben. Es gilt also für alle, die sich mit der Förderung der Lesekompetenz befassen, auf dem neuesten Stand der Dinge zu sein
40 und zu wissen, welche Genres oder Buchreihen, aber auch Games und Filme gerade erfolgreich sind, um das Interesse an Geschichten wecken zu können.

Fertigkeitstraining

Modul 4

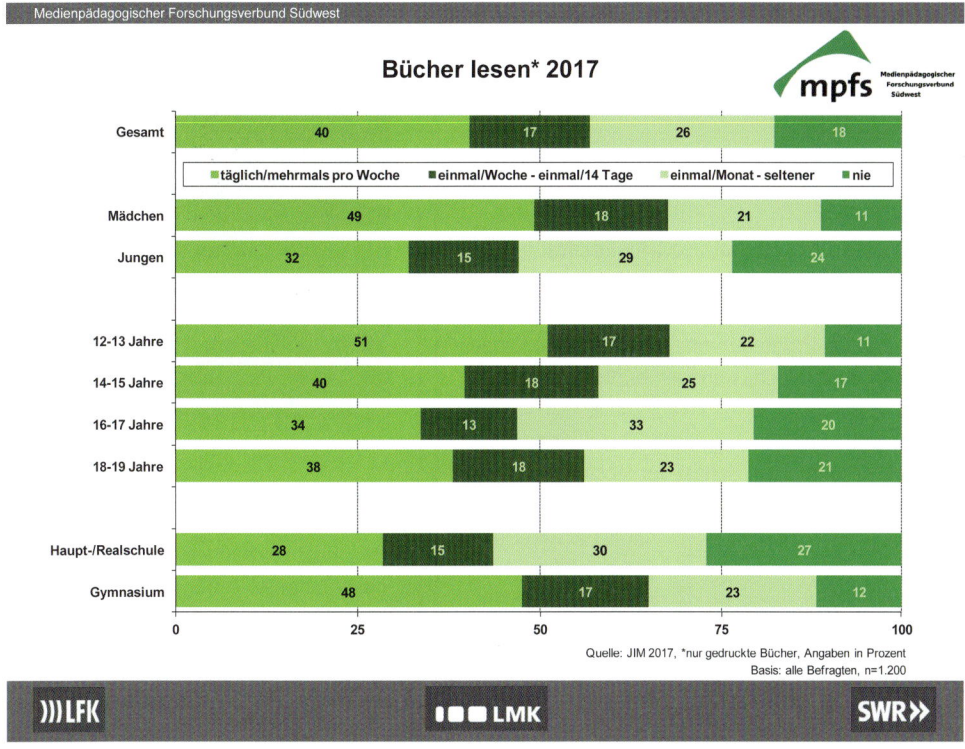

6a Was ist für euch ein gutes Buch? Erstellt in Gruppen eine Mindmap.

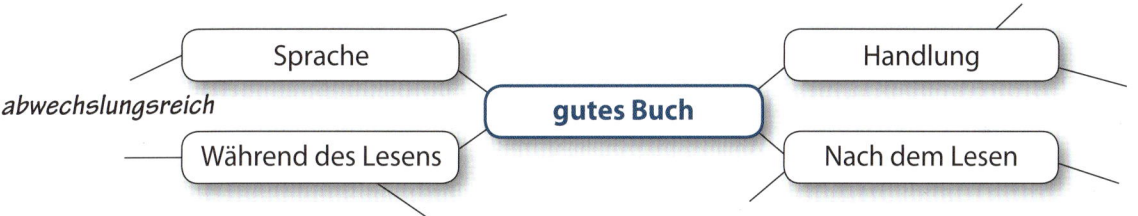

 b Präsentiert ein Buch, das euch gefallen hat. Nutzt dazu die Redemittel.

EIN BUCH VORSTELLEN	
Rubrik/Genre	**Inhalt/Handlung**
Das Buch gehört zum Genre …	In dem Buch „…" geht es um Folgendes: …
Das Buch ist ein Krimi / eine Fantasy-Geschichte / …	Im Mittelpunkt (des Geschehens) steht …
Der Autor / Die Autorin ist …	Die Hauptpersonen sind …
	Zur Handlung kann man sagen, dass …
	Die Geschichte spielt in …
	Spannung wird dadurch aufgebaut, dass …

eine positive/negative Bewertung abgeben

Ich halte … für ein sehr lesenswertes/empfehlenswertes/… Buch.

Die Geschichte ist unterhaltsam/spannend/kurzweilig/tiefsinnig / gut durchdacht / …

Das Buch liest sich spannend/kurzweilig/leicht …

Man merkt/sieht deutlich, dass …

Porträt: Rund um Kunst in D·A·CH

Wiener Donauinselfest

Das Wiener Donauinselfest ist das größte Open-Air-Festival in Europa. Seit 1984 findet es jährlich gegen Ende Juni statt und dauert drei Tage. Auf dem 4,5 km langen Festivalgelände gibt es 11 Bühnen und man kann über 600 Stunden Programm erleben: Konzerte, Kabarett, sportliche Attraktionen, Kulinarisches und ein buntes Kinderprogramm. Und: Der Eintritt ist frei.

Die Donauinsel selber ist eine künstlich angelegte 21 km lange aber nur maximal 250 m breite Insel, die zum Schutz vor Hochwasser gebaut wurde. Die Insel ist ein Freizeitparadies und hier trifft man sich für Veranstaltungen – unter anderem das Donauinselfest.

Schweizer Jugendfilmtage

Die Schweizer Jugendfilmtage sind das größte nationale Filmfestival, an dem hauptsächlich Filme von Jungfilmer/innen gezeigt werden. Das Festival hat sich im Laufe der Jahre aus bescheidenen Anfängen zur wichtigsten Plattform für junge Schweizer Filmschaffende entwickelt. Die Schweizer Jugendfilmtage fanden 1976 zum ersten Mal als Videowettbewerb für Jugendliche statt. Kernstück ist der Kurzfilmwettbewerb: In fünf Kategorien messen sich Schul- und Jugendtrefffilme, freie Produktionen und Filme von Filmstudent/innen. Über 2.000 Jugendliche sind jedes Jahr an den Filmen beteiligt, die einer Selektionsgruppe im Vorfeld des Festivals eingereicht werden.

Theatertreffen der Jugend in Berlin

An diesem Jugendtheaterwettbewerb nehmen Theatergruppen aus ganz Deutschland teil. Die Schauspieler sind zwischen 11 und 21 Jahren alt. Der Wettbewerb findet seit 1980 jährlich statt. Aus insgesamt 20 Theatergruppen werden acht Gruppen ausgewählt, die dann am achttägigen Theatertreffen der Jugend in Berlin teilnehmen und ihre Stücke der Öffentlichkeit vorstellen können.

Das Treffen bietet eine einzigartige Gelegenheit zur Begegnung und zum Austausch der teilnehmenden Jugendlichen untereinander als auch mit den Veranstaltern.

www Mehr Informationen zum Donauinselfest, zu den Schweizer Jugendfilmtagen und zum Theatertreffen der Jugend.

Sammelt Informationen über Persönlichkeiten aus dem In- und Ausland, die für das Thema „Kunst" interessant sind, und stellt sie in der Klasse vor.

Beispiele aus dem deutschsprachigen Bereich: Til Schweiger – Katharina Grosse – Franz Marc – Mark Forster – Mynth – Stefanie Heinzmann – Martin Suter – Sebastian Schipper – Iala Berlin – Konstantin Grcic – Tollwood – Jugend musiziert

Grammatik-Rückschau

1 Nominalisierung und Verbalisierung von Präpositionalergänzungen

Präpositionalergänzungen können in einen *dass*-Satz oder Infinitivsatz umgeformt werden. Einen Infinitivsatz kann man nur bilden, wenn das Subjekt des Nebensatzes mit einer Ergänzung des Hauptsatzes identisch oder das Subjekt des Nebensatzes *man* ist.
Bei der Umformung wird die Präposition zu einem Präpositionaladverb im Hauptsatz. Bei vielen Verben kann das Präpositionaladverb weggelassen werden.

Nominalform	Verbalform
Brainstorming setzt man **für** die Entwicklung neuer Ideen ein.	Brainstorming setzt man **dafür** ein, neue Ideen zu entwickeln.
Euer Umfeld wird sich **über** eure Kreativität freuen.	Euer Umfeld wird sich (**darüber**) freuen, dass ihr kreativ seid.

2 Konnektoren

Die folgenden Konnektoren leiten immer einen Hauptsatz ein. Sie machen Texte flüssiger und abwechslungsreicher.

Bedeutung	Konnektor	Beispielsatz
Einschränkung	allerdings	Ein Künstlerleben bedeutet finanzielle Unsicherheit. **Allerdings** will ich ohne dieses Kribbeln, wenn ich meine Ideen entwickle, nicht leben.
Gegensatz	dagegen	Meine Freunde haben alle Karriere gemacht. **Dagegen** dreht sich bei mir immer noch alles darum zu überleben.
	demgegenüber	Die Karriere winkt am Horizont. **Demgegenüber** steht die harte Realität.
	stattdessen	Ich hätte einfach Medizin studieren können. **Stattdessen** habe ich mich für die oft brotlose Kunst entschieden.
	vielmehr	Mit Romantik hat ein Künstlerleben wenig zu tun. **Vielmehr** ist es vor allem harte Arbeit.
Zeit	bis dahin	Noch kann ich von meiner Kunst nicht leben. **Bis dahin** brauche ich noch die finanzielle Unterstützung meiner Eltern.
	daraufhin	Neulich habe ich ein Bild verkauft. **Daraufhin** habe ich mir gleich viele neue Materialien angeschafft.
	gleichzeitig	Manchmal bin ich ein bisschen verzweifelt. **Gleichzeitig** bekomme ich viele positive Reaktionen auf meine Werke.
	inzwischen	Generell gilt, wer sich der Kunst verschreibt, hat einen unsicheren Weg gewählt. **Inzwischen** setzen viele Schulen deshalb auf eine möglichst breite Ausbildung.
	mittlerweile	Manchmal frage ich mich, ob das der richtige Weg ist. **Mittlerweile** haben meine alten Freunde alle Karriere gemacht.
	währenddessen	Eine Ausbildung im Kunstbereich verlangt einem einiges ab. **Währenddessen** sollte man sich bereits ein breites Netzwerk aufbauen.

Der Schimmelreiter

1a Die Fotos geben die Stimmung in Theodor Storms Novelle „Der Schimmelreiter" wieder. Beschreibt die Stimmung anhand von fünf passenden Adjektiven.

| unbeschwert | düster | lebhaft | romantisch | idyllisch | unheimlich | beängstigend | heiter | gespenstisch |
| verträumt | | gruselig | friedlich | aufregend | malerisch | geheimnisvoll | abgeschieden | dunkel |

b Welche Geschichte könnte zu den Fotos passen? Überlegt zu dritt: Genre (Liebesgeschichte, Krimi …), Ort, Zeit, handelnde Personen, Thema. Stellt eure Geschichte in der Klasse vor.

c Seht die erste Sequenz. Was erfahrt ihr über die Novelle von Theodor Storm? Vergleicht mit eurer Geschichte.

d Ordnet die Wörter aus dem Film den Fotos zu.

1. der Deich
2. der Schimmel
3. die Hallig
4. klönen
5. das Skelett
6. die Spukgestalt

A

B

C

D

E

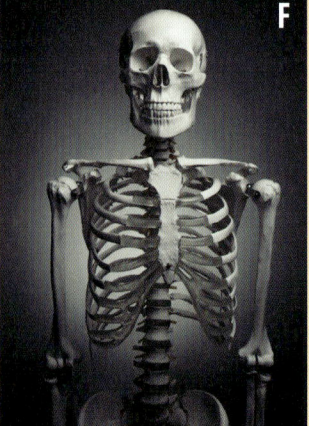
F

sehen | nachdenken | diskutieren | …

2 Seht die zweite Sequenz, in dem die Geschichte von Hauke Haien, dem Schimmelreiter, erzählt wird. Notiert Stichpunkte.

1. Hauptperson
2. Neuentwicklung
3. Meinung der Dorfbewohner dazu
4. Pferd
5. Sturmflut
6. Ende

3 Seht die dritte Sequenz über den Schriftsteller Theodor Storm. Beantwortet die Fragen.

1. Wo wurde Theodor Storm geboren?
2. Was ist aus seinem Wohnhaus geworden?
3. Welche literarische Textsorten schrieb er?
4. Was ist der Inhalt seines Spätwerks?

4 In der Novelle „Der Schimmelreiter" sollen die Deiche die Küstenbewohner vor der Sturmflut schützen. Sie stehen für den Kampf des Menschen gegen die Kräfte der Natur. Arbeitet in Gruppen. Lest die Zitate zum Thema „Mensch und Natur". Erklärt sie und findet Beispiele dafür.

Unser Planet ist unser Zuhause, unser einziges Zuhause. Wo sollen wir denn hingehen, wenn wir ihn zerstören.
Dalai Lama

Alles, was gegen die Natur ist, hat auf die Dauer keinen Bestand.
Charles Darwin
(Naturforscher)

Wo die Natur nicht will, da ist die Arbeit umsonst.
Seneca
(griechischer Philosoph)

Wir leben in einem gefährlichen Zeitalter. Der Mensch beherrscht die Natur, bevor er gelernt hat, sich selbst zu beherrschen.
Albert Schweitzer
(Arzt, Philosoph, Theologe)

Ohne Frieden mit der Natur, kein Friede mit den Menschen.
Carl-Friedrich von Weizsäcker
(Physiker, Philosoph und Friedensforscher)

Erinnerungen

A

1 Das hat mir meine Freundin in den Sommerferien geschenkt. Es war ein toller Sommer, superheiß und wir waren jeden Tag unterwegs und haben tolle Sachen erlebt. Daran erinnert es mich. Wir kennen uns schon ewig und haben auch schon mehrere Symbole für unsere Freundschaft gehabt. Dieses hier gefällt mir besonders, ich mag die Farben. Ich werde es tragen, bis es so alt ist, dass es abfällt.
Pina, 17

B

2 Ich weiß, es ist nicht besonders schön und hat auch einen Fleck, der nicht mehr rausgeht. Aber ich habe es mir gekauft, als ich in der 10. Klasse bei einem Schüleraustausch mitgemacht habe. Das war das erste Mal, dass ich ohne meine Familie im Ausland war und dann gleich für drei Monate. Es war eine gute Erfahrung für mich, auch wenn es nicht immer einfach war und ich manchmal Heimweh hatte. Zur Erinnerung wollte ich mir damals etwas kaufen. Ich ziehe es zwar nicht mehr an, aber wegschmeißen will ich es auch nicht.
Lukas, 19

C

3 Ach, wenn ich das höre, muss ich sofort an meine erste Liebe denken, die leider nicht erwidert wurde. Ich war noch ziemlich jung und kann mich bei dieser Melodie sofort an meine Verzweiflung erinnern. Das kennt wahrscheinlich jeder, bestimmte Musik erinnert einen einfach an bestimmte Momente, Situationen, Gefühle oder Menschen.
Carolina, 20

Ihr lernt

Modul 1 | Informationen zu Texten über die Funktion des Gedächtnisses geben

Modul 2 | Einen Forumsbeitrag zu einer Radiosendung zum Thema „Falsche Erinnerungen" schreiben

Modul 3 | Ein Gespräch verstehen und Fragen zu einem Artikel über Gesichtsblindheit stellen und beantworten

Modul 4 | Einen literarischen Text über Erinnerungen lesen und Vermutungen über die Beweggründe der Personen im Text äußern

Modul 4 | Einen Kurzvortrag halten

Grammatik

Modul 1 | Besonderheiten von Konditionalsätzen

Modul 3 | Modalitätsverben

10

▶ ÜB Wortschatz

D

4 Eine Zeit lang habe ich alles aufgeschrieben, was ich gemacht habe, welche Leute ich getroffen habe, welche Filme ich gesehen habe usw. Aber auch Dinge, die mich beschäftigt haben. Das ist jetzt schon ein paar Jahre her, aber ab und zu schaue ich rein und kann mich sofort in die Zeit zurückversetzen. Und ich weiß auch gleich, was ich damals gefühlt habe. Es wäre sicher cool, wenn ich diese Texte für alle Jahre hätte. Aber irgendwie habe ich jetzt keine Lust mehr, alles aufzuschreiben.
Chrissi, 17

5 Den habe ich mal von einem Freund zum Geburtstag bekommen. Wir haben ganze Sommer damit verbracht, Basketball im Park zu spielen. Leider ist mein Freund letztes Jahr ziemlich weit weggezogen und wir sehen uns kaum noch. Aber dadurch, dass ich diesen Anhänger jeden Tag sehe, ist auch unsere Freundschaft für mich immer noch präsent und wir hatten echt eine coole Zeit zusammen.
Matteo, 16

F
E

6 Bei dem Geruch muss ich sofort an meine Großeltern denken. Als Kind war ich da ganz oft, weil meine Eltern immer viel gearbeitet haben und das war das typische Getränk, im Sommer und im Winter. Ich mag den Geschmack eigentlich nicht so gern, aber wenn ich das rieche, muss ich sofort an früher denken und sehe mich bei meiner Oma in der Küche sitzen.
Lennart, 19

1 a Was seht ihr auf den Fotos? Was könnten diese Dinge mit Erinnerungen zu tun haben? Lest dann die Texte und ordnet die Fotos zu.

b Schließt das Buch. Woran erinnert ihr euch? Arbeitet zu zweit und gebt abwechselnd die Äußerungen der Jugendlichen wieder.

c Was erweckt bei euch Erinnerungen und woran? Nennt drei Beispiele.

Erinnern und Vergessen

1 Woran erinnert ihr euch, wenn ihr an die vergangenen Schuljahre denkt? Berichtet in der Klasse.

Ich kann mich noch gut an unsere letzte Klassenfahrt erinnern. Unsere Jugendherberge befand sich auf einem Berg. Unser Bus konnte da aber nicht rauffahren. Deshalb musste jeder sein Gepäck selbst hinaufschleppen. Als wir dann oben völlig kaputt ankamen, erwartete uns eine richtig tolle Grillparty mit Lagerfeuer …

> **SPRACHE IM ALLTAG**
>
> **Wenn man sich schlecht erinnern kann**
>
> ein Gedächtnis wie ein Sieb haben
> einen Blackout haben
> kein gutes Gedächtnis für etw. haben
> eine Gedächtnislücke haben
> eine Gedächtnisstütze brauchen

2a Lest den Artikel. Gebt jedem Textteil eine Überschrift.

b Arbeitet zu dritt. Jede/r liest einen Textteil und beantwortet anschließend die entsprechende Frage in der Gruppe.

Text 1: Wie wird Neues aufgenommen und behalten?
Text 2: Welche drei Hauptsysteme unseres Gedächtnisses werden genannt und wie werden sie unterteilt?
Text 3: Wie detailliert sind unsere Erinnerungen und welche Theorie des Vergessens ist schlüssiger?

1 Jedes Wort, jeden Gedanken, sogar das Gefühl für uns selbst und andere verdanken wir unserem Gedächtnis. Ohne seine bindende Kraft zerfiele unser Bewusstsein in Einzelteile, in gelebte Augenblicke. Seit frühesten Zeiten rätseln Philosophen und Wissenschaftler über die Natur des Gedächtnisses. Noch immer ist die komplizierte Sprache unseres Gehirns nicht entschlüsselt. Unser Hirn besteht, grob geschätzt, aus etwa 100 Milliarden Nervenzellen (Neuronen), die zu einem riesigen Netz verbunden sind. Wird eine Nervenzelle von einem ankommenden Reiz erregt, leitet sie einen elektrischen Impuls mithilfe von Botenstoffen an ihre Nachbarzellen weiter: Sie „feuert", bildlich ausgedrückt, auf ihre Nachbarzelle.
Wenn wir etwas Neues lernen und unser Gedächtnis dies speichert, dann verstärken sich die Verbindungen zwischen bestimmten Neuronen. Je häufiger sich das Erlebnis wiederholt, desto stärker wird das Neuronennetz zusammengeschweißt, desto dauerhafter ist die Erinnerung. Unser Gedächtnis teilt sich die anfallende Arbeit auf: Die Eigenschaften der Dinge, an die wir uns erinnern, sind denjenigen Regionen zugeteilt, die auch für die Wahrnehmung dieser Eigenschaften zuständig sind. Erinnern wir uns etwa an einen Ball, so ruft unser Gedächtnis die Informationen über Farbe, Form und Funktion dieses Balls von verschiedenen Orten des Gehirns ab. Alle zusammen lassen in Sekundenbruchteilen das Bild des Balls vor unserem geistigen Auge entstehen.

2 Unser Gedächtnis besteht, ganz genau genommen, aus drei Hauptsystemen. Das sensorische Gedächtnis speichert eintreffende Reize für Bruchteile von Sekunden. Was wichtig ist, gelangt ins Kurzzeitgedächtnis. Hier bleibt die Information einige Sekunden lang erhalten. Zeit genug, um etwa einen Satz zu begreifen, ohne seinen Anfang schon wieder zu vergessen.
Ins Langzeitgedächtnis gelangt, was wir für längere Zeit oder dauerhaft behalten. Genau betrachtet kann das Langzeitgedächtnis noch weiter unterteilt werden: Gespeicherte Informationen stehen uns entweder bewusst oder unbewusst zur Verfügung. Bewusst sind uns die Inhalte des episodischen Gedächtnisses. Es speichert unsere eigene Lebensgeschichte: Erinnerungen an den ersten Kuss, die Flitterwochen, an das heutige Frühstück. Das semantische Gedächtnis dagegen ist für unser Faktenwissen zuständig. Es nimmt den Namen der japanischen Hauptstadt ebenso auf wie die chemische Formel für Wasserstoff. Unser Gehirn erinnert sich an viel mehr, als uns bewusst ist. Etwa an Bewegungsabläufe: Beim Gehen oder Radfahren erinnern wir uns unbewusst daran, welche Muskeln wann aktiviert werden müssen. Diesen Gedächtnistyp nennt man das prozedurale Gedächtnis.

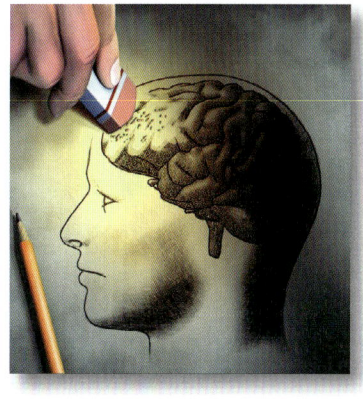

3 Noch bis vor wenigen Jahrzehnten glaubten die Wissenschaftler, unser Gedächtnis funktioniere, verglichen mit einem Computer, genauso unbestechlich: Es zeichne getreulich alles auf, was wir erleben. Heute steht fest, dass Erinnern wohl eher einem Puzzlespiel gleicht. Die Lücken füllen wir aus, indem wir raten. Erinnern wir uns etwa an einen Porsche, den wir am Vormittag an der Ampel gesehen haben, mag uns das Bild zwar klar vor Augen stehen. Würden wir seine Einzelheiten aber noch einmal mit dem Original vergleichen, fänden sich gewiss bedeutende Unterschiede. Beim Prozess des Merkens spielen Gefühle eine große Rolle. Wir speichern vor allem das, was uns an einem Erlebnis interessiert. Je stärker unsere emotionale Beteiligung, desto dauerhafter die Speicherung. Was aber passiert, wenn wir etwas vergessen? Darüber gibt es zwei Theorien. Die eine geht davon aus, dass die in unserem Gehirn gespeicherte Erinnerung einfach mit der Zeit verblasst und schließlich ganz verschwindet. Dann müssten wir jedoch umso mehr vergessen, je mehr Zeit seit dem zu erinnernden Ereignis vergangen ist. Dies konnte bislang noch nicht bewiesen werden. Die zweite Theorie ist plausibler: Sie besagt, dass wir bestimmte Dinge vergessen, weil sie von neuen, interessanteren Eindrücken überlagert oder gestört werden. Wir finden somit nur noch schwer Zugang zu alten Informationen.

▶ Ü 1–3

3 Vergleicht zwei Versionen eines Satzes aus dem Artikel. Was ist anders? Schreibt die Regel in euer Heft und ergänzt sie.

A Wenn unser Gedächtnis etwas Neues speichert, dann verstärken sich die Verbindungen zwischen bestimmten Neuronen.
B Speichert unser Gedächtnis etwas Neues, dann verstärken sich die Verbindungen zwischen bestimmten Neuronen.

Uneingeleitete Konditionalsätze

Konditionalsatz mit *wenn*:   Das Verb steht ▨.
Konditionalsatz ohne *wenn*: Das Verb steht ▨.

▶ Ü 4

4a Notiert die Sätze und unterstreicht jeweils den Hauptsatz.

1. Unser Hirn besteht, grob geschätzt, aus etwa 100 Milliarden Nervenzellen.
2. Die Nervenzelle „feuert", bildlich ausgedrückt, auf ihre Nachbarzelle.
3. Unser Gedächtnis besteht, ganz genau genommen, aus drei Hauptsystemen.
4. Genau betrachtet kann das Langzeitgedächtnis noch weiter unterteilt werden.

b Formt die Partizipialgruppen aus 4a in Konditionalsätze um.

Partizipialgruppen

Partizipialgruppen sind oft verkürzte Konditionalsätze und werden als feste Wendung gebraucht:
genau/kurz/anders gesagt, anders formuliert, genauer/oberflächlich betrachtet, genau/streng / im Grunde genommen, grob geschätzt
Dem Partizip kann manchmal eine Präpositionalergänzung oder ein *dass*-Satz folgen:
*verglichen **mit** + Dat., abgesehen **von** + Dat., ausgehend **von** + Dat., angenommen, **dass***

1. *Wenn man es grob schätzt, besteht unser Gehirn aus etwas 100 Milliarden Nervenzellen.*

▶ Ü 5–7

5 Was könnt ihr machen, um euer Gedächtnis zu trainieren? Recherchiert Aufgaben und stellt sie in der Klasse vor.

Falsche Erinnerungen

1a Arbeitet zu zweit und stellt euch gegenseitig die Fragen.

1. Wie sah die Person aus, die du heute Morgen als erstes getroffen hast?
2. Welche Kleidung hast du gestern getragen?
3. Was hast du am Sonntag zum Frühstück gegessen?
4. Was hast du an deinem letzten Geburtstag gemacht?
5. Worüber hast du in den letzten drei Tagen besonders gelacht?
6. Wie war der erste Tag in der Schule, die du jetzt besuchst?

b Woran könnt ihr euch gut erinnern, woran schlecht? Was könnten die Gründe dafür sein?

c Hört das Gespräch. Was passiert?

d Woran kann es liegen, dass man sich an Situationen, Menschen oder Dinge unterschiedlich erinnert?

2a Ihr hört ein Interview zum Thema „Falsche Erinnerungen". Notiert die richtige Antwort (a, b oder c). Ihr hört den Text zweimal.

1. Professor Jakobsen definiert falsche Erinnerungen als
   - a abhängig von unserem emotionalen Zustand.
   - b abweichende oder frei erfundene Erinnerung.
   - c selektive Rekonstruktion vergangener Erlebnisse.

2. Im Experiment mit dem Heißluftballon nahm die Hälfte der Versuchspersonen an, dass
   - a das Erlebnis im Heißluftballon real war.
   - b das kein wissenschaftliches Experiment war.
   - c die Fotos Fälschungen waren.

3. Wissenslücken entstehen, weil
   - a das Gedächtnis nicht ständig alle Informationen verarbeiten kann.
   - b neue Informationen nicht immer zu bereits vorhandenem Wissen passen.
   - c unser Gehirn alte gegen neue Informationen austauscht.

4. Ins Langzeitgedächtnis kommen Erlebnisse, die
   - a sehr oft weitererzählt wurden.
   - b uns emotional sehr berührt haben.
   - c von unserem Wissen gefiltert wurden.

5. Manipulationen von Erinnerungen sind möglich, wenn
   - a keine Verknüpfungen im Gehirn stattfinden.
   - b man Informationen in einen bereits bestehenden Kontext einordnen kann.
   - c man nur einen groben Eindruck von einem Geschehen gespeichert hat.

6. Negative Erinnerungen
   - a geraten schneller in Vergessenheit.
   - b können positive Erinnerungen nicht verdrängen.
   - c spielen eine große Rolle in Psychotherapien.

7. Ein Mensch erinnert sich am intensivsten an das, was
   - [a] besonders wichtig gewesen ist.
   - [b] erst vor Kurzem passiert ist.
   - [c] zum ersten Mal geschehen ist.

8. Für Historiker ist es besonders schwierig einzuschätzen, ob Zeitzeugen
   - [a] etwas real erlebt haben.
   - [b] sich bestimmte Details ausdenken.
   - [c] sich immer so detailliert erinnern können.

9. Opfer identifizieren Unschuldige als Täter, weil
   - [a] das Gedächtnis Teile der Erinnerung nicht wie ein Puzzle zusammenfügen kann.
   - [b] das Gehirn falsche Basisinformationen über den Täter gespeichert hat.
   - [c] die ursprünglichen Informationen mit neuen vermischt werden.

10. Wir glauben in einem Prozess eher
    - [a] den Aussagen von Zeugen.
    - [b] den genauen Messdaten.
    - [c] unserem gesunden Menschenverstand.

b Notiert drei für euch wichtige Aussagen aus dem Interview. Vergleicht dann in Gruppen. ▶ Ü 1–4

3a Lest den Forumseintrag. Fasst die Situation kurz zusammen. Ist euch so etwas auch schon mal passiert?

was-denkste.de
Forum ▸ Fragen

28.10./18:29 **Falsche Erinnerung?**
Kristin Ich habe eine drei Jahre ältere Schwester, Lisa. Neulich haben wir uns alte Fotos angeschaut. Auf einem Foto sind wir beide auf einem Schulfest. Das ist jetzt zehn Jahre her. Man sieht im Hintergrund einen Jungen, der früher in unserer Nachbarschaft gewohnt hat. Lisa behauptet, sie sei mit der Schwester des Jungen befreundet gewesen und oft bei ihr gewesen. Ich bin mir aber ziemlich sicher, dass er gar keine Schwester hatte. Meine Schwester erzählte mir lauter Einzelheiten über den Jungen und Situationen zu Hause bei der Familie. Das, was sie über den Jungen erzählt, passt gar nicht zu dem Jungen, den ich in Erinnerung habe. Ich bin mir sicher, dass sie die Leute verwechselt, aber sie bleibt dabei.

b Schreibt einen Forumseintrag. Bezieht euch auf Kristins Eintrag und geht auf die Radiosendung ein. Benutzt die Redemittel.

VERSTÄNDNIS ÄUSSERN	ETWAS ERKLÄREN	AUF ETWAS BEZUG NEHMEN
Ich habe auch schon mal erlebt, dass/wie …	Das liegt daran, dass …	Ich habe gehört, dass …
Es ist nicht unnormal/ungewöhnlich, wenn/dass …	Die Ursache ist, dass …	Nach Aussagen von Wissenschaftlern …
Es kommt öfter vor, dass …	Ein Grund dafür könnte sein, dass …	Wie man herausgefunden hat, …
Es ist schon vielen Leuten passiert, dass …	Dafür lässt sich durchaus ein Grund finden, z. B. …	Laut den neuesten Forschungen …

▶ Ü 5

Kennen wir uns …?

1 Hört das Telefongespräch. Was ist Ellas Problem und welche Erklärung könnte es geben?

3.16

2a Welches Modalitätsverb (A-G) passt zu welchem Beispielsatz? Die Spalte „Bedeutung" in der Tabelle hilft.

> A ist … aufzuklären B scheint … zu handeln
> C droht … kaputtzugehen D hat … zu entschuldigen
> E ist … nicht zu unterschätzen F braucht … zu lächeln
> G versteht … zu bringen

Beispielsatz	Bedeutung
1. Bist du sicher, dass er es war? Es … sich um eine Verwechslung …	anscheinend
2. Wir sehen uns jetzt seit fünf Wochen jeden Tag. Und er … es immer, mich zum Lachen …	können
3. Ich bin wirklich sauer. Der … erst gar nicht nett …!	sollen
4. Du wirst sehen, er spricht dich bestimmt darauf an. Er … sich einfach …!	müssen
5. Frag ihn doch einfach, was er am Wochenende gemacht hat. Das Missverständnis … bestimmt schnell …	können
6. Unsere Freundschaft hat gerade erst angefangen und jetzt … sie schon …	in Gefahr sein
7. Das Problem … nicht …	nicht dürfen

1B,

> **Modalitätsverben + zu + Infinitiv**
>
> Die Bedeutung kann je nach Kontext variieren:
> Die Situation **ist** nicht **zu** unterschätzen. → Die Situation **darf nicht** unterschätzt werden.
> Die Aufgabe **ist** schnell **zu** erledigen. → Die Aufgabe **muss** schnell erledigt werden.

b Formuliert die Sätze 4 und 5 aus 2a ohne Modalitätsverb neu und notiert die Regel im Heft, ergänzt Aktiv oder Passiv.

4. Er …
5. Das Missverständnis …

> Modalitätsverb **haben** + zu + Infinitiv → Umschreibung im ▩
> Modalitätsverb **sein** + zu + Infinitiv → Umschreibung im ▩

c Schreibt die Sätze mit Modalitätsverben.

1. Anscheinend hat er ein Problem.
2. Wir müssen das Problem schnell lösen.
3. Das darf man nicht ignorieren.
4. Unsere Freundschaft ist in Gefahr, zu scheitern.
5. Ihr könnt das Problem bestimmt lösen.

▶ Ü 1–3

3a Seht die Fotos an und lest die Überschrift des Artikels in 3b. Welche Erklärung für Ellas Problem könnte der Artikel geben?

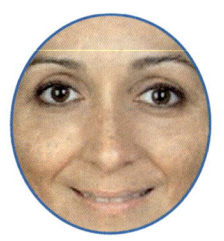  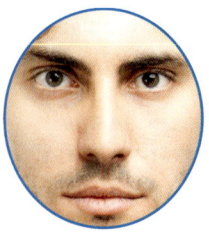 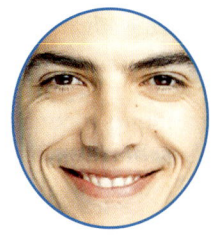 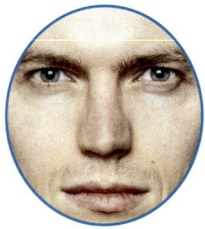

b Lest nun den Artikel und formulieren dazu fünf Fragen.

Von Christian Stöcker

Wenn alle gleich aussehen

Menschen, die an Prosopagnosie leiden, können Gesichter nur mit Mühe voneinander unterscheiden. Einst galt die Störung als exotisch und selten, nun zeigt sich: Millionen von Menschen haben dieses Problem – meist, ohne es zu ahnen.

„Eines Tages um die Mittagszeit", erzählt Bill Choisser, „traf ich meine Mutter auf dem Gehsteig und erkannte sie nicht." Sie sei „gar nicht amüsiert" gewesen über den Fauxpas ihres Sohnes, berichtet der auf seiner Webseite, und habe ihm „bis heute nicht vergeben". Für Choisser sind derartige Ereignisse keine lustigen Anekdoten, sondern ein lästiger Teil seines Alltags. Choisser leidet an einer Störung mit dem unhandlichen Namen Prosopagnosie – er tut sich schwer damit, Gesichter zu erkennen.

Obwohl dieses Problem in der Weltliteratur das eine oder andere Mal auftaucht, ist Prosopagnosie als definiertes Störungsbild erst 1947 zum ersten Mal wissenschaftlich beschrieben worden. Bis heute, glaubt man aktuellen Forschungsergebnissen, ist das Wissen um den Defekt so wenig verbreitet, dass weltweit Millionen von Menschen keine Ahnung haben, dass viele ihrer Schwierigkeiten auf ihn zurückzuführen sind. Zwei Prozent aller Menschen, schätzen Ken Nakayama von der Harvard University und seine Kollegen, leiden an Prosopagnosie, meist von Geburt an. Wer nie gelernt hat, wie es ist, Gesichter ohne Anstrengung unterscheiden zu können, merkt gar nicht, was ihm fehlt.

Martina Grüter kam in einer Studie an der Universität Münster für Deutschland auf einen ähnlichen Prozentsatz wie ihre US-Kollegen. Besonders angeborene Prosopagnosie sei sehr viel weiter verbreitet, als man bislang vermutet habe, sagt sie. Stimmen die Schätzungen, haben Hunderttausende von Deutschen Schwierigkeiten, Nachbarn, Kollegen und Freunde auf der Straße oder anderswo zu erkennen – ohne zu wissen warum.

Diese verblüffend anmutende Erkenntnis verwundert Grüter allerdings nicht übermäßig. Sie weiß, wovon sie spricht – ihr Ehemann, der ebenfalls auf diesem Gebiet forscht, ist selbst prosopagnostisch. Das sei aber „nicht so beeinträchtigend, wie man sich das vorstellt", sagt sie, und fügt hinzu: „An mir ist mein Mann noch nie vorbeigelaufen, ohne mich zu erkennen."

Erwachsene, die mit der Störung leben, kommen oft hervorragend zurecht – Martina Grüter kennt „Rechtsanwälte, Ärzte, Schulrektoren" mit Prosopagnosie – was vermutlich einer der Gründe ist, warum bis vor einigen Jahren „nur 100 Fälle weltweit dokumentiert waren", wie Nakayama erklärt. Erwachsene mit der Störung haben „Probleme in einer Verwechslungskomödie oder mit einem Film, in dem lauter ähnlich aussehende blonde Frauen vorkommen", sagt Grüter, aber im Alltag hätten sie Strategien entwickelt, um Menschen trotzdem zu unterscheiden.

Das Problem, sagt Grüter, seien die Kinder. 50 Prozent des Nachwuchses von Prosopagnostikern hätten selbst Probleme mit Gesichtern – und das kann, etwa im Kindergarten, durchaus zu sozialer Ausgrenzung führen. Würden Kindergärtner und Eltern aber richtig instruiert, könnten sie frühzeitig gegensteuern und auch Tipps geben. „Zum Beispiel, dass man sich Jana nicht darüber merkt, dass sie ein rotes Kleid anhat, sondern lieber über die Form ihrer Ohren", sagt Grüter. „Das Bewusstsein allein macht vielen Betroffenen das Leben leichter." Wenn das eigene Kind im Kindergarten also Schwierigkeiten hat, sich in eine Gruppe zu integrieren, muss man nicht gleich an Autismus oder Ähnliches denken – vielleicht kann es seine neuen Spielkameraden einfach nicht auseinanderhalten.

c Arbeitet zu zweit und beantwortet gegenseitig eure Fragen.

Vergangene Tage

1 Welche Romane oder Filme, die sich mit Familiengeschichten oder Kindheitserinnerungen befassen, kennt ihr?

Kennt ihr „Wann wird es endlich wieder so, wie es nie war?" von Joachim Meyerhoff? Darin geht es um …

2a Lest die kurze Darstellung wichtiger Personen aus dem Roman „Der Geschmack von Apfelkernen" von Katharina Hagena. Erstellt ein Schema.

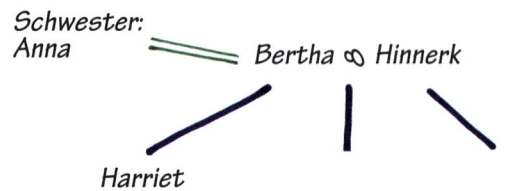

Die Personen:

Anna und Bertha waren Schwestern. Bertha ist die verstorbene Großmutter der Familie, um die es im Roman geht. Sie und ihr bereits seit einigen Jahren verstorbener Mann Hinnerk haben drei Töchter: Harriet, Inga und Christa. Harriet war die Mutter von Rosmarie, die mit fast 16 Jahren tödlich verunglückte, als sie durch das Glasdach des Wintergartens brach. Inga hat keine Kinder und Christa ist die Mutter von Iris. Christa, ihr Mann und die Tochter Iris leben in Süddeutschland, Iris arbeitet als Bibliothekarin. Die Sommerferien haben die Cousinen Rosmarie und Iris immer im Haus ihrer Großmutter Bertha verbracht und dort mit der gemeinsamen Freundin Mira und manchmal auch deren kleineren Bruder Max gespielt.

b Lest einen Ausschnitt aus dem Roman. Wer ist die Erzählerin? Was erfahrt ihr über sie, die Orte und die Situation?

Meine Großmutter Bertha Lünschen, geborene Deelwater, starb etliche Jahrzehnte nach Tante Anna, doch da wusste sie längst nicht mehr, wer ihre Schwester gewesen war, wie sie selbst hieß oder ob es Winter oder Sommer war. Sie hatte vergessen, was man mit einem Schuh, einem Wollfaden oder einem Löffel anfangen konnte. Im Laufe von zehn Jahren streifte sie ihre Erinnerungen mit derselben fahrigen Leichtigkeit ab, mit der sie sich die kurzen
5 weißen Locken aus dem Nacken strich oder unsichtbare Krümel auf dem Tisch zusammenfegte.
[…]
Bertha musste sich daran erinnert haben, wie sehr ich das Haus früher liebte. Von ihrem Letzten Willen erfuhren wir aber erst nach der Beerdigung. Ich reiste allein, es war eine weite, umständliche Fahrt in verschiedenen Zügen: Ich kam von Freiburg und musste längs durch das ganze Land, bis ich schließlich oben in dem Dorf Bootshaven an der
10 Haltestelle gegenüber dem Haus meiner Großmutter aus einem fast leeren Linienbus ausstieg, der mich von einem geisterhaften Kleinstadtbahnhof aus durch die Ortschaften geschaukelt hatte. Ich war zermürbt von der Reise, der Trauer und den Schuldgefühlen, die man immer hatte, wenn jemand gestorben war, den man liebte, aber nicht gut kannte.

c Erschließt die Bedeutungen aus dem Kontext. Wo steht das im Text? Notiert die Zeilennummern.

1. Die Großmutter litt im Alter an Demenz.
2. Sie hat das Haus ihrer Enkelin Iris vererbt.
3. Ich bin mit dem Bus übers Land zu einer kleinen Ortschaft gefahren.
4. Ich war müde und traurig.

STRATEGIE — Literarische Texte erschließen

Schlagt nicht jedes Wort nach, sondern lest zunächst über unbekannte Wörter hinweg. Prüft dann, ob ihr die Handlung verstanden habt. Wenn ja, lest weiter. Wenn ihr merkt, dass bestimmte Wörter immer wieder vorkommen, schlagt die Übersetzung erst nach, wenn ihr die Bedeutung nicht aus dem Kontext erschließen könnt.

d Lest weiter und erklärt die Überlegung der Erzählerin, das Haus zu verkaufen.

Ich setzte mich auf das Sofa neben dem schwarzen Kamin und schaute nach draußen. Vom Wintergarten war nichts mehr zu sehen, er war ein durchsichtiges, elegantes Konstrukt gewesen, das so gar nicht zum robusten
15 Backsteinhaus passen mochte. Nur Glas und ein Stahlskelett. Tante Harriet hatte es vor dreizehn Jahren entfernen lassen. Nach Rosmaries Unfall. Allein die hellen Steinplatten, die eigentlich zu empfindlich waren für draußen, erinnerten an den gläsernen Anbau.
Plötzlich merkte ich, dass ich es nicht haben wollte, dieses Haus, es war längst kein Haus mehr, es war nur noch eine Erinnerung, genau wie dieser Wintergarten, den es nicht mehr gab.

Fertigkeitstraining

10

Modul 4

3a Lest einen weiteren Auszug aus dem Buch und erzählt, was passiert.

20 An jenem Tag an der Schleuse las ich nicht.
[...]
Rosmarie sprang auf.
– Kommt, wir hüpfen von der Brücke.
Mira erhob sich langsam und streckte sich. In ihrem Bikini sah sie aus wie eine
25 schwarz-weiß gefleckte Katze.
– Muss das sein?
Sie gähnte.
– Ja, es muss sein, meine Süße. Komm auch mit, Iris.
Mira sträubte sich:
30 – Kinderchen, geht woanders spielen, aber lasst bitte die Erwachsenen sich ein bisschen ausruhen, ja?
Rosmarie schaute mich an, ihre wasserfarbenen Augen schillerten. Sie reichte mir die Hand. Dankbar ergriff ich sie, und wir rannten zusammen zur Brücke. Mira folgte langsam.
Die Brücke war höher, als wir dachten, aber nicht so hoch, dass man es nicht hätte wagen können. Im Hoch-
35 sommer sprangen hier die größeren Jungen hinunter. Heute war niemand auf der Holzbrücke.
– Schau mal, Mira, da unten sitzt dein kleiner Bruder. Hey! Niete!
Rosmarie hatte recht. Da unten saß Max mit einem Freund auf einem Handtuch. Sie aßen Butterkekse und hatten uns noch nicht gesehen. Als Rosmarie rief, schauten sie hoch.
– Okay. Wer zuerst? fragte Rosmarie.
40 – Ich.
Ich hatte keine Angst vor dem Springen, ich konnte gut schwimmen. Und wenn ich schon hässlich war, so war ich wenigstens mutig.
– Nein, Mira springt zuerst.
– Wieso? Lass doch Iris, wenn sie will.
45 – Ich will aber, dass du springst, Mira.
– Ich will aber nicht springen.
– Na komm. Setz dich auf das Geländer.
– Das mache ich gern, aber das war's dann auch.
– Schon klar.
50 Rosmarie schaute mich wieder an mit diesem Schillern im Blick. Ich wusste plötzlich, was sie wollte. Sie und Mira hatten mich gerade noch ausgelacht, und nun verbündete sich meine Kusine mit mir. Ich war immer noch verärgert wegen vorhin und fühlte mich doch geschmeichelt. Ich nickte Rosmarie zu. Sie nickte zurück. Mira saß auf dem Geländer, ihre Füße baumelten über dem Wasser.
– Bist du kitzlig, Mira?
55 – Ihr wisst, dass ich es bin.
– Bist du hier kitzlig?
Rosmarie piekste ein bisschen gegen ihren Rücken.
– Nein, lass das.
– Oder hier?
60 Rosmarie kitzelte sie halbherzig an der Schulter.
– Geh weg, Rosmarie.
Ich stellte mich daneben und rief:
– Oder hier?
Und dann kniff ich Mira kräftig in die Seite. Sie zuckte und schrie und verlor das Gleichgewicht und fiel von
65 der Brücke.
Rosmarie und ich schauten uns nicht an. Wir beugten uns über das Geländer, um zu sehen, was Mira tun würde, wenn sie wieder auftauchte.
Wir warteten.
Nichts.
70 Sie tauchte nicht wieder auf.

Vergangene Tage

b Beschreibt die Beziehung der Mädchen untereinander.

c Lest weiter. Wer hat welche Gefühle? Sprecht in der Klasse darüber.

Trauer	Erleichterung	Hysterie	Hass	Panik	Reue
Schock	Sprachlosigkeit	Freude	Verachtung	Wut	…

Bevor ich sprang, sah ich noch, wie Max ins Wasser rannte, dass es nur so spritzte.
Als ich wieder auftauchte, zog Max seine Schwester schon Richtung Ufer. Sie hustete, aber sie schwamm.
Sie taumelte an Land und legte sich ins hohe Gras am Ufer. Max saß neben ihr. Sie sprachen nicht miteinander. Als ich aus dem Wasser stieg und Rosmarie von oben angerannt kam, sah er uns drei der Reihe
75 nach an, spuckte ins Wasser, stand auf und ging weg. Schwang sich mit der nassen Badehose aufs Rad und fuhr davon.
Rosmarie und ich setzten uns neben Mira, die immer noch die Augen geschlossen hatte und schnell atmete.
– Ihr spinnt.
80 Sie stieß die Worte hervor.
– Es tut mir leid, Mira, ich …
Ich fing an zu weinen.
Rosmarie schwieg, blickte auf Mira. Als Mira endlich die Augen aufmachte, um Rosmarie anzuschauen, legte diese den Kopf in den Nacken und lachte. Miras kleiner roter Mund verzog sich – war es vor Schmerz,
85 aus Hass, oder musste sie auch weinen? Ihr Mund öffnete sich, es folgte ein kurzer röchelnder Laut, dann begann sie zu lachen, erst leise, dann laut, hilflos, schrill. Rosmarie ließ sie dabei nicht aus den Augen. Ich saß daneben und heulte.

4a Nach Rosmaries tödlichem Unfall ist Iris nicht mehr zu ihrer Großmutter Bertha gefahren und hatte keinen Kontakt zu Mira oder Max. Lest das Ende des Romans. Was ist nach Berthas Beerdigung in Iris' Leben passiert?

Epilog
Ich sitze an Hinnerks Schreibtisch und schaue auf den Hof. Die Linden sind kahl.
[…]
90 Mein Sohn fährt mit seinen Freunden Skateboard zwischen den Linden im Hof. Ich muss mich beherrschen, nicht an die Scheibe zu klopfen, um ihn zu bitten, die Hose höher zu ziehen und die Jacke zuzumachen. Aber lange werde ich wohl nicht durchhalten.
Es friert.
Seit ein paar Tagen bin ich dabei, die oberen Zimmer für meine Eltern herzurichten. Mein Vater hat
95 beschlossen, aus Süddeutschland wegzuziehen, weil das Heimweh meiner Mutter überhandgenommen hat. Sie weint viel und isst wenig. Sie zieht sich zurück.
Sie vergisst.
Manchmal weiß sie nicht, ob sie schon gekocht hat oder nicht. Manchmal vergisst sie auch, wie man etwas kocht. Vielleicht wird es hier im Haus für sie einfacher, aber ich glaube nicht daran. Und ich glaube
100 auch nicht, dass mein Vater daran glaubt.
Mira habe ich immer noch nicht wiedergesehen, obwohl sie ja nun zur Familie gehört, aber ab und zu rufen wir uns an. Max hat mehr Kontakt. Sie ist immer noch Partnerin in der Kanzlei und lebt seit elf Jahren mit einer Lehrerin in einer Berliner Altbauwohnung. Wenn ich mit ihr telefoniere, sprechen wir beide nicht von Rosmarie. So sehr sprechen wir nicht von ihr, dass wir ihren Atem in der Leitung hören können. Und
105 das Rauschen des Nachtwinds in den Zweigen der Weide.

▶ Ü 1   b Iris hat das Haus der Großmutter doch behalten. Warum hat sie ihre Entscheidung wohl geändert?

Fertigkeitstraining

10

Modul 4

5 Einen Kurzvortrag halten. Arbeitet zu zweit. Jede/r wählt ein Thema und bearbeitet dazu die Schritte 1 bis 5.

Schritt 1: Lest die Aufgabenstellung, wählt ein Thema und überlegt: Welche Stichwörter fallen euch zu eurem Thema noch ein?

Diskutiere das Thema „Erinnerung" oder „Beziehungen": Vertiefe das Thema anhand von mindestens drei der folgenden Stichwörter. Darüber hinaus kannst du das Thema mit eigenen Stichwörtern erweitern.

Schritt 2: Stichwörter zum Thema gewichten. Wählt drei vorgegebene Stichwörter und ein eigenes. Macht Notizen: Warum habt ihr diese Stichwörter gewählt? In welcher Reihenfolge wollt ihr sie aufführen?

Schritt 3: Notiert eure Stichwörter auf Kärtchen und ergänzt dazu für euch wichtige Informationen.

Schritt 4: Haltet jetzt euren Vortrag. Wählt dafür passende Redemittel und fasst am Schluss die wichtigsten Punkte zusammen.

Beziehungen – Zeit
manchmal wenig Zeit (viel Lernen + Schülerjob)
→ weniger Kontakt mit Freunden
→ Missverständnis: Freunde denken, ich will sie nicht mehr sehen.
→ Problem in der Beziehung
→ Zeit wichtig für Freundschaften und Beziehungen!
Lösung: Wenig Zeit – Freunde informieren

▶ Ü 2

VORTRAG EINLEITEN	BEISPIELE / EIGENE ERFAHRUNGEN NENNEN	WICHTIGE PUNKTE HERVORHEBEN
Das Thema meines Vortrags ist … Ich spreche heute über (das Thema) …	Aus Erfahrung kann ich sagen, dass … Man kann das mit den folgenden Beispielen verdeutlichen: … Ein (treffendes) Beispiel dafür ist …	Das ist besonders wichtig/ interessant, weil … Ich möchte betonen, dass … Man darf nicht vergessen, dass …

BEDEUTUNG DES THEMAS IM EIGENEN LAND ERKLÄREN	VORTRAG ABSCHLIESSEN
In meinem Land spielt dieses Thema (k)eine wichtige Rolle. Bei uns ist das folgendermaßen: …	Zusammenfassend möchte ich sagen, … Abschließend möchte ich noch einmal hervorheben, dass … Am Ende möchte ich noch mal unterstreichen, dass … Lasst mich zum Schluss noch sagen, dass …

Schritt 5: Besprecht eure Vorträge: Was war gut, was kann noch besser werden? Nutzt die Checkliste.

- War der Vortrag gut verständlich und logisch gegliedert?
- War der Inhalt aussagekräftig und interessant?
- Wurde das Thema definiert und mit Beispielen verdeutlicht?
- Hat der/die Vortragende mindestens drei Stichpunkte aufgenommen?
- Wurde die Wahl der Stichpunkte begründet?
- Hat der/die Vortragende die einzelnen Punkte sprachlich gut verbunden?
- Hat er/sie die wichtigsten Punkte am Ende zusammengefasst und ein Fazit gezogen?

Porträt Katharina Hagena
deutsche Schriftstellerin und Literaturwissenschaftlerin

Der Traum vom eigenen Roman, gedruckt, gebunden und stapelweise auf der Leipziger Buchmesse ausgestellt. „Der Geschmack von Apfelkernen" lautet der Titel ihres im Kölner Verlag Kiepenheuer & Witsch erschienen Debütromans, der bereits in der Woche nach seinem Erscheinen in der Bestsellerliste des „Buchreport" geführt wurde. […] Katharina Hagena hat es mit ihrem Erstling auf Platz 14 der Bücherhitliste geschafft.
[…]
„Den fertigen Roman in den Händen zu halten ist für mich ein ganz großes Glück", sagt die Autorin. „Schon als Kind habe ich meinen Stofftieren zum Geburtstag Gedichte geschrieben, als Teenager dachte ich, ich sei eine große Dichterin." Beim Studium deutscher und englischer Literatur in Marburg, Freiburg und London traten die eigenen schriftstellerischen Ambitionen in den Hintergrund – unter dem Eindruck der großen Autoren der Weltgeschichte fühlte sich Hagena zu unbedeutend, ihre eigenen Gedanken zu Papier zu bringen. Nach Abschluss ihrer Promotion lehrte sie in Dublin und an der Universität Hamburg.

Eigene Erfahrungen sind eingeflossen

„Keimzelle meines Romans ist dieses alte Haus, das an das Haus meiner Großeltern in einem kleinen Nest zwischen Bremen und Bremerhaven erinnert", sagt Hagena. „Der Rest der Geschichte ist allerdings Fiktion, in die aber viele meiner eigenen Erfahrungen mit eingeflossen sind." Für die Autorin war das Schreiben an dem Roman ein langjähriger Prozess, bei dem sie ihr Mann, der als Journalist arbeitet und den sie in einem Seminar über Goethes „Faust" kennenlernte, immer unterstützte.
„Brutto habe ich an dem Roman sechs Jahre geschrieben, netto zwölf Monate", sagt sie schmunzelnd. […]
Anders als bei ihren wissenschaftlichen Arbeiten hatte die Literaturwissenschaftlerin beim Schreiben des Buches kein genaues vorheriges Raster, an dem sie sich orientierte. „Ich hatte immer das alte Haus, um das sich die Geschichte rankt, und ich kannte das Ende. Was dazwischen passiert, hat sich erst nach und nach entwickelt."

> Katharina Hagena wurde am 20. Nov. 1967 in Karlsruhe geboren. 1986 machte sie ihr Abitur und studierte dann von 1986–1992 Anglistik und Germanistik in Marburg, London und Freiburg. Mithilfe eines Stipendiums forschte sie 1994 an der James-Joyce-Stiftung in Zürich und promovierte im Jahr darauf. Nach dem Studium arbeitete sie als DAAD-Lektorin in Dublin und übernahm dann Lehraufträge an den Universitäten Hamburg und Lüneburg. Gleichzeitig arbeitete sie auch als Übersetzerin.

Mit ihrem ersten Roman "Der Geschmack von Apfelkernen" hat die Hamburgerin Katharina Hagena auf Anhieb ein Erfolgsbuch vorgelegt. Sechs Jahre schrieb die zweifache Mutter an ihrer bewegenden Erzählung über das Erinnern und Vergessen. […]
Ein Traum ist für Katharina Hagena in Erfüllung gegangen.

 www Mehr Informationen zu Katharina Hagena.

Sammelt Informationen über Persönlichkeiten aus dem In- und Ausland, die für das Thema „Erinnerung" interessant sind, und stellt sie in der Klasse vor.

Beispiele aus dem deutschsprachigen Bereich: Aleida und Jan Assmann – Christa Wolf – Uwe Timm – Joachim Meyerhoff – Julia Shaw – Luigi Toscano – Deutsche Alzheimer Gesellschaft – Amnesty International: Briefe gegen das Vergessen

Grammatik-Rückschau

1 Uneingeleitete Konditionalsätze

Konditionalsatz mit *wenn*	Verb am Ende	**Wenn** unser Gedächtnis etwas Neues speichert, dann verstärken sich die Verbindungen zwischen bestimmten Neuronen.
Konditionalsatz ohne *wenn*	Verb auf Position 1	Speichert unser Gedächtnis etwas Neues, dann verstärken sich die Verbindungen zwischen bestimmten Neuronen.

2 Partizipialgruppen

Partizipialgruppen sind oft verkürzte Konditionalsätze und werden als feste Wendung gebraucht.

Partizipialgruppe	Konditionalsatz
Genau betrachtet kann das Langzeitgedächtnis noch weiter unterteilt werden.	**Wenn man es genau betrachtet**, kann das Langzeitgedächtnis noch weiter unterteilt werden.
Unser Hirn besteht, **grob geschätzt**, aus etwa 100 Milliarden Nervenzellen.	**Wenn man grob schätzt**, besteht unser Hirn aus etwa 100 Milliarden Nervenzellen.

Dem Partizip kann manchmal eine Präpositionalergänzung oder ein dass-Satz folgen:
verglichen **mit** + Dat., *abgesehen* **von** + Dat., *ausgehend* **von** + Dat., *angenommen*, **dass**

Häufige Partizipialgruppen: *genau/kurz/anders gesagt, anders formuliert, genauer/oberflächlich betrachtet, genau/streng / im Grunde genommen, grob geschätzt*

3 Modalitätsverben

Modalitätsverb + *zu* + Infinitiv	Beispielsatz	Umschreibung	Bedeutung (je nach Kontext)
sein*	Das Missverständnis **ist** schnell auf**zu**klären.	Das Missverständnis kann schnell aufgeklärt werden.	können
	Das Problem **ist** unbedingt **zu** lösen.	Das Problem muss unbedingt gelöst werden.	müssen
	Das Risiko **ist** nicht **zu** unterschätzen.	Das Risiko darf nicht unterschätzt werden.	nicht dürfen
haben*	Er **hat** sich **zu** entschuldigen.	Er muss sich entschuldigen.	müssen
	Du **hast** hier nichts **zu** kritisieren.	Du darfst hier nichts kritisieren.	nicht dürfen
nicht brauchen	Er **braucht** gar **nicht** nett **zu** lächeln.	Er soll gar nicht nett lächeln.	nicht sollen
	Du **brauchst** dich **nicht** zu entschuldigen.	Du musst dich nicht entschuldigen.	nicht müssen
scheinen	Es **scheint** sich um eine Verwechslung **zu** handeln.	Anscheinend handelt es sich um eine Verwechslung.	anscheinend, scheinbar
drohen	Unsere Freundschaft **droht** kaputt**zu**gehen.	Unsere Freundschaft ist in Gefahr kaputtzugehen.	in Gefahr sein, Gefahr laufen
verstehen/ wissen	Er **versteht/weiß** mich zum Lachen **zu** bringen.	Er kann mich zum Lachen bringen.	können

* Sätze mit dem Modalitätsverb sein *werden mit einem Passivsatz (oder einer Passiv-Ersatzform) umschrieben, Sätze mit dem Modalitätsverb* haben *mit einem Aktivsatz.*

Es war einmal

1a Lest die Titel der bekanntesten Märchen der Brüder Grimm. Welche dieser Märchen kennt ihr? Sagt in ein bis zwei Sätzen, worum es darin geht.

Aschenputtel
Dornröschen
Der Froschkönig
Der gestiefelte Kater
Frau Holle

Hänsel und Gretel
Rotkäppchen
Rumpelstilzchen
Schneewittchen
Rapunzel

b Märchen raten: Nennt zu einem Märchen typische Gegenstände, Orte, Tiere oder Personen. Die anderen raten.

 c Seht den Film und nennt die drei Schwerpunkte, um die es geht.

2a Was wisst ihr über die Brüder Grimm? Sammelt in der Klasse.

sehen | nachdenken | diskutieren | spielen | ...

b Seht die erste Filmsequenz. Notiert dabei Informationen zu den folgenden Punkten. Vergleicht eure Notizen dann zu zweit.

- Lebenslauf
- Märchensammlungen
- Arbeiten zur deutschen Sprache

3 Seht den Film noch einmal ganz und achtet auf die Einrichtung des Grimm-Museums in Kassel. Beantwortet die folgenden Fragen:

- Welche Exponate sind im Museum zu sehen?
- Welche Angebote gibt es speziell für Kinder?

4 Wählt eine der folgenden Aufgaben und bereitet euch allein oder in Gruppen auf die Präsentation in der Klasse vor.

A Erzählt eure Lieblingsmärchen der Brüder Grimm wie ein/e Märchenerzähler/in.

B Erzählt ein Märchen aus eurem Land wie es Eltern oder Großeltern erzählen würden.

C Spielt ein Märchen eurer Wahl als Theaterstück vor. Spielt als Gruppe mit verteilten Rollen, mit Requisiten, einem/einer Erzähler/in usw.

5 Recherchiert im Internet nach Informationen zu den Brüdern Grimm und ihren Märchen.

Redemittel

Meinungen ausdrücken

B1+ K1M2/K1M4/K3M2 – B2 K1M2/
B2K1M4/K4M4/K6M4 – C1 K2M4/K3M4

Ich bin der Meinung/Ansicht/Auffassung, dass …
Meiner Meinung/Auffassung nach …
Man/Jeder sollte …
Ich stehe auf dem Standpunkt, dass …
Meines Erachtens ist das …
Ich denke/meine/glaube/finde (es wichtig), dass …
Ich finde erstaunlich/überraschend, dass …
Ich bin (davon) überzeugt, dass …

Ich bin da geteilter Meinung. Auf der einen Seite …, auf der anderen Seite …
Ich bin der festen Überzeugung, dass …
Ich vertrete die Ansicht, dass …
Für mich steht fest, dass …
Zum Thema … bin ich der Ansicht, dass …
Für mich ist absolut klar, dass man …
Ich bin unbedingt dafür, dass …

eine Begründung ausdrücken

B1+ K2M4/K5M1 – B2 K6M4 – C1 K2M4

… hat folgenden Grund / folgende Gründe: …
Dazu möchte ich folgende Beispiele/Gründe anführen: …
Das kann man daran sehen, dass …
Das ist genau das Richtige, weil …
… halte ich für positiv/interessant/…, da …
Es ist doch viel gerechter, wenn …

Ich … nicht so gerne, weil …
Am wichtigsten ist für mich …, denn …
Ich finde, ich bin alt genug, um …
Deshalb/Darum / Aus diesem Grund …
Einer der wichtigsten Gründe für … ist …
Ich würde bestimmt besser lernen, denn …
Man muss hierbei berücksichtigen, dass …

Zustimmung ausdrücken

B1+ K1M4/K3M2/K5M4/K8M2/K9M2 –
B2 K1M4/K2M2/K4M4/ÜBK5M4/K9M2/K10M1 – C1 K2M4/ÜBK8M2

Der Meinung/Ansicht bin ich auch.
Das ist auch meine Meinung, da …
Ich bin ganz deiner/Ihrer Meinung.
Ich bin der gleichen Meinung/Ansicht (wie …), da …
Ich sehe es genauso, dass …
Das stimmt. / Das ist richtig. / Ja, genau.
Das ist eine gute Idee. / Den Vorschlag finde ich super.
Es ist mit Sicherheit so, dass …
Ja, das sehe ich auch so / genauso …
Auch ich glaube, dass …
Ich finde, … hat damit recht, dass …
Da hast du / haben Sie völlig recht.
Da kann ich dir/Ihnen nur völlig recht geben, denn …
Da/Dem kann ich mich nur anschließen.
Ich kann die Ansicht gut verstehen, denn …
Die Sichtweise würde ich unterstützen, denn …
Ich halte diese Meinung/Aussage/Vorstellung/… für richtig/einleuchtend/…

Deine/Ihre Argumente finde ich einleuchtend.
Ich verstehe das völlig/gut/…
Aus meiner Position kann ich zustimmen, dass …
Sie haben / Du hast recht damit, dass …
Dem kann ich zustimmen, weil …
Ich kann dem zustimmen.
… stimme ich zu.
Der (ersten) Aussage … stimme ich zu, da …
Das kann ich nur bestätigen.
Ja, das kann ich mir (gut) vorstellen.
Ich stimme dir/Ihnen/… zu, denn/da …
Dafür spricht die Tatsache, dass …
Ich finde es auch (nicht) richtig, dass …
Für mich klingt einleuchtend/überzeugend, wie …
Dieses Argument leuchtet mir ein und ich finde auch, dass …
Ich vertrete auch die Position, dass …

Gegenargumente nennen

B2 K2M2/K3M2/K10M1

Das Gegenteil ist der Fall: …
Im Prinzip ist das richtig, trotzdem …
Das Hauptargument dagegen ist …
Der wichtigste Einwand ist …

Dagegen spricht, dass …
Das glaube ich nicht, denn …
Dagegen/Gegen … spricht …
Ein weiteres Argument gegen … ist …

Argumente nennen und austauschen   B1+ K5M2 – B2 K2M2/K3M2/K10M1

Man kann beobachten/sehen, dass …
… halte ich für einen wichtigen Aspekt.
Viele … finden, dass …, weil …
Ein weiteres Argument dafür/dagegen ist, dass …
Dafür/Für … spricht …
Es gibt noch den Aspekt, dass …
An erster Stelle steht für mich, dass …
… ist sicherlich sinnvoll, da …
Das kann man zwar sagen, doch …

Untersuchungen/Studien zeigen, dass …
Zunächst einmal denke ich, dass …
Es ist (auch) anzunehmen, dass …
Das wichtigste Argument ist …
Was dafür spricht, ist …
Einer der wichtigsten Gründe für … ist …
Viel wichtiger als … finde ich …
Man muss auch daran denken, dass …
Man darf aber nicht vergessen, dass …

(starke) Zweifel ausdrücken   B1+ K1M4/K2M4/K9M2 – B2 K1M4 – C1ÜBK8M2

Also, ich weiß nicht …
Ob das wirklich so ist?
Ich glaube/denke kaum, dass …
… halte ich für völlig übertrieben.
Ich finde es gut, dass du …, aber …
Meinst du nicht, dass …?
Ich habe da so meine Zweifel, denn …
Ich bin nicht sicher, ob …

Stimmt das wirklich?
Ich bezweifle, dass …
Ja, aber ich bin mir noch nicht sicher …
Denk doch bitte mal darüber nach, was …
Könnte man nicht auch sagen, dass …?
Eigentlich denke ich nicht, dass …
Vielleicht sollte man bedenken, dass …
Mir ist völlig unklar, ob …

Widerspruch/Ablehnung ausdrücken   B1+ K1M4/K2M4/K3M2/K5M2/K6M4/
K8M2/K9M2 – B2 K1M4/K4M4 – C1 K2M4/ÜBK8M2

… finde ich gut, aber es sollte doch jeder …
Das ist sicher richtig, allerdings …
Das stimmt zwar, aber …
Versteh mich nicht falsch, aber …
Man kann wirklich nicht sagen, dass …
Der Meinung bin ich auch, aber …
Vielleicht ist das so, aber …
Das kann ich mir überhaupt nicht vorstellen, weil …
Dazu habe ich eine andere Meinung, weil … / und zwar …
Ich bin anderer Meinung, denn …
Ich kann der Meinung / dem / … nicht zustimmen, weil ….
Ich halte diese Meinung/Aussage/Vorstellung/… für falsch/verkehrt/…, weil …
Dem kann ich nicht / nur bedingt / nur teilweise zustimmen, da …
Das stimmt meiner Meinung nach nicht.
Es ist ganz sicher nicht so, dass …
Zu dem Thema bin ich ganz anderer Meinung, nämlich …
Es ist doch eher so, dass …

Ich glaube nicht, dass man wirklich sagen kann, dass …
Ich sehe das (etwas/völlig/ganz) anders, denn/da …
Das ist nicht richtig.
Es kann nicht sein, dass …
Ich denke, diese Einstellung ist falsch, denn …
Da möchte ich widersprechen, denn …
Dieser Aussage muss ich (wirklich) widersprechen, denn …
Dagegen kann man einwenden, dass …
Gegen diese Behauptung spricht, dass …
Ich kann nicht nachvollziehen, wie/warum …
Das überzeugt mich nicht, weil …
Ich bin auf keinen Fall dafür, dass …
Dagegen spricht die Tatsache, dass …
Vielleicht findest du die Sache ja verrückt. Trotzdem …
Ich verstehe das überhaupt nicht …
Dieser Aussage würde ich entgegenhalten, dass …
Dem könnte man entgegnen, dass …
Ein Problem sehe ich in …
… halte ich für problematisch.
Ich fände es logischer, … als Konsequenz daraus zu ziehen.

Redemittel

Vor- und Nachteile nennen   B2 K1M2/K9M4/K10M1 – C1 K3M2

Es ist ein großer/wichtiger/entscheidender Vorteil/Nachteil, wenn …
Ich bin davon überzeugt, dass … gut/schlecht ist.
Ich finde es praktisch, dass …
Ein anderes Argument dafür/dagegen ist …
Einerseits kann man feststellen, dass … Andererseits …

Aus meiner Sicht ist es sehr nützlich/hilfreich, dass …
… wird als sehr positiv/negativ angesehen.
Man darf auch nicht vergessen, dass … hilfreich/problematisch sein kann.
Die Tatsache, dass …, spricht dagegen/dafür.
Ein weiterer Aspekt, der für/gegen … spricht, ist …

Vor- und Nachteile abwägen   C1 K3M2

Insgesamt wiegen die Argumente dafür/dagegen schwerer, deshalb …
… hat zu viele Nachteile, deshalb ziehe ich … vor.

In meinen Augen überwiegen die Vorteile/Nachteile von …
Betrachtet man alle Vorteile/Nachteile, fällt … am meisten ins Gewicht.

jemanden überzeugen   C1 K1M2

jemanden überreden
Ich würde vorschlagen, dass du …
Wie wäre es, wenn du mal …?
Du könntest doch einfach mal mitkommen?
Spring doch einfach über deinen Schatten und komm mit!
Hättest du nicht mal Lust, …?

Argumente anführen
Das Besondere daran ist, dass man …
Beim/Im … kannst du viele interessante/lustige/… Dinge lernen/machen.
Im Gegensatz zu anderen Organisationen kannst du hier …
Wichtig für uns ist, dass …
Für uns spricht …

Beispiele nennen   B1+ K5M2 – B2 K4M4/ÜBK5M4/K9M2/K9M4/K10M2 – C1 K2M4

Dazu fällt mir folgendes Beispiel ein: …
Ich möchte folgendes Beispiel anführen: …
Als Beispiel kann man Folgendes nennen: …
Wir haben zum Beispiel …
… ist dafür ein gutes Beispiel.
Mir fällt als Beispiel sofort … ein.
Ein Beispiel hierfür ist: …

Ich muss da an … denken.
Beispielsweise gibt es …
Ein typisches Beispiel ist …
Das kann man beispielsweise an … sehen.
Man kann das mit den folgenden Beispielen verdeutlichen: …

Vermutungen ausdrücken   B1+ K8M3 – C1 K8M3

Etwas ist sicher.
Ich bin sicher, dass …
Ich bin überzeugt, dass …
Alles deutet darauf hin, dass …
Alle Anzeichen sprechen dafür, dass …
Bestimmt/Sicher/Gewiss/Zweifellos …

Etwas ist möglich.
Es ist möglich/denkbar / nicht ausgeschlossen, dass …
Vielleicht/Möglicherweise/Eventuell/Angeblich …
Es besteht die Möglichkeit, dass …
… lässt darauf schließen, dass …
… lässt vermuten, dass …

Etwas ist sehr wahrscheinlich.
Ich kann/könnte mir gut vorstellen, dass …
Könnte es sein, dass (du) vielleicht …?
Es kann/könnte (gut) sein, dass …
Aller Wahrscheinlichkeit nach …
Vielleicht/Wahrscheinlich/Vermutlich ist/macht …
Ich vermute/glaube / nehme an, dass …
Ich bin ziemlich sicher, dass …
Es sieht so aus, als ob …
Wir haben den Eindruck, dass (du zu viel/oft) …

Vorschläge machen B1+ K2M4/K4M4/K5M4/K6M4/K8M3 – B2 K1M4/K5M4 – C1 K7M4

Ich würde vorschlagen, dass …
Wir könnten doch … / Man könnte doch …
Dann kannst du ja jetzt …
Ich finde, man sollte … / Wir sollten auch …
Könnten Sie sich / Kannst du dir vorstellen, dass …?
Ich könnte mir vorstellen, dass …
Ich würde … gut finden, weil …
Könntest du nicht …?
Was hältst du / halten Sie von … / von folgendem Vorschlag: … / davon, wenn (wir) …?

Hast/Hättest du (nicht) Lust …?
Wie wäre es, wenn wir …?
Ich hätte da eine Idee: …
Aus diesem Grund würde ich vorschlagen, dass …
Wie findest du / finden Sie folgende Idee: …?
Wärst du / Wären Sie einverstanden, wenn …?
Ich fände es gut, wenn …
Ich hatte den Gedanken, dass …
Mir scheint in diesem Fall … am geeignetsten.

Gegenvorschläge machen B1+ K4M4/K5M4 – B2 K1M4

Meinst du nicht, wir sollten lieber …?
Lass uns doch lieber …
Ich hätte einen anderen Vorschlag: …
Sollten wir nicht lieber …?
Ich denke, dass es besser wäre, wenn …
Ich finde, wir sollten lieber …

Es wäre bestimmt viel besser, wenn wir …
Ich würde es besser finden, wenn …
Keine schlechte Idee, aber wie wär's, wenn wir …?
Ich fände es besser, wenn wir …
Das finde ich nicht so gut. Wie wäre es, wenn wir …?

Vorschläge annehmen / zustimmen B2 K1M4/K5M4 – C1 K7M4

Warum eigentlich nicht?
Das klingt gut.
Gut, dann sind wir uns ja einig.
Ich kann diesem Vorschlag nur zustimmen.
Ich denke, das könnte man umsetzen.
Meinetwegen können wir das so machen.

Das hört sich gut an.
Ja, das könnte man so machen.
Das ist eine hervorragende Idee.
Das halte ich für eine gute Idee, weil …
Das kann ich gut nachvollziehen.
Ja, dafür spricht …

Vorschläge ablehnen / widersprechen B2 K5M4 – C1 K7M4

Das halte ich für keine gute Idee, weil …
Wie soll das funktionieren?
Das lässt sich nicht realisieren.
Dieser Vorschlag ist nicht durchführbar.
Das kann man so nicht machen.

Das klingt gut, aber …
Ich verstehe deinen/Ihren Standpunkt, aber sollten wir nicht lieber …
Nein, dagegen spricht …
Das kann ich nicht so richtig nachvollziehen.

sich einigen / zu einer Entscheidung kommen B2 K5M4/K6M4 – C1 K7M4

Wir könnten uns vielleicht auf Folgendes einigen: …
Was halten Sie / hältst du von einem Kompromiss: …?
Wie wäre es mit einem Kompromiss: …?
Wären Sie / Wärst du damit einverstanden, wenn …?
Gut, dann machen wir es so.
Zusammenfassend können wir also festhalten, dass …

Dann sind wir uns einig und machen …, oder?
Dann machen wir also Folgendes: …
Schön, dann einigen wir uns also auf …
Schön, dann können wir festhalten, dass …
Dann können wir uns also auf … einigen, richtig?

Redemittel

Gefühle und Wünsche ausdrücken B2 K2M4

Ich würde mir wünschen, dass …
Ich würde mich freuen, wenn …
Ich fühle mich …, wenn …
Ich glaube, dass …
Ich finde es traurig, wenn …
Es nervt mich, wenn …

Ich denke, dass …
Mir geht es …, wenn ich …
Für mich ist es schön/gut/leicht/…, wenn …
Ich bin echt davon enttäuscht, dass …
… macht mich sauer/wütend/…
Für mich ist wichtig, dass …

Verhalten bewerten C1 K4M2

positiv
Ich finde es anständig/lobenswert/anerkennenswert, dass …
Es ist vollkommen in Ordnung, wenn …
Ich erkenne an, wenn jemand …
Ich schätze es, wenn …
Ich finde es nicht unmoralisch, wenn …

negativ
Ich finde es falsch / nicht in Ordnung, dass …
… wäre für mich undenkbar.
Ich lehne es ab, wenn …
Es ist für mich moralisch fragwürdig, wenn …
Ich halte nichts davon, wenn …
Ein solches Verhalten findet vielleicht bei anderen Anerkennung, aber …

Ratschläge/Tipps geben B1+ K2M4/ K3M4/K5M1/ K5M3/K5M4/K7M2/ K8M3 – C1 ÜBK9M3

Am besten wäre es, …
An deiner Stelle würde ich / würden wir …
Da sollte man am besten …
Du solltest/könntest (vielleicht regelmäßig) …
Ich kann dir/euch nur raten, …
Man kann …
Mir hat … sehr geholfen.
Versuch doch mal, …
… ist wirklich empfehlenswert.
Dabei sollte man beachten, dass …
Ich denke, dass es besser wäre, wenn …
Es ist besser, wenn …
Es ist höchste Zeit, dass …
Wie wäre es, wenn …?
Wenn ich du wäre, …
Es ist einen Versuch wert, …
Um das zu erreichen, solltest du …
Probier' doch mal …

Auf keinen Fall solltest du …
Ich würde dir raten, … / Wir würden raten …
Meiner Meinung nach solltest du …
Oft hilft …
Wenn du mich fragst, dann …
Du solltest auf keinen Fall …
Wir schlagen vor, …
Vielleicht könntest du …
Sinnvoll/Hilfreich/Nützlich wäre, wenn …
Du kommst schon damit klar, dass …
Du könntest doch …
Vergiss nicht, …
Es ist ratsam, …
Es könnte für dich gut sein, wenn du dir zuerst überlegst, wie viel …
Es hat sich bewährt, …
Was hältst du davon, wenn …?

Konsequenzen nennen C1 K4M3

Als Konsequenz ergibt sich daraus, dass …
… ist eine logische Folge.
Daraus lässt sich ableiten/folgern, dass …

Aus … kann man schließen, dass …
Daraus ergibt sich, dass …
… führt zu …

Verständnis äußern   B1+ K3M4 – C1 ÜBK9M3

Ich kann gut verstehen, dass …
Es ist verständlich, dass …
Ich habe großes Verständnis für …
Es ist leicht nachvollziehbar, dass …

Es ist ganz natürlich, dass …
Es ist / Ich finde es ganz normal, dass …
Es ist ja klar, dass …

streiten   B1+ K2M4

Ich habe die Nase voll!
Ist das schon zu viel verlangt?
Das darf doch wohl nicht wahr sein!

Jetzt reicht's aber wirklich!
Ich bin das jetzt wirklich leid.
Das stimmt doch gar nicht!

über Emotionen berichten   C1 K8M4

Ich habe mich gut/schlecht/… gefühlt.
Ich hatte viel Spaß/Angst.

Ich fand die Situation lustig/traurig/irritierend/beängstigend/…

Probleme beschreiben   B1+ K5M4

Für viele ist es problematisch, wenn …
… macht vielen (große) Schwierigkeiten.

Es ist immer schwierig, …
… ist ein großes Problem.

von eigenen Erfahrungen berichten   B1+ K3M4/K5M2/K5M4 – B2 K2M2/ K4M4/ K9M2/K10M2 – C1 K8M4/ÜB K8M2

In meiner Heimat …
Ich habe immer wieder festgestellt, dass …
Meine persönliche Erfahrung ist, dass …
Zu diesem Thema weiß ich, dass in …
Aus meiner Erfahrung kann ich dazu nur sagen, dass …
Meine Erfahrung dazu ist …
Ich habe ähnliche Erfahrungen gemacht, als …
Mir ging es ganz ähnlich, als …
Wir haben oft bemerkt, dass …
Wir haben gute/schlechte Erfahrungen gemacht mit …
Ich habe die Erfahrung gemacht, dass …
Wenn ich mein Umfeld ansehe, dann …
In meiner Kindheit war es so, dass …

In meiner Kindheit habe ich …
Ich habe (schon) erlebt, dass …
In … spielt … eine/keine große Rolle.
Früher/Einmal/Oft/Damals habe/bin ich …
An unserer Schule / Bei uns gibt es (immer noch kein/e) …
Es gibt viele Leute, die …
Bei mir war das damals so: …
Uns ging es mit/bei … so, dass …
Im Umgang mit … habe ich erlebt, dass …
In meiner Familie ist es so, dass …
Ich habe noch nie / oft erlebt, dass …

über positive Erfahrungen berichten
Ich hätte nicht gedacht, dass ich … kann/schaffe.
Ich bin positiv überrascht, dass ich …
Für mich persönlich war es gut, dass …

über negative Erfahrungen berichten
Ich war ziemlich enttäuscht als …
Ich habe … falsch eingeschätzt.
… habe ich mir anders vorgestellt.

Redemittel

über interkulturelle Missverständnisse berichten B2 K1M3

In … gilt es als sehr unhöflich, wenn …
Wir konnten nicht verstehen, warum/dass …
Wir hatten kein Verständnis dafür, dass …
Von einem Freund aus … weiß ich, dass man dort leicht missverstanden wird, wenn man …

Ich habe gelesen, dass man in … nicht …
Als wir einmal Besuch von Freunden aus … hatten, …
Niemand wollte …
Als ich einmal in … war, ist mir etwas sehr Lustiges/Peinliches passiert: …

etwas vergleichen B1+ K3M1/K3M4 – B2 K1M2/K3M2

Bei uns ist das ähnlich / fast gleich.
Bei mir ist das (ganz) anders/unterschiedlich, denn …
Wir beide gehen um 8:30 Uhr …
Genau wie … gehe/esse/liege/… ich um …
Unser/e … sind auch vergleichbar, weil …
Während in …, ist die Situation in …
Im Vergleich zu …
In meinem Land ist die Situation ähnlich / ganz anders / nicht zu vergleichen, denn …

Im Gegensatz zu … mache/bin ich am … immer …
Einerseits …, andererseits …
Während er/sie morgens/abends …, mache ich …
In … gibt es andere Lebensmittel/Süßigkeiten/…
Hier ist … genauso beliebt, aber …
Bei uns isst/trinkt man mehr/weniger/(überhaupt)kein …
Auf der einen Seite …, auf der anderen Seite …

einen Begriff definieren C1 K4M3

„…" ist …
„…" wird definiert als …
Unter „…" versteht man …

Mit dem Begriff „…" bezeichnet man …
Von „…" spricht man, wenn …

ein Telefongespräch führen B2 K6M2

sich vorstellen und begrüßen
Ja, guten Tag, mein Name ist …
Hallo, hier spricht …

sich verbinden lassen
Könnten Sie mich bitte mit Herrn/Frau … verbinden?
Ich würde gern mit … sprechen.
Könnten Sie mir vielleicht die Durchwahl geben?

das Gespräch einleiten
Ich rufe an wegen …
Es geht um Folgendes: …
Ich hätte gern Informationen zu …
Ich interessiere mich für …

sich vergewissern
Könnten Sie das bitte noch einmal wiederholen?
Ich bin mir nicht ganz sicher, ob ich Sie richtig verstanden habe.
Sie meinen also, …

falsch verbunden
Entschuldigung, mit wem spreche ich?
Oh, da habe ich mich verwählt, Verzeihung.
Ich glaube, ich bin falsch verbunden, entschuldigen Sie.
Spreche ich nicht mit …?

eine Nachricht hinterlassen
Könnte ich eine Nachricht für … hinterlassen?
Könnten Sie Herrn/Frau … bitte etwas ausrichten und zwar: …?

Fragen stellen
Ich würde gern wissen, …
Mich würde auch interessieren, …
Wie ist das denn, wenn …?
Ich wollte auch noch fragen, …

auf Fragen antworten
Ja, also, das ist so: …
Dazu kann ich Ihnen sagen: …
Normalerweise machen wir das so: …

kurze Zusammenfassung/Rückversicherung
Gut, dann können wir festhalten: …
Wir verbleiben also so: …
Also, dann machen wir das so: …

das Gespräch beenden und sich verabschieden
Gut, vielen Dank für die Auskunft.
Das hat mir sehr geholfen, vielen Dank.
Ich melde mich dann noch mal.
Auf Wiederhören!

eine Diskussion führen   B1+ K2M4/K10M2 – B2 K8M4 – C1 K1M4/K7M2

ein Problem ansprechen
Ich finde es nicht gut, wenn …
Es gefällt mir nicht, dass …
Ich habe ein Problem mit …
Es ist nicht fair / in Ordnung, wenn …
Ich ärgere mich immer, wenn …
Es ist doch ungerecht, wenn …

eine Lösung vorschlagen
Vielleicht könnten wir das Problem lösen, indem …
Ich schlage vor, dass wir …
Könnten wir uns darauf einigen, dass …?
Wie wäre es, wenn …?

Eine Frage abwägen
Es stimmt schon, dass …, aber …
Ich finde … zwar interessant, aber andererseits …
Es stimmt zwar, dass …, trotzdem finde ich …
Auch wenn es richtig ist, dass …, so denke ich trotzdem, dass man …

um das Wort bitten / das Wort ergreifen
Dürfte/Kann ich dazu bitte auch etwas sagen?
Ich möchte dazu etwas ergänzen. / Ich möchte dazu gerne noch ergänzen, dass …
Zu diesem Punkt hätte ich auch noch eine Anmerkung.
Ich verstehe das schon, aber …
Glauben/Meinen Sie / Glaubst/Meinst du wirklich, dass …?
Da muss/möchte ich kurz einhaken: … / Da muss ich jetzt leider kurz unterbrechen, denn ich finde es wichtig, dass …
Entschuldigen Sie / Entschuldige, wenn ich Sie/dich unterbreche, …

sich rückversichern
Wie meinst du das?
Habe ich dich richtig verstanden, dass …?

einen Standpunkt vertreten/differenzieren
Ich bin der Ansicht, dass …
Für mich ist ganz klar, dass …
Einerseits kann man beobachten, dass … Andererseits darf man nicht unterschätzen, dass …
Das Problem hat mehrere Seiten/Aspekte, z. B. …

widersprechen
Es stimmt, dass … Trotzdem finde ich …
Aus meiner Sicht ist es aber wichtig, dass …
Ich sehe das (ganz) anders: …
Ich kann verstehen, dass du/ihr …, aber ich …
Das ist deine/eure Meinung. Ich bin der Ansicht, dass …
Aus deiner Sicht ist das vielleicht richtig. Trotzdem …
Das sehe ich ganz anders, denn …
Ich sehe ein, dass … Dennoch …
Ich möchte bezweifeln, dass …
Das ist eine gängige Sichtweise, aber …
Da möchte ich widersprechen, weil …
So einseitig kann man das nicht sehen, denn …
Man kann … beobachten …, aber trotzdem …

sich nicht unterbrechen lassen
Lassen Sie / Lass mich bitte ausreden.
Ich möchte nur noch eines sagen: …
Einen Moment bitte, ich möchte nur noch …
Augenblick noch, ich bin gleich fertig.
Lassen Sie / Lass mich noch den Gedanken/Satz zu Ende bringen.

Auf eine Frage zurückkommen
Für mich ist die Frage, ob/wie/wann … immer noch nicht geklärt.
Ich möchte aber nochmal darauf zurückkommen, ob/wie …
Ich möchte gerne nochmal nachfragen, ob …

ein (Crowdfunding-)Projekt beschreiben   C1 K4M4

Unsere Idee ist …
Wir möchten mit unserem Projekt …
Besonders hervorzuheben ist …
Das Besondere an unserem Projekt ist …
Nur in/mit/bei unserem … kann man …
Das Einzigartige an unserem … ist …
Wir haben Erfahrung in/mit …
Wir sind Experten für … und können daher …

Wir planen das Projekt in folgenden Schritten: … Wir werden zunächst …, dann …
Wir benötigen insgesamt Spenden in Höhe von …
Insgesamt benötigen wir … Euro.
Als Dankeschön bieten wir …
Wenn unser Projekt realisiert wird, erhält jeder Spender …

Redemittel

eine Grafik beschreiben
B1+ K4M1 – B2 K4M4/ÜBK4M4/ÜBK7M3 – C1 ÜBK6M2/K9M2

Einleitung / Thema nennen
In der Grafik geht es um …
Die Grafik beantwortet die Frage, …
Die Grafik informiert über … / stellt … dar.
Die Grafik nennt Ergebnisse zum Thema …
Thema der Grafik ist … / Die Grafik zeigt …
Die Grafik stammt von … / aus dem Jahr …
In der Grafik wird/werden … verglichen/unterschieden.
Die Angaben erfolgen in … / werden in Prozent gemacht.
Es wird über die Jahre … berichtet.

auf Ähnlichkeiten verweisen
Vergleicht man … und … erkennt man große Übereinstimmungen.
Genauso verhält es sich auch bei …
Im Vergleich zu … / Verglichen mit …
… ist vergleichbar mit …
Ähnlich/Genauso ist es bei …
Ungefähr vergleichbar ist …
Fast übereinstimmend/gleich ist …

Überraschendes nennen
Auffällig/Interessant/Bemerkenswert/… ist, dass …
Überraschend ist die Tatsache, dass …
Völlig neu war/ist für mich, dass …
Die Ergebnisse von/aus … sind für mich sehr überraschend.
Ich hätte nicht erwartet, dass …
Erstaunlich finde ich, dass …
Ich finde interessant, dass …

niedrige Werte benennen
Nur noch … % der Befragten waren der Meinung, dass …
Die wenigsten …
Nur wenige Befragte stimmen zu, dass …
Nur … % sind der Auffassung, dass …
Eher selten sagten die Befragten, …
Nur wenige / Nur … Prozent denken / sind der Ansicht, dass …

Hauptpunkte beschreiben
Immerhin … Prozent denken/glauben, dass …
Es fällt auf, dass …
Besonders wichtig ist …
Etwas mehr als … % sagen…
Etwa … % halten … für …
Es ist festzustellen, dass …
An erster/letzter Stelle steht/stehen …
Die meisten/wenigsten … / Am meisten/wenigsten …
… Prozent finden/sagen/meinen …
Im Vergleich zu … / Verglichen mit …
Die Zahl der … ist wesentlich/erheblich höher/niedriger als die Zahl der …
Man kann deutlich sehen, …
Besonders hohe/niedrige … gibt es bei …

Unterschiede hervorheben
Zwar sagen … Prozent der Befragten, dass …, aber … Prozent … finden, dass …
Die Grafik weist unterschiedliche Daten / Einschätzungen für die Situation … und … aus.
… Prozent der Jugendlichen haben angegeben, dass sie heute leichter … Aber … Prozent meinen, dass es …
Ganz anders stellt sich … dar.
… und … unterscheiden sich klar/deutlich voneinander.
Im Gegensatz/Unterschied zu …
Die größten/geringsten Unterschiede …
Anders als bei/in/früher … kann man bei … feststellen, dass …
Die Werte von … unterscheiden sich deutlich von …

hohe Werte benennen
Die meisten Befragten sind der Ansicht, dass …
Am häufigsten haben die Befragten gesagt, dass …
Sehr viele Personen haben angegeben, dass …
Die meisten …

ein Fazit ziehen
Insgesamt kann man feststellen, dass …
Generell könnte man sagen, dass …
Tendenziell lässt sich sagen, dass …

ein Bild beschreiben
B2 ÜBK7Auftakt

Lage im Bild
im Vordergrund/Hintergrund
am oberen/unteren/rechten/linken Bildrand
die Bildhälfte / das obere/untere Drittel
am Rand / im Zentrum / in der Mitte
vor/hinter/über/unter/neben / rund um …
Oben/Unten/Rechts/Links sieht man …

Beschreibung von Details
… ist schwarz-weiß/grau/bunt/…
… erinnert an …
… könnte man als … beschreiben.
… hat die Form von …
… wirkt traurig/wütend/fröhlich/…

ein Buch / einen Film / ein Event besprechen/präsentieren   B2 K7M4 – C1 K9M4

Rubrik/Genre nennen
Das Buch / Der Film gehört zum Genre …
Es/Er ist ein Krimi / eine Fantasy-Geschichte / …
   Der Autor / Die Autorin ist …

Musikveranstaltung
Die Veranstaltung war letzten Sommer / letztes
   Wochenende / … im … / in der … / …
Das Konzert war von …
Die Band spielt Rock/HipHop/Pop/Jazz …
… war auch mit dabei.
Die Location / Die Konzerthalle war …
Die Akustik war …

eine positive Bewertung abgeben
Das Buch liest sich / Der Film ist spannend/kurzweilig/
   leicht/unterhaltsam/…
Ich halte … für ein sehr lesenswertes/… Buch.
Die Geschichte ist unterhaltsam/spannend/kurzweilig/
   tiefsinnig / gut durchdacht / …
Besonders gut hat mir … gefallen, weil … / fand ich,
   wie der/die Autor/in … beschrieben hat.
Besonders gut war der Sänger/Gitarrist/ …
Man merkt/sieht deutlich, dass …

Inhalt/Handlung zusammenfassen
In dem Buch/Film „…" geht es um Folgendes: …
… ist ein Buch/Film, in dem es um … geht.
Zur Handlung kann man sagen, dass …
Das Buch / Der Film / Die Geschichte spielt in …
Spannung wird dadurch aufgebaut, dass …
Im Mittelpunkt (des Geschehens) steht …
Die Hauptpersonen sind …
Die Schauspieler waren … / … haben mitgespielt.
Der/Die Autor/in / Der/Die Regisseur/in ist …
Das Buch / Der Film ist von …
Meine Lieblingsszene war …

eine negative Bewertung abgeben
Ich halte … für ein sehr überbewertetes Buch.
… war leider nicht so gut / nicht schlecht, aber …
Nicht so überzeugend fand ich …

einen Text zusammenfassen und präsentieren   B1+ K5M2 – B2 K4M4/ÜBK5M4/ K9M2/K9M4 – C1 K7M4

Zusammenfassung einleiten / Aussagen wiedergeben
In dem/diesem Text geht es um … / um das Thema …
Der Text/Artikel handelt von …
Das Thema des Textes ist …
Der Text behandelt die Themen … / die Frage, …
Der Text befasst sich mit dem Thema …
Die Hauptaussage / wichtigste Aussage ist: …
Im Text wird behauptet, dass …

interessante Inhalte nennen
Ich finde besonders auffällig/bemerkenswert, dass …
Am besten gefällt mir …
Sehr interessant war, dass …
Für mich war spannend, dass …
Ein wichtiges Ergebnis aus dem Text ist für mich …
Ein wesentlicher Aspekt / Eine wichtige Aussage ist …

Informationen/Inhalte wiedergeben
Abschnitt … handelt von …
Im Anschluss daran wird … beschrieben/dargestellt/
   erläutert / darauf eingegangen, …
Der Text nennt folgende Beispiele: …
Im Text wird behauptet, dass …
Ein wichtiges Ergebnis aus dem Text ist für mich …
Ein wesentlicher Aspekt ist …
Es wird erklärt/erläutert/beschrieben/dargelegt, …
Zunächst wird … dargestellt/erklärt, dann folgt …
Folgendes Beispiel wird angeführt: …
Die Beispiele zeigen / machen deutlich …
Laut … / Nach Meinung von …

Zusammenfassungen abschließen
Zusammenfassend kann man sagen, dass …
Als Hauptaussage lässt sich festhalten, dass …
Insgesamt zeigt sich …
Abschließend kann man sagen …

Redemittel

Historisches präsentieren
B2 K8M2/K8M4

Präsentation einleiten
Ich werde von … berichten.
Ich stelle heute … vor.
Ich habe … ausgesucht, weil …
Ich fand … besonders interessant, deshalb …

über vergangene Zeiten berichten
Damals war es so, dass …
Anders als heute …
Wenn man früher … wollte, musste man …
Häufig/Meistens war es normal, dass …
In dieser Zeit …

über die Situation heute sprechen
Wo früher …, ist / sieht man heute …
Anstelle von … gibt es jetzt …
Von … ist nicht mehr viel übrig geblieben. Nur noch … erinnert/erinnern an …
Zur Erinnerung an … hat man … gebaut/errichtet.

historische Daten nennen
Im Jahr … / Am … / Vor 50/100/… Jahren …
Damals … / Zu dieser Zeit …
… Jahre früher/davor/vorher/später/danach …
… begann/endete / ereignete sich …
… passierte, als …

von einem historischen Ereignis berichten
Es begann damit, dass …
Die Ereignisse führten dazu, dass …
Nachdem … bekannt gegeben worden war, …
Dank … kam es (nicht) zu …

ein Ereignis kommentieren
Meines Erachtens war besonders erstaunlich/überraschend, dass …
Ich denke, … ist auch für … interessant/wichtig, weil …
Die Ereignisse zeigen, dass/wie …
Für mich persönlich hat … keine besondere Bedeutung, denn …

ein Referat / einen Vortrag / eine Präsentation halten
B1+ K10M4 –
B2 K9M4/B2K10M4 – C1 K3M4/ ÜBK3M4/K6M4/K8M4/K10M4

ein Referat / einen Vortrag einleiten
Das Thema meines Referats/Vortrags lautet/ist …
Ich spreche heute über (das Thema) …
Ich werde/möchte euch/Ihnen heute folgendes Thema präsentieren/vorstellen: …
In meinem Vortrag/Referat geht es um …
Heute möchte ich mich der Frage / dem Thema … widmen.
In meinem Vortrag/Referat befasse/beschäftige ich mich mit (dem Thema) …
Meine Präsentation hat … zum Inhalt.
Ich werde Ihnen/euch heute … vorstellen.
Mein Vortrag beschäftigt sich mit …
Heute möchte ich über …, genauer gesagt, über … sprechen.

Strukturierung
Mein Referat/Vortrag besteht aus drei/vier/… Teilen: …
Ich möchte einen kurzen Überblick über … geben.
Zuerst spreche ich über …, dann komme ich im zweiten Teil zu … und zuletzt befasse ich mich mit …

Interesse wecken
Wusstet ihr / Wussten Sie eigentlich, dass …?
Ist euch/Ihnen schon mal aufgefallen, dass …?
Findet ihr / Finden Sie nicht auch, dass …?

zum nächsten Punkt überleiten / Übergänge
Soweit der erste Teil. Jetzt beginne ich mit dem zweiten Teil.
Nun spreche ich über …
Ich komme jetzt zum zweiten/nächsten Teil.
Darauf werde ich nun genauer eingehen.
Damit komme ich zur Frage …
Nachdem ich … kurz skizziert habe, will ich …
Auf … möchte ich im Folgenden eingehen.
Ich wende mich jetzt … zu.
Viele sind des Weiteren davon überzeugt, dass …
Ein weiterer Punkt ist auch die Frage, ob …
Als Nächstes möchte ich auf … eingehen.
Häufig hört man auch, dass …

wichtige Punkte hervorheben
Das ist besonders wichtig/interessant, weil …
Ich möchte betonen, dass …
Man darf nicht vergessen, dass …
In diesem Zusammenhang scheint mir … wichtig.
Darauf werde ich nun genauer eingehen.

Argumente nennen / eigene Meinung äußern
Ich bin fest davon überzeugt, dass …
Ich bin der Auffassung, …
Dafür spricht, dass …
Dagegen spricht natürlich …
Ein wichtiger Vorteil (dabei) ist …

Beispiele / eigene Erfahrungen nennen
Ein (treffendes) Beispiel dafür/hierfür ist …
Meine eigenen Erfahrungen haben mir gezeigt, …
Aus Erfahrung kann ich sagen, dass …
Man kann das mit den folgenden Beispielen verdeutlichen: …
Ich will Ihnen das anhand … verdeutlichen.
Das will ich mit … verdeutlichen.
Anhand des Beispiels kann man sehen, dass …

auf Folien/Grafiken/Abbildungen verweisen
Dieses Bild / Diese Grafik zeigt deutlich …
Das sieht man gut anhand dieser Grafik/…
Ich will Ihnen das anhand … verdeutlichen.
Das will ich mit … verdeutlichen.
Ich habe einige Folien zum Thema vorbereitet.
Auf dieser / der nächsten Folie sehen Sie …
Wie Sie auf der Folie sehr gut erkennen können, ist/sind …
Um Ihnen … zu erklären, habe ich … vorbereitet.

Bedeutung des Themas im eigenen Land erklären
In meinem Land spielt dieses Thema (k)eine wichtige Rolle.
Bei uns in … ist es besonders wichtig, …
Bei uns ist das folgendermaßen: …

auf Fragen antworten
Das ist eine gute Frage, die ich mir bei der Recherche auch schon gestellt habe. Es ist so: …
Danke für diese Frage, auf die ich gerne eingehe: …
Das will ich gerne erklären: …

ein Referat / einen Vortrag abschließen
Ich komme jetzt zum Schluss.
Zusammenfassend möchte ich sagen, …
Zusammenfassend ist festzuhalten, dass … / lässt sich also feststellen, dass …
Abschließend möchte ich noch einmal erwähnen/hervorheben, dass …
Am Ende möchte ich noch mal unterstreichen, dass …
Schließlich kann man zu dem Ergebnis kommen, dass …
Fazit des gerade Gesagten ist …
Lassen Sie mich / Lasst mich zum Schluss noch sagen, dass …
Am Ende möchte ich noch einmal das Gesagte zusammenfassen. / als Zusammenfassung sagen, …
Am Ende möchte ich noch mal unterstreichen, dass …
Habt ihr / Haben Sie / Gibt es noch Fragen?
Insgesamt kann man sagen, dass …
Vielen Dank für eure/Ihre Aufmerksamkeit.

auf Einwände reagieren / Zeit (zum Nachdenken) gewinnen
Mit diesen kritischen Überlegungen hast du / haben Sie bestimmt recht, dennoch möchte ich noch mal darauf zurückkommen, dass …
Ich verstehe deinen/Ihren Einwand, möchte aber darauf hinweisen, dass …
Vielen Dank für diesen Hinweis! Das ist ein weiterer interessanter Punkt.
Darf ich später auf deine/Ihre/diese Frage zurückkommen und zunächst …?

auf ein Referat / einen Vortrag reagieren C1 K6M4

Fragen stellen
Eine Sache ist mir nicht ganz klar geworden: …
Könntest du / Könnten Sie bitte noch einmal erklären, wie/warum …?
Mich würde noch interessieren, ob/warum/wie …
Ich würde gerne noch mehr über … wissen.

Einwände erheben
Ich bin nicht sicher, ob man … so sagen kann.
Ich finde es wichtig, auch zu bedenken, dass …
Hast du / Haben Sie bei deinen/Ihren Recherchen auch bedacht, dass …?

Erstaunen/Überraschung ausdrücken B1+ K3M1/K10M2

Mich hat total überrascht, dass …
Erstaunlich finde ich …
Besonders interessant finde ich …
Für mich war neu, …

Mich überrascht, wie …
Ich finde es erstaunlich, wie …
Ich kann überhaupt nicht nachvollziehen, wie jemand …

Unsicherheit/Sorge ausdrücken B1+ K2M4

Ich bin mir noch nicht sicher.
Ich befürchte nur, …
… solltest du nicht unterschätzen.

Überleg dir das gut.
Ich denke, dass es besser wäre, wenn …
Ich habe kein gutes Gefühl, wenn du …

Redemittel

einen Forumsbeitrag schreiben
B2 K5M4 – C1 K10M2

Einleitung
„…" ist ein wichtiges/interessantes Thema.
Heute kann man oft sehen, dass …

Beispiele und eigene Erfahrungen anführen
Ich kann dazu folgendes Beispiel nennen: …
Man sieht das deutlich an folgendem Beispiel: …
An folgendem Beispiel kann man besonders gut sehen, …
Meine eigenen Erfahrungen haben mir gezeigt, dass …
Wir haben zum Beispiel …
Beispielsweise gibt es …
Früher/Einmal/Oft/Damals habe/bin ich …

auf etwas Bezug nehmen
Ich habe gehört, dass …
Nach Aussagen von Wissenschaftlern …
Wie man herausgefunden hat, …
Laut den neuesten Forschungen …

etwas erklären
Das liegt daran, dass …
Die Ursache ist, dass …
Ein Grund dafür könnte sein, dass …
Dafür lässt sich durchaus ein Grund finden, z. B. …

Meinung äußern und Argumente abwägen
Ich vertrete die Meinung / die Ansicht / den Standpunkt, dass …
Meiner Meinung nach …
Man sollte bedenken, dass …
Ein wichtiges Argument für/gegen … ist die Tatsache, dass …
Dafür/Dagegen spricht …
Einerseits …, andererseits …

Verständnis äußern
Ich habe auch schon mal erlebt, dass/wie …
Es ist nicht unnormal/ungewöhnlich, wenn/dass …
Es kommt öfter vor, dass …
Es ist schon vielen Leuten passiert, dass …

Schluss
Insgesamt kann man feststellen, …
Zusammenfassend lässt sich sagen, …
Abschließend möchte ich betonen, …

eine Stellungnahme schreiben
B1+ K5M2

Stellungnahme einleiten
Wenn es um das Thema … geht, dann …
Heute möchte ich zum Thema … Stellung nehmen.

Stellungnahme abschließen
Zum Schluss möchte ich sagen, dass …
Abschließend möchte ich …

Argumente verbinden
Ein weiterer Grund / Ein weiteres Argument für/gegen … ist, dass …
Noch wichtiger ist der Aspekt, dass …
Daraus folgt auch, dass …
Außerdem …

eine Bewerbung schreiben
C1 K3M4

Einleitung
Das Schülerpraktikum möchte ich gern dazu nutzen, erste Erfahrungen im Beruf als … zu sammeln.
… sehr gern möchte ich meine Schulferien nutzen, um in einem freiwilligen Schülerpraktikum den Beruf des/der … näher kennenzulernen.

Schluss
Gern möchte ich Sie in einem Vorstellungsgespräch von meinen Stärken überzeugen.
Ich freue mich darauf, Sie in einem persönlichen Gespräch kennenzulernen.

Informationen über die eigene Person
Zurzeit besuche ich die … Klasse der … Schule.
Da ich plane, eine Berufsausbildung zum/zur … zu machen / ein …-Studium zu beginnen, liegt mein besonderes Interesse darin, erste Einblicke in die technischen/kaufmännischen/… Zusammenhänge Ihres Unternehmens zu gewinnen.
Ich bin … und interessiere mich für …
… sind für mich selbstverständlich.

einen Aufsatz scheiben C1 K5M4

Einleitung
Dieses Thema ist von besonderer Aktualität, weil …
Mit diesem Thema muss man sich befassen, denn …
Die Auseinandersetzung mit diesem Thema ist wichtig, …
Eine heute viel diskutierte Frage ist …

mit Beispielen verdeutlichen
… ist dafür beispielhaft.
Das lässt sich mit folgendem Beispiel verdeutlichen: …
Als Beispiel kann … dienen.
Ein treffendes Beispiel dafür ist die Tatsache, dass …
Ein Beispiel, das man hier unbedingt anführen sollte, ist …

etwas wiederholen
Wie bereits erwähnt, …
Wie schon beschrieben, …
Wie bereits dargelegt/dargestellt, …

Argumente/Gedanken hervorheben
Hierbei muss man besonders betonen, dass …
Hier ist hervorzuheben, dass …
Besonders wichtig aber erscheint …
Ausschlaggebend ist …
Man darf auch nicht übersehen, dass …
Außerdem spielt noch … eine wichtige Rolle.
Weitaus wichtiger jedoch ist …
Von besonderer Bedeutung ist …

etwas ergänzen
Darüber hinaus ist zu erwähnen …
… sollte auch gesagt werden.
Hinzuzufügen wäre noch …
Nicht zu vergessen ist die Tatsache, dass …

Schluss
Zusammenfassend/Abschließend lässt sich sagen …
Mich überzeugen am stärksten die Gründe …
Meiner Einschätzung nach …
In Anbetracht der aktuellen Situation …

eine Erörterung einleiten B2 K3M4

aktuelles Ereignis
Bei der …-Messe in … zeigten viele Teilnehmer großes Interesse an …
Die aktuellen Zahlen der … zeigen, dass …

kurzer Rückblick
Meine Eltern/Großeltern erzählen oft von … Damals …

Beschreibung der Situation in deinem Land
Bei uns ist …
In meiner Schule gibt es …

persönlicher Gedanke
Für mich war … schon immer …
Als ich in … war, war ich froh, dass …

Beschreibung des Begriffs
Unter dem Begriff „…" versteht man …
Mit „…" ist … gemeint.

eine E-Mail einleiten/beenden B1+ K2M4

einleiten
Danke für deine E-Mail.
Schön, von dir zu hören …
Ich habe mich sehr über deine E-Mail gefreut.

beenden
Ich freue mich auf eine Nachricht von dir.
Mach's gut und bis bald!
Mach dir noch eine schöne Woche und alles Gute.

eine formelle E-Mail schreiben B1+ K5M1

Ich möchte Ihnen mitteilen, dass …
Vielleicht könnten Sie mir … per E-Mail schicken?
Vielen Dank im Voraus.

Leider kann ich nicht zu … kommen.
Ich würde mich freuen, wenn Sie mich bald über … informieren könnten.

Redemittel

einen Kommentar schreiben   C1 K6M4

einen Kommentar einleiten
Mein Kommentar bezieht sich auf …
Ein aktuell viel diskutiertes Thema ist …
Ich möchte in meinem Kommentar zum Thema … Stellung nehmen.
Ich habe einen Text / eine Meldung / eine Sendung zum Thema … gelesen/gehört/ gesehen.
Darin wurde deutlich, dass …

die eigenen Hauptgründe hervorheben
Für mich persönlich ist … am wichtigsten.
Mein Standpunkt zu … lautet ganz klar: …
Das entscheidende Argument dafür/dagegen ist …
Ich bin ganz eindeutig der Meinung, dass …

auf Argumente/Aussagen eingehen
Sicher ist … für viele … sinnvoll, aber …
Oft wird zwar gesagt, dass …, aber …
Man sollte bedenken, dass …
Dieser Gedanke ist für viele sicher richtig/hilfreich …, trotzdem …
Auch wenn ich gut nachvollziehen kann, dass/wenn … möchte ich doch betonen, dass …

die eigene Ansicht argumentierend darlegen
Ich bin der Meinung/Ansicht/Auffassung, dass …
Ich halte diese Idee für …, weil …
In meinen Augen ist dieses Konzept / diese Methode / sind solche Shows …, denn …
Für/Gegen … spricht zum Beispiel das Argument, dass …
Für mich ist klar, dass …
Aus meiner Sicht kann man sagen, dass …

Konsequenzen für das eigene Handeln darlegen / Resümee ziehen
Meine persönliche Schlussfolgerung ist …
Für mich kommt nur … infrage.
Ich würde niemals/jederzeit …
Dies alles bringt mich zu der Überzeugung, dass …
Abschließend möchte ich nochmals verdeutlichen, dass/wie …

eine Kurzbiografie schreiben   C1 ÜBK9M4

Herkunft/Biografisches
Er/Sie kommt aus … und wurde am … in … geboren.
Er/Sie studierte/lebte in …
Von Beruf war er/sie …
Seine/Ihre Eltern waren …
Er/Sie kam aus einer … Familie.
In seiner/ihrer Jugend / Nach dem Abitur … / danach … arbeitete/schrieb …
Er/Sie … dann von … bis …
In den darauf folgenden Jahren erschienen/arbeitete/ …
Sein/Ihr erfolgreichster Roman erschien …
Er/Sie (ver)starb am … in …

Leistungen
Er/Sie ist einer/eine der erfolgreichsten/bedeutendsten/ meistgelesenen Autoren …
Ihren/Seinen internationalen Durchbruch hatte er/sie mit dem Buch …
In seinem/ihrem bekanntesten Werk/Buch … beschreibt er/sie … / geht es um …
Seine/Ihre Werke/Romane/… zeichnen sich durch … aus.
In seinen/ihren Werken/Büchern/Geschichten vermischen sich verschiedene Welten.
Für sein/ihr Werk hat er/sie zahlreiche Auszeichnungen und Ehrungen/Preise erhalten.

Spannung aufbauen   B2 K7M2

Schlagartig wurde ihm/ihr klar/bewusst, …
Ihm/Ihr schlug das Herz bis zum Hals.
Was war hier los?
Was war das?
Eigentlich wollte … gerade …, als aus heiterem Himmel …
Was sollte er/sie jetzt nur machen?

Ihm/Ihr blieb vor Schreck der Atem weg.
Wie aus dem Nichts stand plötzlich …
Warum war es auf einmal so …?
Ohne Vorwarnung war … da / stand … vor ihm/ihr.
Damit hatte er/sie nicht im Traum gerechnet: …

Verb

Grammatik

Verb

objektive Modalverben   B1+K5M3

Bedeutungen

Modalverb	Bedeutung	Alternativen (immer mit *zu* + Infinitiv)
dürfen	Erlaubnis	*es ist erlaubt, es ist gestattet, die Erlaubnis / das Recht haben*
nicht dürfen	Verbot	*es ist verboten, es ist nicht erlaubt, keine Erlaubnis haben*
können	a) Möglichkeit b) Fähigkeit	*die Möglichkeit/Gelegenheit haben, es ist möglich* *die Fähigkeit haben/besitzen, in der Lage sein, imstande sein*
möchten	Wunsch, Lust	*Lust haben, den Wunsch haben*
müssen	Notwendigkeit	*es ist notwendig, es ist erforderlich, gezwungen sein, haben, verpflichtet sein*
sollen	Forderung	*den Auftrag / die Aufgabe haben, aufgefordert sein*
wollen	eigener Wille, Absicht	*die Absicht haben, beabsichtigen, vorhaben, planen*

Tempus

Präsens: Simon <u>kann</u> nicht an der Prüfung <u>teilnehmen</u>. Er ist krank.
Präteritum: Simon <u>konnte</u> nicht an der Prüfung <u>teilnehmen</u>. Er war krank.
Perfekt: Simon <u>hat</u> nicht an der Prüfung <u>teilnehmen können</u>. Er war krank.

Wenn man über die Vergangenheit spricht, benutzt man die Modalverben meist im Präteritum. Ausnahme: *möchte* hat kein Präteritum. Man verwendet dann das Präteritum von *wollen*.

subjektive Modalverben   C1K8M1/1K8M3

Vermutungen ausdrücken

Grad der Sicherheit	Modalverb + Infinitiv	Umschreibung ohne Modalverb
Etwas ist sicher. (hoch)	*müssen:* Phillip **muss** ernsthafte Probleme haben. *nicht können:* Phillip **kann keine** Probleme mit anderen Mitschülern haben.	Ich bin sicher, dass … Ich bin überzeugt, dass … Alles deutet darauf hin, dass … Alle Anzeichen sprechen dafür, dass … Bestimmt/Sicher/Gewiss/Zweifellos …
Etwas ist sehr wahrscheinlich.	*dürfen* (nur Konjunktiv II): Phillip **dürfte** gleich mehrere Probleme haben. *können*: Phillip **kann** gemobbt werden.	Aller Wahrscheinlichkeit nach … Wahrscheinlich/Vermutlich … Ich vermute / nehme an, dass … Ich bin ziemlich sicher, dass … Es sieht so aus, als ob …
Etwas ist möglich. (niedrig)	*können* (nur Konjunktiv II): Phillip **könnte** krank sein.	Es ist möglich/denkbar / nicht ausgeschlossen, dass … Vielleicht/Möglicherweise/Eventuell/Angeblich … Es besteht die Möglichkeit, dass … … lässt darauf schließen, dass … … lässt vermuten, dass …

Grammatik — Verb

Behauptungen ausdrücken

Mit den Modalverben *wollen* und *sollen* wird eine Behauptung ausgedrückt, die man nicht überprüfen kann oder vielleicht bezweifelt.

Bedeutung	Behauptung mit Modalverb	Umschreibung ohne Modalverb
Ein Sprecher gibt wieder, was er gelesen oder gehört hat.	**sollen:** Die Probanden mit rotem Teller **sollen** weniger gegessen haben.	*In der Zeitung / Im Artikel steht/stand, dass …* *Man sagt/berichtet/behauptet, dass …* *In der Studie stand, dass die Probanden mit rotem Teller weniger gegessen haben.*
Ein Sprecher gibt wieder, was jemand von sich selbst sagt.	**wollen:** Die Probanden mit rotem Teller **wollen** weniger gegessen haben.	*Er/Sie behauptet, dass …* *Er/Sie sagt von sich selbst, dass …* *Er/Sie gibt vor, dass …* *Die Probanden mit rotem Teller gaben an, dass sie weniger gegessen haben.*

Bildung subjektive und objektive Modalverben   C1K8M1

Im Präsens Aktiv und Passiv unterscheiden sich die objektive und die subjektive Form nicht. Der Kontext entscheidet, welche Bedeutung gemeint ist:
objektiv: *Der Kranke soll Suppe essen.*   subjektiv: *Von roten Tellern soll man weniger essen.*

In der Vergangenheit wird in der objektiven Form das Hilfsverb *haben* konjugiert, in der subjektiven Form das Modalverb.
objektiv: *Der Kranke hat Suppe essen sollen.*   subjektiv: *Von roten Tellern sollen sie weniger gegessen haben.*

		objektiv	**subjektiv**
Aktiv	Gegenwart	Modalverb + Infinitiv	
	Vergangenheit	haben + Infinitiv Verb + Infinitiv Modalverb*	Modalverb + Partizip II + *haben/sein*
Passiv	Gegenwart	Modalverb + Partizip II + *werden*	
	Vergangenheit	haben + Partizip II + *werden* + Infinitiv Modalverb	Modalverb + Partizip II + *worden sein*

*Meistens wird das Präteritum verwendet: *Er sollte weniger essen.*

Indirekte Rede: Konjunktiv I   B1+K10M3 – B2K8M3 –C1K2M1

Verwendung des Konjunktiv I

In der indirekten Rede verwendet man den Konjunktiv I, um deutlich zu machen, dass man die Worte eines anderen wiedergibt und nicht seine eigene Meinung ausdrückt. Sie wird vor allem in der Wissenschaftssprache, in Zeitungsartikeln und in Nachrichtensendungen verwendet. In der gesprochenen Sprache benutzt man in der indirekten Rede häufig den Indikativ.

Verb

Bildung des Konjunktiv I: Infinitivstamm + Endung

	sein	*haben*	**Modalverben**	**andere Verben**
ich	sei	habe → hätte	könne	sehe → würde sehen / sähe
er/es/sie	sei	habe	könne	sehe
wir	seien	haben → hätten	können → könnten	sehen → würden sehen / sähen
sie/Sie	seien	haben → hätten	können → könnten	sehen → würden sehen / sähen

Der Konjunktiv I wird meistens in der 3. Person verwendet. Entspricht der Konjunktiv I den Formen des Indikativs, wird *würde* + Infinitiv oder der Konjunktiv II verwendet: *Er sagt, sie* **haben** *keine Zeit.* → *Er sagt, sie* **hätten** *keine Zeit*. Die Formen in der 2. Person (du habest, ihr könnet) sind sehr ungebräuchlich. Hier wird meist der Konjunktiv II verwendet.

Bildung des Konjunktiv I der Vergangenheit
Im Konjunktiv I gibt es nur eine Vergangenheitsform: Konjunktiv I von *haben* oder *sein* und dem Partizip II: *Man sagt, Gutenberg* **habe** *den Buchdruck* **erfunden***. Viele glauben, der Vorname Mozarts* **sei** *Wolfgang Amadeus gewesen.*

Weitere Möglichkeiten der Redewiedergabe   C1K2M1

Präpositionale Ausdrücke mit Dativ

vorangestellt	nachgestellt	
laut		Laut einer Studie …
nach	nach	Nach Alexa Rüdiger … / Ihrer Meinung nach …
	zufolge	Dem zweiten Textabschnitt zufolge …

Nebensätze mit *wie*
Wie *Alexa Rüdiger berichtet, kann sie dank der modernen Technologien flexibel arbeiten.*
Wie *im letzten Textabschnitt beschrieben wird, schalten auch in der Universität viele Leute ihr Handy nicht aus.*

Konjunktiv II   B1+K8M3 – B2K6M3 – C1K7M1

Mit dem Konjunktiv II kann man:

Bitten höflich ausdrücken	Könntest du deine Kontoauszüge mitbringen?
Irreales ausdrücken	Das Geld müsste eigentlich reichen, wenn ich sparsamer wäre.
Vermutungen ausdrücken	Mit einem anderen Vertrag würde ich wahrscheinlich Geld sparen.
Vorschläge machen	Wir könnten versuchen herauszufinden, wofür du dein Geld genau ausgibst.

Bildung

	Konjunktiv II Gegenwart
Aktiv	*würde* + Infinitiv sein → wäre sollen → sollte dürfen → dürfte sie würde anrufen haben → hätte wollen → wollte brauchen → bräuchte müssen → müsste können → könnte wissen → wüsste
Passiv (mit Modalverb)	Modalverb + Partizip II + *werden*: sie könnte angerufen werden

Viele unregelmäßige Verben können den Konjunktiv II wie die Modalverben bilden, meistens verwendet man jedoch die Umschreibung mit *würde* + Infinitiv: *Ich* **käme** *gern zu euch.* → *Ich* **würde** *gern zu euch* **kommen***.*

Grammatik — Verb

	Konjunktiv II Vergangenheit	Konjunktiv II Vergangenheit mit Modalverb
Aktiv	*hätte/wäre* + Partizip II *sie hätte angerufen*	*hätte* + Infinitiv + Modalverb *sie hätte anrufen müssen*
Passiv	*wäre* + Partizip II + *worden* *sie wäre angerufen worden*	*hätte* + Partizip II + *werden* + Modalverb *sie hätte angerufen werden können*

Passiv mit *werden* – Vorgangspassiv   B1+K10M1 – B2K5M1 – C1K7M1

Das Passiv wird verwendet, wenn ein Vorgang oder eine Handlung im Vordergrund steht.

Bildung des Passivs

Präsens	*werde/wirst/wird/…* + Partizip II	*Die Begeisterung wird geweckt.*
Präteritum	*wurde/wurdest/wurde/…* + Partizip II	*Die Begeisterung wurde geweckt.*
Perfekt	*bin/bist/ist/…* + Partizip II + *worden*	*Die Begeisterung ist geweckt worden.*
Plusquamperfekt	*war/warst/war/…* + Partizip II + *worden*	*Die Begeisterung war geweckt worden.*
mit Modalverb	Modalverb + Partizip II + *werden*	*Die Begeisterung soll geweckt werden.*

Passiv mit *sein* – Zustandspassiv   B2K6M1

Bedeutung

Das Passiv mit *werden* beschreibt einen Vorgang / eine Aktion. Die handelnde Person/Institution kann genannt werden: *von* + D. oder *durch* + A.
Das Passiv mit *sein* beschreibt einen neuen Zustand / das Resultat einer Handlung. Die handelnde Person/Institution kann hier nicht genannt werden.

Bildung

	Vorgangspassiv	**Zustandspassiv**
	werden + Partizip II	*sein* + Partizip II
Präsens	*Die Daten **werden** heruntergeladen.*	*Die Daten **sind** heruntergeladen.*
Präteritum	*Die Daten **wurden** heruntergeladen.*	*Die Daten **waren** heruntergeladen.*

Unpersönliches Passiv   C1K7M1

In Passivsätzen ohne Subjekt steht das Pronomen *es* als stellvertretendes Subjekt auf Position 1. Wenn möglich, wird *es* durch ein anderes Satzglied ersetzt.

Es *wurde eingebrochen.*   *In viele Wohnungen wurde eingebrochen.*
Es *wurde ermittelt.*   *In diesem Fall wurde ermittelt.*

es steht nur im Hauptsatz, nicht im Nebensatz.
Es wurde eingebrochen. → *Die Nachbarn sahen, dass eingebrochen wurde.*

Verb

Passiversatzformen   B2K5M1

Passiv   Die Experimente können bereits im Kindergartenalter durchgeführt werden.
Passiv mit *müssen/können/sollen* → *sein* + *zu* + Infinitiv   Die Experimente sind bereits im Kindergartenalter durchzuführen.
Passiv mit *können* → *sich lassen* + Infinitiv   Die Experimente lassen sich bereits im Kindergartenalter durchführen.
Passiv mit *können* → *sein* + Adjektiv mit Endung -*bar*/-*lich*   Die Experimente sind bereits im Kindergartenalter durchführbar.   Naturwissenschaftliche Phänomene sind so viel besser verständlich.

Modalitätsverben   C1K10M3

Modalitätsverb + *zu* + Infinitiv	Beispielsatz	Umschreibung	Bedeutung (je nach Kontext)
sein*	Das Missverständnis **ist** schnell auf**zu**klären.	Das Missverständnis kann schnell aufgeklärt werden.	können
	Das Problem **ist** unbedingt **zu** lösen.	Das Problem muss unbedingt gelöst werden.	müssen
	Das Risiko **ist** nicht **zu** unterschätzen.	Das Risiko darf nicht unterschätzt werden.	nicht dürfen
haben*	Er **hat** sich **zu** entschuldigen.	Er muss sich entschuldigen.	müssen
	Du **hast** hier nichts **zu** kritisieren.	Du darfst hier nichts kritisieren.	nicht dürfen
nicht brauchen	Er **braucht** gar **nicht** nett **zu** lächeln.	Er soll nicht nett lächeln.	nicht sollen
	Du **brauchst** dich **nicht** zu entschuldigen.	Du musst dich nicht entschuldigen.	nicht müssen
scheinen	Es **scheint** sich um eine Verwechslung **zu** handeln.	Anscheinend handelt es sich um eine Verwechslung.	anscheinend, scheinbar
drohen	Unsere Freundschaft **droht** kaputt**zu**gehen.	Unsere Freundschaft ist in Gefahr, kaputtzugehen.	in Gefahr sein, Gefahr laufen
verstehen/ wissen	Er **versteht/weiß** mich zum Lachen **zu** bringen.	Er kann mich zum Lachen bringen.	können

* Sätze mit dem Modalitätsverb *sein* werden mit einem Passiv-Satz (oder einer Passiv-Ersatzform) umschrieben, Sätze mit dem Modalitätsverb *haben* mit einem Aktiv-Satz.

Grammatik — Verb

Nomen-Verb-Verbindungen   B2K4M3

Nomen-Verb-Verbindungen bestehen aus einem Verb, das nur eine grammatische Funktion hat, und einem Nomen, das die Bedeutung trägt. Manchmal kommt eine Präposition dazu.

Es gibt zwei Typen:

Typ 1	Das Nomen und das zugrunde liegende Verb haben die gleiche Bedeutung: jdn. in Aufregung versetzen = jdn. aufregen den Anfang machen = anfangen die Flucht ergreifen = fliehen eine Wirkung haben = wirken sich Hoffnungen machen = hoffen
Typ 2	Die Bedeutung der Nomen-Verb-Verbindung kann man nicht direkt vom Nomen ableiten: unter Druck stehen = gestresst sein eine Rolle spielen = relevant/wichtig sein sich vor etw. in Acht nehmen = vorsichtig sein etwas in Frage stellen = etw. bezweifeln sich mit jdm. in Verbindung setzen = mit jdm. Kontakt aufnehmen

Nomen-Verb-Verbindungen können eine aktivische oder passivische Bedeutung haben:
Aktiv: *jdn. eine Frage stellen = jdn. fragen*
Passiv: *Beachtung finden = beachtet werden*

Eine Liste mit wichtigen Nomen-Verb-Verbindungen findet ihr im Anhang des Übungsbuchs.

trennbare und untrennbare Verben   C1K1M3

trennbare Präfixe	untrennbare Präfixe	trennbare und untrennbare Präfixe
ab-, an-, auf-, aus-, ein-, heim-, her-, hin-, los-, mit-, nach-, vor-, weg-, zu-, zurück-	be-, emp-, ent-, er-, ge-, hinter-, miss-, ver-, zer-	durch-, über-, um-, unter-, wider-, wieder-

Hilfe: Präfix betont → Verb trennbar
         Präfix nicht betont → Verb untrennbar

Beispiele für trennbare und untrennbare Präfixe
Sie hat **durch** das Fenster **geschaut**.
Wir sind mit der Fähre nach Korsika **übergesetzt**.
Wir hätten den Baum fast **umgefahren**.
Hast du dein Fahrrad **untergestellt**?
Ich habe mir mein Handy **wiedergeholt**.
Die Sonne wurde vom Meer **widergespiegelt**.

Sie hat das Problem **durchschaut**.
Ich habe den Text **übersetzt**.
Wir mussten den Stau **umfahren**.
Er hat mir **unterstellt**, zu lügen!
Ich habe alle Vokabeln **wiederholt**.
Es hat niemand **widersprochen**.

Nomen

Nomen

Deklination   B1+K2M3

Singular	Maskulinum		Neutrum	Femininum
Nominativ	der Traum	der Mensch	das Haus	die Unterkunft
Akkusativ	den Traum	den Menschen	das Haus	die Unterkunft
Dativ	dem Traum	dem Menschen	dem Haus	der Unterkunft
Genitiv	des Traumes	des Menschen	des Hauses	der Unterkunft
Plural				
Nominativ	die Träume	die Menschen	die Häuser	die Unterkünfte
Akkusativ	die Träume	die Menschen	die Häuser	die Unterkünfte
Dativ	den Träumen	den Menschen	den Häusern	den Unterkünften
Genitiv	der Träume	der Menschen	der Häuser	der Unterkünfte

Im Dativ Plural enden die meisten Nomen auf -n. Ausnahme: Nomen, die im Plural auf -s enden:
Wo sind die Auto**s**? – Kommt ihr mit den Auto**s**?

Zur n-Deklination gehören:
• nur **maskuline** Nomen mit folgenden Endungen:
-e: der Junge, der Name   -soph: der Philosoph   -graf: der Fotograf   -ent: der Student
-and: der Doktorand   -it: der Bandit   -at: der Soldat   -loge: der Psychologe
-ant: der Praktikant   -ot: der Pilot   -ist: der Polizist   -agoge: der Pädagoge
• einige **maskuline** Nomen ohne Endung: der Mensch, der Herr, der Nachbar, der Held, der Bauer …

Einige Nomen haben im Genitiv Singular die Endung -ns (Mischformen): der Name, des Namens; der Glaube, des Glaubens; der Buchstabe, des Buchstabens; der Wille, des Willens; **! das** Herz, des Herzens

Nominalisierung von Verben   B2K9M1

Es gibt viele Möglichkeiten, ein Verb in ein Nomen zu verwandeln. Die häufigsten Endungen und Veränderungen sind:

Endung/Veränderung	Verb	Nomen
Verb ohne Endung (mit/ohne Vokaländerung)	abbauen, wählen	der Abbau, die Wahl
das + Infinitiv	erkennen	das Erkennen
die + -ung	entstehen	die Entstehung
der + -er	forschen	der Forscher
die/der + -e (mit/ohne Vokaländerung)	folgen, helfen	die Folge, die Hilfe
die + -schaft	wissen	die Wissenschaft
die/das + -(t)nis	erkennen, erleben	die Erkenntnis, das Erlebnis
die + -(t)ion	reagieren	die Reaktion

Grammatik

Nomen / Adjektiv

Nominalisierung von Verben

B2K9M1

Bei Verben mit Akkusativ wird die Akkusativergänzung auf zwei Arten umgeformt:

mit Artikelwort:
Musik **verändert** den Blutdruck. → die **Veränderung** des Blutdrucks
            Akkusativ   Genitiv

ohne Artikelwort:
Musik **baut** Stress **ab**. → der **Abbau** von Stress
       Akkusativ   von + Dativ

Adjektiv

Deklination der Adjektive

B1+K3M3

Typ I: mit bestimmtem Artikel

	der Körper	das Fachgebiet	die Wirkung	Körper (Pl.)
N	der menschlich**e**	das neu**e**	die therapeutisch**e**	die menschlich**en**
A	den menschlich**en**	das neu**e**	die therapeutisch**e**	die menschlich**en**
D	dem menschlich**en**	dem neu**en**	der therapeutisch**en**	den menschlich**en**
G	des menschlich**en**	des neu**en**	der therapeutisch**en**	der menschlich**en**

auch nach:
- Fragewörtern: *welcher, welches, welche*
- Demonstrativartikeln: *dieser, dieses, diese; jener, jenes, jene*
- Indefinitartikeln: *jeder, jedes, jede; alle* (Pl.)
- Negationsartikeln und Possessivartikeln im Plural: *keine* (Pl.), *meine* (Pl.)

Typ II: mit unbestimmtem Artikel

	der Körper	das Fachgebiet	die Wirkung	Körper (Pl.)
N	ein menschlich**er**	ein neu**es**	eine therapeutisch**e**	menschlich**e**
A	einen menschlich**en**	ein neu**es**	eine therapeutisch**e**	menschlich**e**
D	einem menschlich**en**	einem neu**en**	einer therapeutisch**en**	menschlich**en**
G	eines menschlich**en**	eines neu**en**	einer therapeutisch**en**	menschlich**er**

auch nach: Negationsartikeln: *kein, kein, keine* (Sg.) und Possessivartikeln: *mein, mein, meine* (Sg.)

Typ III: ohne Artikel

	der Körper	das Fachgebiet	die Wirkung	Körper (Pl.)
N	menschlich**er**	neu**es**	therapeutisch**e**	menschlich**e**
A	menschlich**en**	neu**es**	therapeutisch**e**	menschlich**e**
D	menschlich**em**	neu**em**	therapeutisch**er**	menschlich**en**
G	menschlich**en**	neu**en**	therapeutisch**er**	menschlich**er**

auch nach: Zahlen: *zwei, drei, vier …* und Indefinitartikeln im Plural: *viele, einige, wenige, andere*

Adjektiv

Partizipien als Adjektive
B2K10M1

Partizipien können als Adjektive gebraucht werden und geben dann nähere Informationen zu Nomen. Wenn sie vor Nomen stehen, brauchen sie eine Adjektivendung.

Bildung **Partizip I als Adjektiv**: Infinitiv + *d* + Adjektivendung
Bildung **Partizip II als Adjektiv**: Partizip II + Adjektivendung

Partizipien kann man durch Relativsätze wiedergeben:

Bedeutung	Beispiel	Umformung Relativsatz
aktive Handlungen oder Vorgänge, die gleichzeitig mit der Haupthandlung des Satzes passieren	*In einigen Jahren sind auf unseren Straßen* **selbstfahrende** *Autos unterwegs.*	*In einigen Jahren sind auf unseren Straßen Autos,* **die selbst fahren**, *unterwegs.*
meist passive Handlungen oder Vorgänge, die gleichzeitig mit oder vor der Haupthandlung des Satzes passieren	*Ein schnell* **ausgelöster** *Notruf kann Menschenleben retten.* *Der auf der Messe* **vorgestellte** *Roboter wird in einigen Haushalten ausprobiert.*	*Ein Notruf,* **der** *schnell* **ausgelöst wird**, *kann Menschenleben retten.* *Der Roboter,* **der** *auf der Messe* **vorgestellt wurde**, *wird in einigen Haushalten ausprobiert.*

Vor Partizipien können Erweiterungen stehen:
der ausgelöste Notruf → *der schnell ausgelöste Notruf* → *der schnell von Robotern ausgelöste Notruf*

Modales Partizip
C1K7M3

Das modale Partizip wird aus *zu* + Partizip I gebildet. Es steht vor Nomen, deshalb muss es wie ein Adjektiv dekliniert werden: *eine* **zu** *beachten***de** *Regel, die* **zu** *beachten***den** *Regeln*

In seiner Bedeutung entspricht das modale Partizip einem Relativsatz im Passiv mit Modalverb. Es drückt eine Notwendigkeit (*muss/soll*), eine Möglichkeit (*kann*) oder ein Verbot (*darf nicht*) aus.

eine zu erwartende Folge = *eine Folge, die erwartet werden kann*
die zu beachtenden Regeln = *die Regeln, die beachtet werden müssen*

Das modale Partizip kann von transitiven, passivfähigen Verben gebildet werden.
Im Relativsatz können auch Passiv-Ersatzformen verwendet werden.

Passiv + *können*	eine Folge, die	zu erwarten ist erwartbar ist sich erwarten lässt man erwarten kann
Passiv + *müssen*	die Regeln, die	zu beachten sind man beachten muss

Texte mit modalem Partizip gehören meist zur formellen Sprache, z. B. Gesetze, Regelungen, Anweisungen, formelle Schreiben, wissenschaftliche oder juristische Texte im Nominalstil.

Grammatik — Präpositionaladverbien und Fragewörter / Partikeln

Präpositionaladverbien und Fragewörter / Partikeln

davon, daran, darauf, … und *wovon, woran, worauf …* B1+K6M3

Sachen/Ereignisse	Personen/Institutionen
wo(r) + Präposition	**Präposition + Fragewort**
+ **Woran** denkst du? – **An** das Praktikum! + **Wovon** redet er? – **Von** seinem Praktikum.	+ **An wen** denkst du? – **An** meine Freundin. + **Mit wem** redet er? – **Mit** dem Lehrer.
da(r) + Präposition	**Präposition + Pronomen**
+ Erinnerst du dich **an deinen ersten Praktikumstag**? - Natürlich erinnere ich mich **daran**. Ich erinnere ich mich auch gut **daran**, wie nervös ich war.	+ Erinnerst du dich **an Lisa**? - Natürlich erinnere ich mich **an sie**.

Nach *wo…* und *da…* wird ein *r* eingefügt, wenn die Präposition mit einem Vokal beginnt: *auf* → *wo**r**auf/da**r**auf*
da(r)… steht auch vor Nebensätzen (dass-Sätze, Infinitiv mit *zu*, indirekter Fragesatz).
*Ich freue mich **darauf**, dass das Praktikum bald beginnt.*
Eine Übersicht über Verben, Nomen und Adjektive mit Präpositionen findet ihr im Anhang des Übungsbuchs.

Partikeln

Modalpartikeln B2K9M3

Modalpartikeln sind typisch für die mündliche Sprache. Man benutzt sie, um seine Ansichten, Absichten und Gefühle zu verstärken oder abzuschwächen. In Aussagesätzen stehen die Modalpartikeln meist hinter dem Verb. Die Bedeutung ist vom Kontext und von der Betonung des Satzes abhängig.

Satzart	Partikel	Bedeutung	Beispiel
Aussagen und Ausrufe	**aber**	Freundlichkeit	*Das ist aber schön, dich zu sehen.*
		Überraschung	*Der sieht aber sympathisch aus!*
	doch	Freundlichkeit	*Das mache ich doch gerne.*
		Empörung	*Das ist doch unmöglich!*
		Vorschlag/Ermunterung	*Komm doch mit ins Kino!*
	ja	Freundlichkeit	*Das ist ja nett.*
		Überraschung	*Du bist ja auch hier!*
		Empörung	*Das ist ja gemein!!*
Aufforderungen, Aussagen, Fragen	**mal**	Aufforderung/Befehl	*Hilf mir mal!*
Fragen	**denn**	Freundlichkeit/Interesse	*Wie geht´s dir denn?*
		Überraschung	*Sprecht ihr denn wieder miteinander?*

Manche Modalpartikeln haben eine ähnliche Bedeutung: *Dein Kleid ist **aber/ja** sehr schön!*

Pronomen

Pronomen

Indefinitpronomen
B2K5M3

Indefinitpronomen beschreiben Personen, Orte, Zeiten und Dinge, die nicht genauer definiert werden. So bekommen Aussagen mit Indefinitpronomen einen allgemeinen, unbestimmten Charakter.

Nominativ	man	(k)einer/(k)eins/(k)eine	niemand	jemand	irgendwer
Akkusativ		(k)einen/(k)eins/(k)eine	niemanden*	jemanden*	irgendwen
Dativ		(k)einem/(k)einem/(k)einer	niemandem*	jemandem*	irgendwem

* In der gesprochenen Sprache wird im Akkusativ und Dativ auch die Form des Nominativs benutzt:
○ Hast du **jemand** getroffen, den du kennst?
● Nein, **niemand**.

	Indefinitpronomen		Negation
Person	man, jemand, einer, irgendwer	→	niemand, keiner
Ort	irgendwo, irgendwoher, irgendwohin	→	nirgendwo, nirgendwoher, nirgendwohin, nirgends
Zeit	irgendwann	→	nie, niemals
Dinge	irgendetwas, etwas, eins	→	nichts

Das Wort *es*
B2K2M3

es als Subjekt oder Objekt (obligatorisch)

	es als Subjekt	*es* als Objekt
feste lexikalische Verbindungen	es geht, es gibt, es ist, es eilt mit + D., es fehlt an + D., es geht um + A., es handelt sich um + A., es klappt mit + D., es kommt an auf + A.	es abgesehen haben auf + A., es eilig haben, es ernst/leicht/schwer nehmen, es ernst meinen, es gut/schlecht haben, es gut/schlecht meinen mit + D., es in sich haben, es sich gut gehen lassen, es weit bringen
Wetterverben	es nieselt, es regnet, es hagelt, es schneit, es donnert, es blitzt, es gewittert, es stürmt	
Tages- und Jahreszeiten	Es ist Morgen. Es wird Nacht. Es wird Frühling.	
Natur- und Zeiterscheinungen	Es ist schon spät. Im Winter bleibt es lange dunkel. Es wird hell.	

Wenn *es* Objekt ist, steht es niemals auf Position 1.

es als Stellvertreter von dass-Sätzen oder Infinitivkonstruktionen

Es	ist	cool,	Jugendsprache zu sprechen.
Jugendsprache zu sprechen,	ist	cool.	

Ich	finde	es	toll,	**dass** Jugendliche eine eigene Sprache haben.
Dass Jugendliche eine eigene Sprache haben,	finde	ich	toll.	

Steht der dass-Satz oder die Infinitivkonstruktion auf Position 1, entfällt *es*.

Grammatik — Präpostionen

Präpositionen   B1+K2M1/B1+K9M3/B2K10M3

	Ort Wohin?	Ort Wo?	Zeit	Grund/Folge	Gegengrund	Art und Weise
mit Akkusativ	bis Hamburg durch die Tür gegen die Wand um die Ecke	die Straße entlang um den See herum	bis eine Woche vorher für mindestens vier Wochen gegen 21 Uhr um Viertel nach sieben um Ostern herum über den Zeitraum der Reise	durch die Krankheit		ohne Nachdenken
mit Dativ	nach der Kreuzung zur Schule	ab der Brücke an der Straße entlang bei der Apotheke gegenüber dem Kino von der Kreuzung aus	ab dem Ankunftstag an einem Sonntag beim Frühstück in der Nacht nach der Buchung seit einem Monat von Anfang an von Montag bis Freitag vor Reiseantritt zu Weihnachten zwischen 9 und 16 Uhr	aus Verlegenheit vor Furcht bei Gefahr		mit Eleganz aus Erfahrung nach Gefühl
Wechselpräpositionen mit Akkusativ (Wohin?) oder Dativ (Wo?)	an die Wand auf den Tisch hinter das Regal in den Abfalleimer neben die Bücher über die Uhr unter das Bett vor den Teppich zwischen die Stühle	an der Wand auf dem Tisch hinter dem Regal im Abfalleimer neben den Büchern über der Uhr unter dem Bett vor dem Teppich zwischen den Stühlen				
mit Genitiv		außerhalb der Stadt innerhalb des Raumschiffes jenseits der Brücke inmitten der Stadt unweit des Kinos entlang der Straße*	außerhalb der Saison innerhalb der Saison während der Buchung** inmitten der Ferien	wegen der Kosten** aufgrund der hohen Kosten dank guter Fotos** infolge der Recherchen anlässlich des Jubiläums angesichts der Nachfrage	trotz der Probleme**	

*Wir gehen den Bach entlang. (nachgestellt mit Akkusativ) – Wir gehen entlang dem Bach / des Bachs. (vorangestellt mit Dativ oder Genitiv)
**Die Präpositionen dank, trotz, während und wegen werden in der gesprochenen Sprache auch mit Dativ verwendet.

Präpositionen / Negation

Nomen, Verben und Adjektive mit Präpositionen   B2K8M1

Viele Nomen, Verben und Adjektive haben dieselbe Präposition. Manchmal gibt es nur ein Nomen und ein Verb mit derselben Präposition, manchmal nur ein Nomen und ein Adjektiv mit derselben Präposition.

Verb	Nomen	Adjektiv	Präposition
abhängen	die Abhängigkeit	abhängig	von + D.
sich freuen	die Freude	erfreut	über + A.
helfen	die Hilfe	hilfreich	bei + D.
sich sorgen	die Sorge	besorgt	um + A.

Verb	Nomen	Präposition
sich ängstigen	die Angst	vor + D.
antworten	die Antwort	auf + A.
sich begeistern	die Begeisterung	für + A.
bitten	die Bitte	um + A.

Verb	Nomen	Präposition
sich erinnern	die Erinnerung	an + A.
sich interessieren	das Interesse	für + A.
suchen	die Suche	nach + D.
teilnehmen	die Teilnahme	an + D.

Nomen	Adjektiv	Präposition
die Bekanntschaft	bekannt	mit + D.
die Eifersucht	eifersüchtig	auf + A.
der Neid	neidisch	auf + A.

Nomen	Adjektiv	Präposition
die Neugier	neugierig	auf + A.
die Wut	wütend	auf + A.
die Verwandtschaft	verwandt	mit + D.

Nomen, Verben und Adjektive können auch mit Präpositionaladverbien verwendet werden

Sache/Ereignis   ○ **Worauf** bist du stolz?   ○ Bist du stolz auf deine Leistung?
  ● Auf mein Examen.   ● Nein. Wieso sollte ich **darauf** stolz sein?

Negation

Negationswörter   B2K1M3

etwas	↔	nichts	schon (ein)mal	↔	noch nie
jemand/alle	↔	niemand	immer	↔	nie/niemals
irgendwo/überall	↔	nirgendwo/nirgends	(immer) noch	↔	nicht mehr / nie mehr
schon/bereits	↔	noch nicht			

Position von *nicht*
Wenn *nicht* einen **ganzen Satz** verneint, steht es am Ende des Satzes, vor dem zweiten Teil der Satzklammer (z. B. Partizip, Infinitiv, trennbarer Verbteil), vor Adjektiven, vor Präpositionen und Präpositionalergänzungen oder vor lokalen Angaben.
Wenn *nicht* einen **Satzteil** verneint, steht es direkt vor diesem Satzteil:
Nicht sie hat das erlebt, sondern ihre Freundin.

Negation mit Wortbildung

	verneint	Beispiele
des-/dis-/miss-	Nomen, Adjektive, Verben	*das Desinteresse, disqualifiziert, missglücken*
un-/in-/il-/ir-/a-	Nomen, Adjektive	*das Unverständnis, die Intoleranz, illegal, irreal, atypisch*
-los/-frei/-leer	Adjektive	*arbeitslos, alkoholfrei, inhaltsleer*
Nicht-	Nomen	*Nichtschwimmer*

Grammatik

Satz

Wortstellung im Satz B2K1M1

Angaben im Mittelfeld
Merkformel: tekamolo

		Mittelfeld				
Wir	sind	vor drei Monaten	wegen meiner Mutter	ziemlich spontan	nach Kiel	gezogen.
1	2	temporal (Wann?)	kausal (Warum?)	modal (Wie?)	lokal (Wo?/Wohin?/Woher?)	Ende

Wenn man eine Angabe besonders betonen möchte, kann man sie z. B. auf Position 1 stellen, das Subjekt steht dann direkt nach dem Verb. Die Reihenfolge der übrigen Angaben bleibt gleich:
Wegen meiner Mutter sind wir vor drei Monaten ziemlich spontan nach Kiel gezogen.

Ergänzungen und Angaben im Mittelfeld

		Mittelfeld					
Sie	haben	Mira	am Anfang	aus Mitleid	netterweise	die Schule	in Kiel	gezeigt.
1	2	Dativ	temporal	kausal	modal	Akkusativ	lokal	

Die Dativergänzung steht meistens **vor** der temporalen Angabe.
Die Akkusativergänzung steht **hinter** den temporalen, kausalen und modalen Angaben und **vor** oder **hinter** der lokalen Angabe.

Präpositionalergänzungen
Präpositionalergänzungen stehen normalerweise am Ende des Mittelfelds.
*Mira hat am Anfang ständig **an ihre alten Freunde** gedacht.*
*Sie wartet seit Monaten sehnsüchtig **auf den Besuch ihrer besten Freundin**.*

Nominal- und Verbalstil C1K2M3

Der Verbalstil wird vor allem in erzählenden Texten und in der mündlichen Sprache verwendet. Verben und Nomen werden ungefähr gleich oft benutzt. Die Verben haben eine starke eigene Bedeutung. Texte im Verbalstil klingen lebendiger.
Der Nominalstil wird vor allem in Fachtexten und in wissenschaftlichen Texten verwendet. Es werden besonders viele Nomen benutzt. Die Nomen tragen die Hauptbedeutung. Texte in Nominalstil sind eher abstrakt.

Verbalform (gesprochene Sprache, erzählende Texte)	Nominalform (Fachtexte, wissenschaftliche Texte)
1. Personalpronomen	**Possessivartikel**
Sie erwerben auch Sprachregeln, …	*Ihr* Erwerb von Sprachregeln
2. Adverb	**Adjektiv vor Nomen**
Bei Erwachsenen kann man jedoch **allgemein** *feststellen*, dass …	die **allgemeine** *Feststellung*

Satz

Verbalform (gesprochene Sprache, erzählende Texte)	Nominalform (Fachtexte, wissenschaftliche Texte)
3. intransitive/reflexive Verben: Subjekt im Aktivsatz	**Genitiv**
Man nimmt an, dass sich *das Sprachvermögen* verbessert, wenn …	eine Verbesserung **des Sprachvermögens**
4. Präpositionalergänzung	**Präpositionalattribut**
…, wenn sie dabei **von den Normen der Muttersprache** abweichen.	Die Abweichung **von den Normen der Muttersprache**
5. Akkusativ-/Dativergänzung	**Präpositionalattribut**
Beobachtungen *helfen* **der Forschung**.	eine **Hilfe für** die Forschung
6. transitive Verben: → **Akkusativergänzung im Aktivsatz** → **Subjekt im Passivsatz** → **handelnde „Person"**	**Genitiv** oft *durch* + „Person"
In der Schule *korrigieren* die Lehrer **die Fehler**.	die Korrektur **der Fehler** durch die Lehrer

Subjekt- und Objektsätze   C1K3M1

Subjekte und Akkusativobjekte können in *dass*-Sätzen wiedergegeben werden, indem das Nomen verbalisiert wird. Dann entstehen Subjekt- bzw. Objektsätze.
Anstelle eines *dass*-Satzes kann auch ein Infinitivsatz benutzt werden, wenn das Subjekt des Nebensatzes mit einer Ergänzung im Hauptsatz identisch ist oder das Subjekt des Nebensatzes das Indefinitpronomen *man* ist.

Subjektsatz	
Eine berufliche Orientierung nach der Schulzeit ist für alle Abiturienten wichtig.	
Dass man sich nach der Schulzeit beruflich orientiert,	ist für alle Abiturienten wichtig.
Sich nach der Schulzeit beruflich **zu orientieren**,	ist für alle Abiturienten wichtig.
Objektsatz	
Viele Schulabgänger finden nach dem Abitur **soziales Engagement** gut.	
Viele Schulabgänger finden es nach dem Abitur gut,	dass sie sich sozial engagieren.
Viele Schulabgänger finden es nach dem Abitur gut,	*sich sozial zu engagieren.*

Uneingeleitete Konditionalsätze   C1K10M1

Konditionalsatz mit *wenn*	Verb am Ende	**Wenn** unser Gedächtnis etwas Neues speichert, dann verstärken sich die Verbindungen zwischen bestimmten Neuronen.
Konditionalsatz ohne *wenn*	Verb auf Position 1	Speichert unser Gedächtnis etwas Neues, dann verstärken sich die Verbindungen zwischen bestimmten Neuronen.

Grammatik

Satz

Partizipialgruppen

C1K10M1

Partizipialgruppen sind oft verkürzte Konditionalsätze und werden als feste Wendung gebraucht.

Partizipialgruppe	Konditionalsatz
Genau betrachtet, kann das Langzeitgedächtnis noch weiter unterteilt werden.	**Wenn man es genau betrachtet**, kann das Langzeitgedächtnis noch weiter unterteilt werden.
Unser Hirn besteht, **grob geschätzt**, aus etwa 100 Milliarden Nervenzellen.	**Wenn man grob schätzt**, besteht unser Hirn aus etwa 100 Milliarden Nervenzellen.

Dem Partizip kann manchmal eine Präpositionalergänzung oder ein *dass*-Satz folgen:
verglichen **mit** + Dat., *abgesehen* **von** + Dat., *ausgehend* **von** + Dat., *angenommen*, **dass**

Häufige Partizipialgruppen: *genau/kurz/anders gesagt, anders formuliert, genauer/oberflächlich betrachtet, genau/streng / im Grunde genommen, grob geschätzt*

Negative Konsekutivsätze

C1K5M1

Konsekutivsätze mit *zu ..., um zu* und *zu ..., als dass* drücken eine negative Folge aus. Sie bestehen aus zwei Teilen: *zu* steht im Hauptsatz vor einem Adjektiv oder Partizip, *um zu* und *als dass* leiten den Nebensatz ein. Nach *um zu* steht der Infinitiv, nach *als dass* steht das Verb im Konjunktiv II.

Konsekutivsatz mit *zu ..., als dass* + Konjunktiv II	Konsekutivsatz mit *so ..., dass* + Negation
Respekt ist viel **zu** wichtig, **als dass** man darauf im Internet verzichten könnte.	Respekt ist **so** wichtig, **dass** man darauf im Internet nicht verzichten kann.
Konsekutivsatz mit *zu ..., um zu* + Infinitiv	**negativer Konsekutivsatz mit *so ..., dass ...***
Falschmeldungen sind viel **zu** bedrohlich, **um** leichtfertig damit um**zu**gehen.	Falschmeldungen sind **so** bedrohlich, **dass** man nicht leichtfertig damit umgehen darf.

Nominalisierung und Verbalisierung von Präpositionalergänzungen

C1K9M1

Präpositionalergänzungen können in einen *dass*-Satz oder Infinitivsatz umgeformt werden. Einen Infinitivsatz kann man nur bilden, wenn das Subjekt des Nebensatzes mit einer Ergänzung des Hauptsatzes identisch oder das Subjekt des Nebensatzes *man* ist.
Bei der Umformung wird die Präposition zu einem Präpositionaladverb im Hauptsatz. Bei vielen Verben kann das Präpositionaladverb weggelassen werden.

Nominalform	Verbalform
Brainstorming setzt man **für** die Entwicklung neuer Ideen ein. Euer Umfeld wird sich über eure Kreativität freuen.	Brainstorming setzt man **dafür** ein, neue Ideen zu entwickeln. Euer Umfeld wird sich (**darüber**) freuen, dass ihr kreativ seid.

Satz

Nominalisierung und Verbalisierung (Zusammenfassung)   C1K4M1/K4M3/K5M3/K6M3

	Verbalform: Konnektor	**Nominalform: Präposition**
konditional (Bedingung)	*wenn, falls, sofern* Wenn man gutes Futter verwendet, …	*bei* + Dat. Bei Verwendung von gutem Futter …
	wenn … nicht Wenn die Kontrollen nicht erhöht werden, …	*ohne* + Akk. Ohne Erhöhung der Kontrollen …
final (Absicht, Zweck oder Ziel)	*um … zu, damit* Um die Vorsätze im Alltag bewältigen zu können, … Damit man die Vorsätze im Alltag verwirklichen kann, …	*zu* + Dat. / *für* + Akk. Zur Bewältigung der Vorsätze im Alltag … Für die Verwirklichung der Vorsätze im Alltag …
temporal (Zeit)	*seitdem* Seitdem die Steinkohle entdeckt wurde, …	*seit* + Dat. Seit der Entdeckung der Steinkohle …
	nachdem Nachdem der Krieg beendet worden war, …	*nach* + Dat. Nach dem Ende des Krieges …
	als …, als die Wirtschaft der Bundesrepublik wieder aufgebaut wurde.	*bei* + Dat. … beim wirtschaftlichen Wiederaufbau der Bundesrepublik.
	bis Bis der wirtschaftliche Abschwung begann, …	*bis zu* + Dat. Bis zum Beginn des wirtschaftlichen Abschwungs …
	bevor Bevor die Kohlekrise begann, …	*vor* + Dat. Vor dem Beginn der Kohlekrise …
	während Während man Kohle förderte, …	*während* + Dat. Während der Kohleförderung …
kausal (Grund)	*weil, da* Weil/Da die Konkurrenz stark ist, …	*wegen* + Gen. / *aufgrund* + Gen. Wegen der starken Konkurrenz … Aufgrund der starken Konkurrenz …
	deshalb, deswegen, darum Die Konkurrenz ist sehr stark, deshalb …	
modal (Art und Weise)	*indem* …, indem sie Produktionsstätten ins Ausland verlegen.	*durch* + Akk. Durch die Verlegung von Produktionsstätten ins Ausland …
	dadurch, dass Dadurch, dass sie Produktionsstätten ins Ausland verlegen, …	
konzessiv (Gegengrund oder Einschränkung)	*obwohl* Obwohl sie sehr motiviert sind, …	*trotz* + Gen. Trotz großer Motivation …
	trotzdem/dennoch Viele sind sehr motiviert, trotzdem/dennoch …	
	zwar …, aber Sie sind zwar sehr motiviert, aber …	

Grammatik

Infinitivsätze in Gegenwart und Vergangenheit   C1K6M1

dass-Satz in der Gegenwart → Infinitiv Präsens	
Aktiv	
Die Moderatorin bittet Frau Dr. Schill,	**dass** sie den Zuhörern eine Definition zu den Placebos <u>gibt</u>. → den Zuhörern eine Definition zu den Placebos **zu** <u>geben</u>.
Passiv	
Es ist für die Patienten wichtig,	**dass** sie über die Wirksamkeit des Präparats <u>informiert werden</u>. → über die Wirksamkeit des Präparats <u>informiert</u> **zu** <u>werden</u>.
dass-Satz in der Vergangenheit → Infinitiv Perfekt	
Aktiv	
Die Forschung ist der Ansicht,	**dass** sie interessante Erkenntnisse <u>gewonnen hat</u>. → interessante Erkenntnisse <u>gewonnen</u> **zu** <u>haben</u>.
Patienten berichten,	**dass** sie für die Gespräche sehr dankbar <u>gewesen sind</u>. → für die Gespräche sehr dankbar <u>gewesen</u> **zu** <u>sein</u>.
Passiv	
Viele erinnern sich sicher,	**dass** sie bei Schmerzen <u>getröstet worden sind</u>. → bei Schmerzen <u>getröstet worden</u> **zu** <u>sein</u>.

Die Umformung in einen Infinitivsatz ist nur möglich, wenn das Subjekt des *dass*-Satzes mit dem Subjekt oder einer Ergänzung im Hauptsatz identisch ist oder das Subjekt des *dass*-Satzes das Indefinitpronomen *man* ist.
Es ist sinnvoll,   dass **man** den Einfluss von Placebos auf die Heilung <u>untersucht</u>.
         → den Einfluss von Placebos auf die Heilung **zu** <u>untersuchen</u>.

Bildung des Infinitivs

	Aktiv	**Passiv**
Präsens	*zu* + Infinitiv	Partizip II + *zu werden*
Perfekt	Partizip II + *zu haben/sein*	Partizip II + *worden zu sein*

Im Präsens verwendet man *dass*-Sätze und Infinitivsätze auch mit Modalverben:
Der Arzt bestätigt,   dass er den Patienten mit Placebos <u>heilen kann</u>.
         → den Patienten mit Placebos <u>heilen</u> **zu** <u>können</u>.

In der Vergangenheit werden meistens *dass*-Sätze mit Modalverb im Präteritum bevorzugt. Der Infinitiv wird selten verwendet: Der Arzt bestätigt,   dass er den Patienten <u>heilen konnte</u>.
         → den Patienten <u>geheilt</u> <u>haben</u> **zu** <u>können</u>.

Zweiteilige Konnektoren   B2K3M1

Zweiteilige Konnektoren haben verschiedene Funktionen:

Aufzählung	Für eine Karriere ist aber **nicht nur** Talent wichtig, **sondern auch** der Wille. Man muss **sowohl** im Sport, **als auch** in der Schule immer Leistung bringen.
„negative" Aufzählung	Ich kann mir **weder** ein Leben ohne Sport **noch** einen normalen Beruf vorstellen.
Vergleich	**Je** öfter man trainiert, **desto** besser wird man.
Alternative	**Entweder** tut man alles für sein Ziel **oder** man schafft es nie in den Profisport.
Gegensatz/ Einschränkung	Ich habe **zwar** wenig Freizeit, **aber** das macht mir nichts aus. **Einerseits** wollte ich bei meiner Familie sein, **andererseits** wollte ich in den Verein.

Zweiteilige Konnektoren können Sätze oder Satzteile verbinden. *weder … noch, nicht nur …, sondern auch* und *sowohl … als auch* verbinden meistens Satzteile. Zwischen diesen zweiteiligen Konnektoren steht immer ein Komma: *nicht nur …, sondern auch – je …, desto/umso – zwar …, aber – einerseits …, andererseits*

200

Satz

Konnektoren

C1K1M1/K9M3

Konnektoren machen Texte flüssiger und abwechslungsreicher.

Konditionale und konsekutive Konnektoren

Konnektor	leitet ein	Bedeutung	Beispiel
wenn	Nebensatz	Bedingung	*Ich achte nicht auf die Zeit, **wenn** ein spannender Krimi im Fernsehen läuft.*
falls*			***Falls** du (doch) Zeit hast, komm einfach vorbei.*
außer wenn	Nebensatz	Bedingung, die die vorangehende Aussage einschränkt (= wenn ... nicht)	*Die Zeit vergeht schnell, **außer wenn** man jung ist.*
es sei denn	Hauptsatz		*Die Zeit vergeht schnell, **es sei denn**, man ist jung.*
dann	Hauptsatz	meist positive Folge	*Man muss die Zukunft planen, **dann** kann man Gefahren vermeiden.*
folglich, demnach, somit, infolgedessen	Hauptsatz	Folge	*Ein Kind erlebt täglich etwas Neues, **somit** empfindet es die Zeit sehr intensiv.*
sonst, andernfalls	Hauptsatz	negative Folge	*Der Mensch braucht Abwechslung im Leben, **sonst** wird ihm langweilig.*

* *falls* ist weniger wahrscheinlich als *wenn*

Konzessive, adversative und temporale Konnektoren

Die folgenden Konnektoren leiten immer einen Hauptsatz ein.

Konnektor	Bedeutung	Beispiel
allerdings	Einschränkung	*Ein Künstlerleben bedeutet finanzielle Unsicherheit. **Allerdings** will ich ohne dieses Kribbeln, wenn ich meine Ideen entwickle, nicht leben.*
dagegen	Gegensatz	*Meine Freunde haben alle Karriere gemacht. **Dagegen** dreht sich bei mir immer noch alles darum zu überleben.*
demgegenüber		*Die Karriere winkt am Horizont. **Demgegenüber** steht die harte Realität.*
stattdessen		*Ich hätte einfach Medizin studieren können. **Stattdessen** habe ich mich für die oft brotlose Kunst entschieden.*
vielmehr		*Mit Romantik hat ein Künstlerleben wenig zu tun. **Vielmehr** ist es vor allem harte Arbeit.*
bis dahin	Zeit	*Noch kann ich von meiner Kunst nicht leben. **Bis dahin** brauche ich noch die finanzielle Unterstützung meiner Eltern.*
daraufhin		*Neulich habe ich ein Bild verkauft. **Daraufhin** habe ich mir gleich viele neue Materialien angeschafft.*
gleichzeitig		*Manchmal bin ich ein bisschen verzweifelt. **Gleichzeitig** bekomme ich viele positive Reaktionen auf meine Werke.*
inzwischen		*Künstler haben einen unsicheren Weg gewählt. **Inzwischen** setzen viele Schulen deshalb auf eine möglichst breite Ausbildung.*
mittlerweile		*Manchmal frage ich mich, ob das der richtige Weg ist. **Mittlerweile** haben meine alten Freunde alle Karriere gemacht.*
währenddessen		*Eine Ausbildung im Kunstbereich verlangt einem einiges ab. **Währenddessen** sollte man sich bereits ein breites Netzwerk aufbauen.*

Grammatik — Satz

Relativsätze B1+K7M3 – B2K3M3

Relativpronomen *der, das, die*
Genus und Numerus des Relativpronomens richten sich nach dem Bezugswort.
Der Kasus richtet sich nach dem Verb oder der Präposition im Relativsatz.

Sie ist eine Freundin, *die* ich schon lange kenne. Sie ist eine Freundin, **mit** der man immer Spaß hat.
+ Akk.   **mit** + Dat.

Relativpronomen *wo, wohin, woher*
Gibt ein Relativsatz einen Ort, eine Richtung oder einen Ausgangspunkt an, kann man statt Präposition und Relativpronomen auch *wo, wohin, woher* verwenden. Bei Städte- und Ländernamen benutzt man immer *wo, wohin, woher*.

Ich habe Feli in dem Ort kennengelernt,	**wo** wir einen Sprachkurs gemacht haben.	Ort
	wohin ich letzten Sommer gefahren bin.	Richtung
	woher meine Tante kommt.	Ausgangspunkt

Relativpronomen *was*
Bezieht sich das Relativpronomen auf einen ganzen Satz oder stehen die Pronomen *das, etwas, alles* und *nichts* im Hauptsatz, dann verwendet man das Relativpronomen *was*.

Das, **was** *ich in einer Freundschaft wichtig finde, habe ich mit Feli zu einhundert Prozent.*
Er hat immer für seinen Traum gekämpft, **was** *mir sehr imponiert.*

Relativpronomen *wer*

Nominativ	wer	Relativsätze mit *wer* beschreiben eine unbestimmte Person näher.
Akkusativ	wen	Der Nebensatz beginnt mit dem Relativpronomen *wer*, der Hauptsatz mit
Dativ	wem	dem Demonstrativpronomen *der*.

Bildung

Jemand	hat Eintragungen bei der Polizei.	Er	hat sich seine Zukunft verbaut.
Wer Nominativ	Eintragungen bei der Polizei hat,	[der] Nominativ	hat sich seine Zukunft verbaut.
Jemand	kommt ins Taekwondo-Training.	Ihn	bringt der Trainer nicht zur Polizei.
Wer Nominativ	ins Taekwondo-Training kommt,	den Akkussativ	bringt der Trainer nicht zur Polizei.
Jemandem	bringt der Trainer Taekwondo bei.	Er	lernt Respekt und Fairness.
Wem Dativ	der Trainer Taekwondo beibringt,	der Nominativ	lernt Respekt und Fairness.

Weiterführende Nebensätze C1K3M3

Weiterführende Nebensätze beziehen sich auf die Gesamtaussage des Hauptsatzes, die so kommentiert oder weitergeführt wird. Die Nebensätze werden mit *was, wo(r)* + Präposition oder *weshalb/weswegen* eingeleitet und stehen immer nach dem Hauptsatz.

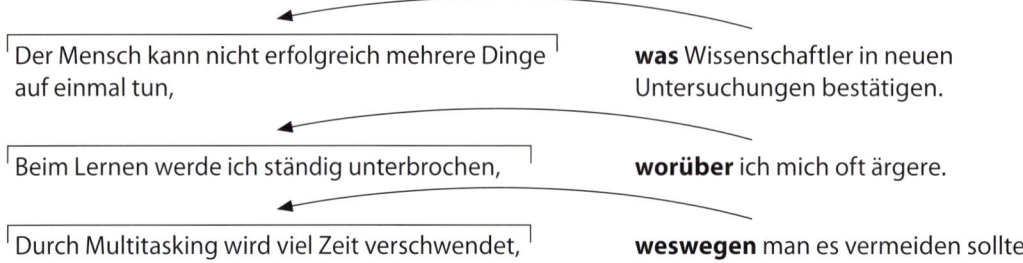

Satz

Vergleichssätze   B2K2M1/K6M3

Vergleichssätze mit *als* und *wie*
Nebensätze mit *als* und *wie* hängen immer von einem Adjektiv ab. Sie werden bei Gleichheit mit *wie*, bei Ungleichheit und nach *ander(e)s* mit *als* eingeleitet:
1. Gleichheit: so/genauso + Grundform + wie
2. Ungleichheit: Komparativ + als, anders + als oder etwas/nichts anderes + als

*Solche Signale nehmen wir **genauso so schnell** wahr, **wie** wir gesprochene Sprache aufnehmen.*
*Wir achten instinktiv viel **mehr** auf die Sprache des Körpers, **als** wir meinen.*
*Körpersignale aus anderen Kulturen bedeuten oft etwas **anderes**, **als** wir denken.*

Vergleichssätze mit *je …, desto/umso …*
Je eindeutiger die Signale sind,   desto/umso besser verstehen wir sie.
Nebensatz: je + Komparativ   Hauptsatz: desto/umso + Komparativ

Vergleichssätze mit *je …, desto/umso …* haben oft konditionale Bedeutung.
Wenn die Signale eindeutig sind, (dann) verstehen wir sie besser.

Irreale Vergleichssätze mit *als*, *als ob* und *als wenn*
Sätze mit *als*, *als ob* und *als wenn* drücken einen irrealen Vergleich aus. Deswegen wird der Konjunktiv II verwendet. Der Vergleichssatz kann dem Hauptsatz nicht vorangestellt werden.

Hauptsatz		
Er verhält sich einfach so,	**als ob** er der Chef in der Klasse wäre.	Nebensatz
	als wenn er der Chef in der Klasse wäre.	Nebensatz
	als wäre er der Chef in der Klasse.	Hauptsatz

Irreale Vergleichssätze stehen nach Verben des Wahrnehmens, Fühlens und Verhaltens:
Ich fühle mich, … – Ich habe das Gefühl, … – Es kommt mir so vor, … – Es sieht so aus, … – Es hört sich so an, … – Er benimmt sich, … – Er verhält sich, …

Textzusammenhang   B2K7M1

Funktion	Beispiele
Artikelwörter … machen deutlich, ob ein Wort im Text bereits genannt wurde. Possessivartikel verweisen auf andere Nomen.	bestimmter Artikel: *der, das, die …* Demonstrativartikel: *dieser, dieses, diese …* Possessivartikel: *sein, sein, seine …*
Pronomen … verweisen auf Nomen, Satzteile oder ganze Sätze.	Personalpronomen: *er, es, sie …* Possessivpronomen: *seiner, seines, seine …* Relativpronomen: *der, das, die …* Indefinitpronomen: *man, niemand, jemand …* Demonstrativpronomen: *dieser, dieses, diese …*
Orts- und Zeitangaben … machen Zeitbezüge deutlich und ordnen die Ereignisse räumlich ein.	Temporaladverbien: *damals, heute …* Verbindungsadverbien: *zuerst, dann …* andere Zeitangaben: *im selben Moment, im 18. Jahrhundert …* Lokaladverbien: *hier, dort …*
Konnektoren … geben Gründe, Gegengründe, Bedingungen, Folgen, Zusammenhänge usw. wieder.	*weil, doch, deshalb, obwohl, trotzdem, nachdem, sowohl … als auch, nicht nur…, sondern …*
Präpositionaladverbien … stehen für Sätze und Satzteile.	*darüber, daran, darauf … worüber, woran, worauf …*
Synonyme und Umschreibungen … vermeiden Monotonie und machen den Text interessanter.	*Schloss Schönbrunn – Hauptattraktion der Stadt Wien – das imposante Bauwerk – der Palast*

Prüfungsvorbereitung

Im Kursbuch sowie im Übungsbuch findet ihr Aufgaben, die auf das Goethe-Zertifikat C1 sowie auf das Deutsche Sprachdiplom II vorbereiten.

Fertigkeit / Aufgabe	Goethe-Zertifikat C1	Deutsches Sprachdiplom II
Leseverstehen		
Aufgabe 1	ÜB K3 M2 Ü1 ÜB K6 M2 Ü2	ÜB K1 M4 Ü6
Aufgabe 2	ÜB K5 M4 Ü1 ÜB K9 M2 Ü1	KB K2 M4 A2a
Aufgabe 3	ÜB K1 M2 Ü1 ÜB K8 M4 Ü1a	KB K5 M4 A2a
Aufgabe 4	—	KB K6 M2 A2a
Hörverstehen		
Aufgabe 1	KB K3 M2 A3a	ÜB K3 M1 Ü1
Aufgabe 2	KB K2 M2 A2a KB K10 M2 A2a	KB K1 M2 A2a, b
Aufgabe 3	—	KB K8 M2 A2a
Schreiben		
Aufgabe 1	ÜB K2 M4 Ü4 KB K9 M2 A3b	KB K9 M4 A5
Aufgabe 2	ÜB K4 M4 Ü5 ÜB K7 M2 Ü2	—
Sprechen		
Aufgabe 1	KB K3 M4 A3	KB K10 M4 A5
Aufgabe 2	KB K7 M4 A5	KB K8 M4 A4–5

Auswertungen

Auswertung zum Test „Welcher Beruf passt zu mir?", Kapitel 3, Auftakt

■ Du kannst gut mit Leuten umgehen. Deshalb würde zu dir ein Job im Bereich des Gesundheitswesens, der Sozialarbeit, der Bildung, im Hotel- und Gaststättenwesen oder im Management passen. Dazu zählen Berufe wie Krankenschwester/Krankenpfleger, Altenpfleger/in, Lehrer/in, Erzieher/in, Manager/in, Personalchef/in etc. Wenn du Tiere magst, könntest du auch Tierarzt/-ärztin, Tierpfleger/in oder Tiermedizinische/r Fachangestellte/r werden und in einem Zoo oder Tierheim arbeiten.

■ Weil du eine kreative Person bist, würde zu dir ein Job als Designer/in passen. Dann würdest du auch Medien wie Fotos, Filme oder Webseiten bearbeiten. Du könntest aber auch im Bereich der Kunst, in der Unterhaltungsbranche oder im Bereich der Mode tätig sein. Dazu zählen Berufe wie Architekt/in, Stylist/in, Store Manager/in, Mediengestalter/in, Grafikdesigner/in, Musiker/in etc.

■ Weil du gerne bastelst, installierst, aufbaust bzw. zusammenbaust, neue Sachen ausprobierst oder entdeckst, passt zu dir ein Job aus den Bereichen Technologie bzw. Wissenschaft, in dem du deine praktischen Fähigkeiten beweisen kannst. Dazu zählen Berufe wie Ingenieur/in, Elektrotechniker/in, Konstrukteur/in, Mechatroniker/in etc.

■ Du liebst die Zahlenwelt und kannst abstrakt denken. Logik und Ordnung sind für dich und deine Arbeit ganz wichtig. Deshalb eignen sich für dich Berufe wie Bankkaufmann/-kauffrau, Rechtsanwalt/Rechtsanwältin, Versicherungskaufmann/-kauffrau oder Industriekaufmann/-kauffrau. Vielleicht möchtest du auch deine eigene Firma gründen und deine Produkte auf dem Markt erfolgreich verkaufen.

Lösungen zu Kapitel 5, Filmseiten, Aufgabe 1

A 22, 37; B 1,3; C 10; D 11, 40; E 270

Auswertung zum Gesundheits-Check, Kapitel 6, Auftakt

Notiert die Punkte zu euren Antworten und zählt die Punkte zusammen. Lest dann die Auswertung zu eurer Punktzahl:

	a	b	c	d	e	f
A	1	1	4	2		
B	0	1	2			
C	1	2	3	4		
D	4	2	1	1		
E	1	2	3	4		
F	1	2	3	4		
G	1	3	3	2		
H	2	2	1	2	1	

33–27 Punkte: Du bist offensichtlich sehr munter. Du interessierst dich nicht nur für deine Gesundheit, sondern du tust auch etwas dafür. Bleib dabei, aber bitte nicht übertreiben. Entspannen tut der Gesundheit nämlich auch gut.
26–20 Punkte: Du fühlst dich eigentlich ganz gut. Aber dir ist es auch nicht besonders wichtig, etwas für deine Gesundheit zu tun. Du bist eben gesund und fit, so einfach ist das. Achte ein bisschen mehr auf dich. Besonders regelmäßige Bewegung und gesunde Ernährung halten dich auch in Zukunft fit.
19–13 Punkte: Vermutlich machst du etwas nur dann, wenn du auch Lust dazu hast. Du isst und trinkst dann auch nur das, worauf du gerade Lust hast. Wenn du keine Lust hast, dann lässt du es. Manchmal tut das sogar gut. Auf Dauer muss man zum Gesundbleiben aber auch ein paar Dinge tun, die etwas Zeit und Disziplin erfordern. Sport, regelmäßig zum Arzt gehen und gesunde Ernährung werden dir deine Fitness erhalten.
12 Punkte und weniger: Da ist noch mehr drin für deine Fitness! Kümmere dich um dich selbst, damit du auch in Zukunft gesund und munter bleibst. Im Moment achtest du nicht besonders auf ausreichend Bewegung oder darauf, Dinge zu tun, die dein Körper mag. Also runter vom Sofa, raus an die frische Luft. Weniger Bus fahren und mehr skaten, Fahrrad oder Roller fahren. Einfach etwas tun!

Ergebnis zum Harvard-Experiment, Kapitel 8, Filmseiten, Aufgabe 4c

Diejenigen, die ihre Entscheidung innerhalb der ersten zehn Sekunden getroffen haben, gaben im Durchschnitt 67 Prozent ihres Lohns in die Gemeinschaftskasse. Wer länger überlegte, gab hingegen nur 53 Prozent. Die Psychologen der Harvard-Universität gehen davon aus, dass wir für intuitive Entscheidungen weniger Zeit benötigen als für rationale. Für rationale Entscheidungen brauchen wir deutlich länger, denn wir müssen uns bemühen, unsere Gefühle aus dem Spiel zu lassen.

Bild- und Textnachweis

Bildnachweis

S. 10	subarashii21 – shutterstock.com
S. 12	oben links: .shock – stock.adobe.com; oben rechts: Gerhard Seybert – stock.adobe.com; unten: Volkssternwarte München
S. 13	links: Dagmar Breu – stock.adobe.com; Mitte: martin bowra – shutterstock.com; rechts: areporter – shutterstock.com
S. 15	Syda Productions – shutterstock.com
S. 16	© dpa-infografik
S. 18	oben: Oli Hilbring; unten: SpeedKingz – shutterstock.com
S. 20	Nähmaschine: Kruglov_Orda – shutterstock.com; Schnuller: Igor 72 – shutterstock.com; Strandkorb: papillondream – shutterstock.com; Aspirin: Bayer AG; Klettverschluss: Joris van den Heuvel – shutterstock.com; Kaffeefilter: mayakova – shutterstock.com
S.22/23	Michael Würfel; Rest: Lizenz durch www.zdf-archive.com/ ZDF Enterprises GmbH – Alle Rechte vorbehalten.
S. 24	A Moni Port: Was sitzt im Wald und winkt? Illustriert von Jörg Mühle © 2016 by Klett Kinderbuch, Leipzig; B © Fernandez/Distr. Bulls; C Tobias Schülert
S. 25	D Uli Stein; E © Peter Gaymann; F Til Mette
S. 26	oben links: Jürgen Fälchle – stock.adobe.com; unten links: Iakov Filimonov – shutterstock.com ; rechts: Robert Kneschke – stock.adobe.com
S. 31	Syda Productions – stock.adobe.com
S. 32	Klett-Archiv
S. 33	Kzenon – shutterstock.com
S. 35	links: Picture-Factory – stock.adobe.com; rechts: Creativa Images – shutterstock.com
S. 36	oben: the palms – shutterstock.com; Mitte: Jazz Archiv – picture-alliance
S. 38	Lizenz durch www.zdf-archive.com/ZDF Enterprises GmbH – Alle Rechte vorbehalten.
S. 39	oben und unten: Lizenz durch www.zdf-archive.com/ ZDF Enterprises GmbH – Alle Rechte vorbehalten.; A und B: Audioline GmbH; C: HGT B&K GmbH
S. 40/41	Trueffelpix – stock.adobe.com
S. 42	1 oliveromg – shutterstock.com; 2 nito – stock.adobe.com; 3 WavebreakmediaMicro – stock.adobe.com
S. 44	oben: arek_malang – shutterstock.com; Mitte: Monkey Business – shutterstock.com; unten: ndoeljindoel – shutterstock.com
S. 45	FabrikaSimf – shutterstock.com
S. 47	Sabphoto – stock.adobe.com
S. 48	Lilly: Jeanette Dietl – stock.adobe.com; Tobias: a.k. – stock.adobe.com; Vincent: Uwe Malitz – shutterstock.com; Julia: EinBlick – stock.adobe.com
S. 50	Markus Bormann – stock.adobe.com
S. 52	oben links: Uli Benz / TUM; oben rechts: picture alliance/APA/picturedesk.com; unten: Werner Dieterich / Alamy Stock Foto
S. 54	A: auremar – shutterstock.com; B: Burben – shutterstock. com; C: wavebreakmedia – shutterstock.com; D: Monkey Business Images – shutterstock.com; Rest: Lizenz durch www.zdf-archive.com/ZDF Enterprises GmbH – Alle Rechte vorbehalten.
S. 55	unten: ElenaGaak – shutterstock.com; Rest: Lizenz durch www.zdf-archive.com/ZDF Enterprises GmbH – Alle Rechte vorbehalten.
S. 58	oben: Grafik: RUHR.2010; Mitte: Tupungato – stock.adobe.com; unten: Takashi Images – shutterstock.com
S. 59	George Rudy – shutterstock.com
S. 60	Serge Bloch
S. 62	Texelart – shutterstock.com
S. 64	Nikolai Sorokin – Fotolia.com
S. 65	© Stilbruch GbR
S. 66	Antonioguillem – stock.adobe.com
S. 67	wavebreakmedia – shutterstock.com
S. 68	myboshi: © myboshi GmbH; freekickerz: Konstantin Hert, Athletia Sports GmbH, Köln; DeinDesign: Nils Weiler / DeinDesign GmbH
S. 70/71	Candy Frame Filmproduktion GbR, Alexander Vafiopoulos
S. 72	A eurobanks – shutterstock.com; B Maria Sbytova – shutterstock.com; C Andrey Arkusha – shutterstock.com
S. 73	D Jan Mika – shutterstock.com
S. 74	links: European Schoolnet, www.saferinternetday.org; rechts: AlexanderPavlov – shutterstock.com
S. 75	dmitrimaruta – stock.adobe.com
S. 76	oben: WAYHOME studio – shutterstock.com; unten: Mikkel Bigandt – stock.adobe.com
S. 77	oben: Tatiana Morozova – stock.adobe.com; Mitte: contrastwerkstatt – stock.adobe.com; unten: Telman Bagirov – shutterstock.com
S. 78	Zeugnis: grafikplusfoto – stock.adobe.com; Laufen: Daxiao Productions – shutterstock.com; Gemüse: Bufo – shutterstock.com
S. 80	SpeedKingz – shutterstock.com
S. 81	links: WavebreakMediaMicro – stock.adobe.com; rechts: bikeriderlondon – shutterstock.com
S. 83	Luca: michaeljung – shutterstock.com; Sophia: josemanuelerre – stock.adobe.com; Kian: Jacob Lund – shutterstock.com; Marie: Stasique – shutterstock.com
S. 84	links: SOS-Kinderdörfer/Jan Magnus Brusdal; oben rechts: © Rogier Jaarsma; unten rechts: Per Kasch c/o Severin Wendeler Creative Production GmbH
S. 86/87	Lizenz durch www.zdf-archive.com / ZDF Enterprises GmbH – Alle Rechte vorbehalten.
S. 88	Aufgabe A: Bild a: Dieter Mayr; photocrew – stock.adobe.com; Bild b–d: Dieter Mayr; Aufgabe D: spinetta – stock.adobe.com
S. 89	Aufgabe E: Artur Bogacki – shutterstock.com; Aufgabe H: Dieter Mayr
S. 90	oben: cicisbeo – stock.adobe.com; unten: weiße Pillen: anat chant – shutterstock.com; blaue Medikamente: creaPicTures – shutterstock.com; rote Medikamente: Aleksandr Petrunovskyi – shutterstock.com; Kapseln: GETSARAPORN – shutterstock.com; Spritze: Lipskiy – shutterstock.com
S. 92	mintybear – stock.adobe.com
S. 94	oben: Stokkete – shutterstock.com; unten: Jon Beard – shutterstock.com
S. 95	Visionsi – shutterstock.com
S. 96	links: Gustavo Frazao – shutterstock.com; rechts: Belish – shutterstock.com
S. 97	Photographee.eu – shutterstock.com
S. 99	Lumina Images – stock.adobe.com
S. 100	© Det Kempke
S. 102/103	Lizenz durch www.zdf-archive.com/ZDF Enterprises GmbH – Alle Rechte vorbehalten.
S. 106	oben: Кирилл Рыжов – stock.adobe.com; unten: Triggerhappy901 – shutterstock.com
S. 108	© dpa-infografik
S. 109	oben: links: Nadino – shutterstock.com; Mitte: wernerimages – shutterstock.com; rechts: Eugenio Marongiu – shutterstock.com unten: Fotosenmeer.nl – stock.adobe.com
S. 110	oben: JotKa/toonpool; Mitte: kosolovskyy – stock.adobe.com; unten: Stokkete – shutterstock.com
S. 111	© dpa
S. 112	ostill – shutterstock.com
S. 113	oben: Lasse Kristensen – shutterstock.com; unten: Jacob Lund – shutterstock.com
S. 116	Foto Ursula Poznanski: Hauke Hass – imago; Cover: © 2015 Loewe Verlag GmbH, Bindlach, Umschlag- und Klappenfotos: © iStockphoto.com/Rike_, © David M. Schrader/Shutterstock.com
S. 118	oben: Dmitry Kalinovsky – shutterstock.com
S. 118/119	Lizenz durch www.zdf-archive.com/ZDF Enterprises GmbH –Alle Rechte vorbehalten.
S. 120	oben: fizkes – shutterstock.com; Mitte: VGstockstudio – shutterstock.com; unten: View Apart – shutterstock.com
S. 121	oben: Look Studio – shutterstock.com; unten: stockfour – shutterstock.com
S. 122	1 IgorZh – shutterstock.com; 2 Patryk Kosmider – shutterstock.com; 3 Serg Zastavkin – shutterstock.com; 4 PathDoc – shutterstock.com; 5 Andresr – shutterstock.com; 6 ElenaGaak – shutterstock.com

S. 124	Cookie Studio – shutterstock.com	S. 146	DW labs Incorporated – stock.adobe.com
S. 125	Kirsty Pargeter – stock.adobe.com	S. 147	JIM-Studie 2017, Medienpädagogischer Forschungsverbund Südwest, www.mpfs.de
S. 126	Iakov Filimonov – shutterstock.com		
S. 127	1 Production Perig – stock.adobe.com; 2 Antonio Guillem – shutterstock.com; 3 Africa Studio – stock.adobe.com; 4 WavebreakmediaMicro – stock.adobe.com	S. 148	oben: © Schweizer Jugendfilmtage, Anja Stadelmann; Mitte: picture alliance/APA/picturedesk.com; unten: Dave Großmann
S. 128	1 Kzenon – shutterstock.com; 2 ysbrandcosijn – stock.adobe.com; 3 Andrey Popov – stock.adobe.com; 4 frantic00 – shutterstock.com	S. 150	oben: Lizenz durch www.zdf-archive.com/ZDF Enterprises GmbH – Alle Rechte vorbehalten.; A: legna69 – Thinkstock; B: Dana Neely – Thinkstock; C: 3quarks – Thinkstock; D: kortemeyer – Thinkstock; E: Viktoria Makarova – Thinkstock; F: fergregory – Thinkstock
S. 130	links oben: Anna Kraynova – shutterstock.com; links unten: Pressmaster – shutterstock.com; rechts oben: homy-design – shutterstock.com; rechts unten: Sasin Paraksa – shutterstock.com		
		S. 151	oben: Lizenz durch www.zdf-archive.com/ZDF Enterprises GmbH – Alle Rechte vorbehalten.; unten: De Agostini Picture Library – getty images
S. 132	Photopress Müller – Imago		
S. 134/135	Lizenz durch www.zdf-archive.com/ZDF Enterprises GmbH – Alle Rechte vorbehalten.	S. 152	A Tanja Sieber; B Africa Studio – shutterstock.com; C Vaclav Mach – shutterstock.com
S. 136	A: Semmick Photo – shutterstock.com; B: Gennadiy Poznyakov – stock.adobe.com; C: Tanja Sieber; D: TALBOT RUNHOF	S. 153	D Jiri Hera – shutterstock.com; E Stephen Orsillo – shutterstock.com; F Iva Vagnerova – shutterstock.com
		S. 154	Andrey_Kuzmin – shutterstock.com
S. 137	E: Katja Xenikis; F: Stadtarchiv Düsseldorf, 055-600-040; G: wtamas – shutterstock.com; H: Katharina Grosse: One Floor up More Highly, installation view, MASS MoCA, North Adams Massachusetts, December 21, 2010-January 1, 2012. Installation with Styrofoam, acrylic on soil, wood, papier mache, and clothing; acrylic on glass fiber-reinforced plastic; and acrylic on canvas. Arthur Evans, courtesy of MASS MoCA, © VG Bild-Kunst, Bonn 2018; I Konstantin Grcic Industrial Design	S. 155	Andrea Danti – shutterstock.com
		S. 156	links: Banana Power – shutterstock.com; rechts: Sementsova Lesia – shutterstock.com
		S. 157	drubig-photo – Fotolia.com
		S. 158	Brazhyk – shutterstock.com
		S. 159	von links nach rechts: Gelpi – shutterstock.com; Lopolo – shutterstock.com; Minerva Studio – shutterstock.com; Nadya Lukic – shutterstock.com; Filip Warulik – shutterstock.com
S. 138	Antonio Guillem – shutterstock.com	S. 161	Verlag Kiepenheuer & Witsch GmbH & Co. KG – Umschlaggestaltung: Barbara Thoben / Umschlagmotiv: © akg-images
S. 139	1 -slav- – Thinkstock; 2 amenic181 – Thinkstock; 3 Howard Shooter – Thinkstock		
		S. 164	Ulrich Baumgarten / Kontributor – Getty Images; Cover s. S. 161
S. 140	A Little Dream Entertainment GmbH; B Universum Film / Gordon Timpen © 2016 Lago Film GmbH; C Studiocanal Film GmbH / Mathias Bothor		
		S. 166/167	Brüder Grimm: akg-images – picture-alliance; Rosen: Alexey VI B – shutterstock.com; Wörterbuch: Wikimedia Commons / Quelle: Raimond Spekking / Urheber: Brothers Grimm, Verlag von S. Hirzel, Leipzig; Rest: Lizenz durch www.zdf-archive.com/ZDF Enterprises GmbH – Alle Rechte vorbehalten.
S. 141	© dpa-infografik		
S. 142	moodboard – mauritius images		
S. 143	WAYHOME studio – shutterstock.com		
S. 144	Doris Dörrie (Fotograf: Dieter Mayr)		

Textnachweis

S. 14/15	„Die Zeit-Raffer" von Patrick Bauer aus SZ-Magazin Nr. 43/2014
S. 23	Auszug aus einem Interview mit Michael Würfel („Gemeinschaft statt Freiheit") in Heft 03/12 (Die modernen Sklaven) des Magazins „enorm, Wirtschaft für den Menschen"), © Lillian Siewert / SOCIAL PUBLISHING VERLAG, Hamburg
S. 32/33	Text gekürzt aus: ZEITmagazin LEBEN, Nr. 26/2008, © Matthias Stolz
S. 40/41	Test zur Berufswahl nach einer Idee aus dem Englisch-Lehrwerk Green Line 5, S. 29, Klett Verlag 2009
S. 46/47	Textauszug aus Artikel „Funktioniert Multitasking?" von Martina Proprenter vom 06. Juni 2017 auf www.fritzundfraenzi.ch – Das Schweizer Elternmagazin Fritz+Fränzi
S. 60/61	Texte aus SZ-Magazin, Heft 06/2018 und Heft 28/2017, "Die Gewissensfrage" von Dr. Dr. Rainer Erlinger
S. 65	© Stilbruch GbR
S. 78	Text gekürzt aus: SPIEGEL ONLINE, 31.12.17, http://www.spiegel.de/gesundheit/psychologie/gute-vorsaetze-so-bezwingen-sie-den-inneren-schweinehund-a-1185279.html
S. 94/95	Text „Was kann ich noch essen" (stark gekürzt) von Nadine Oberhuber aus http://www.faz.net/aktuell/gesellschaft/gesundheit/lebensmittel-was-kann-ich-noch-essen-1580979.html, Erstveröffentlichung: 15.01.2011 © Alle Rechte vorbehalten. Frankfurter Allgemeine Zeitung GmbH, Frankfurt. Zur Verfügung gestellt vom Frankfurter Allgemeine Archiv
S. 96	Textauszug (stark gekürzt) aus Artikel auf https://jup.berlin/GNTM18 von Nushin Mashal © Berliner Jugendportal jup! Berlin
S. 100	Forum 1/08, Hrsg. MLP Finanzdienstleistungen AG, Melanie Contoli (gekürzt)
S. 112/113	© Juliane Lutz, Textauszug aus Berner Zeitung vom 8. August 2011: http://www.bernerzeitung.ch/kultur/buecher/Warum-uns-das-Boese-im-Buch-so-fasziniert/story/31601814
S. 116	© Loewe Verlag GmbH
S. 120/121	Text: Konrad Sommermeyer, Hanan Hamdi, Beatgees (Philip Böllhoff, David Vogt, Sipho Sililo, Hannes Büscher) und Fabian Römer; Musik: Hanan Hamdi, Beatgees (Philip Böllhoff, David Vogt, Sipho Sililo, Hannes Büscher) und Fabian Römer © Ed. Guerilla Entertainment, Ed. Ace Magnets / Universal Music Publishing GmbH; Beatgees Publishing GBR und EMI Music Publishing Germany GmbH durch Sony/ATV; BMG Rights Management durch Hal Leonard Europe Ltd.
S. 132	Textauszug aus einem Interview auf www.ajoure.de vom 29.05.2016 © Ajouré Magazin
S. 144/145	Doris Dörrie: Lesen Copyright © Doris Dörrie / Diogenes Verlag AG Zürich
S. 148	Text über Schweizer Jugendfilmtage © Schweizer Jugendfilmtage
S. 154/155	© Julia Ucsnay
S. 159	SPIEGEL ONLINE, Christian Stöcker, 02.06.2006 http://www.spiegel.de/wissenschaft/mensch/gesichtsblindheit-wenn-alle-gleich-aussehen-a-419266.html
S. 160–162	Textausschnitte aus „Der Geschmack von Apfelkernen" von Katharina Hagena © 2008, 2009, Verlag Kiepenheuer & Witsch GmbH & Co. KG, Köln
S. 164	Textauszug aus „Katharina Hagena – Mutter und Erfolgsautorin" von Sandra-Valeska Bruhns, © Axel Springer Syndication GmbH / WELT.de 23.03.2008

Quellennachweis zu den Videos und Audios

Kapitel	Filmname	Filmlänge	Quelle
Kapitel 1	Dorf der Nachhaltigkeit	2:28	Lizenz durch www.zdf-archive.com/ZDF Enterprises GmbH – Alle Rechte vorbehalten.
Kapitel 2	Mit den Händen sprechen	5:46	
Kapitel 3	Wie wird man Landwirt? Foodstylist	2:00 2:51	
Kapitel 4	Perfektes Timing – ein Crowdfunding-Video	7:24	Candy Frame Filmproduktion GbR, Alexander Vafiopoulos
Kapitel 5	Lügendetektor der Zukunft	2:50	Lizenz durch www.zdf-archive.com/ZDF Enterprises GmbH – Alle Rechte vorbehalten.
Kapitel 6	Lernen, richtig zu essen	6:11	
Kapitel 7	Computer vor Gericht	4:26	
Kapitel 8	Intuition – das schlaue Gefühl	6:53	
Kapitel 9	Der Schimmelreiter	2:56	
Kapitel 10	Es war einmal …	3:03	

Musik Kapitel 2:
„Vegas Terrace" v. Aleksander Terris © Koka Media / Universal; „Dr. Huxtable" v. Jason Glover, Dominic Glover, Gary James Crockett © Bruton Musik Ltd. / Universal; "Get down and dirty" v. Jason Glover, Dominic Glover, Gary James Crockett © Chappell Recorded Music Library Ltd. / Universal; „If a Fish" v. Billy Conrad, Sam Keaton © Atmosphere Music Ltd. / Universal; „Purely distorted" v. Rik Carter © Atmosphere Music Ltd. / Universal; „Time Windows" v. Stephen Joseph Celi, Frederick Jaso Kron © First Digital Music, ZFC Music / Universal; „City of Light" v. Anthony Edwin Phillips © Atmosphere Music Ltd. / Universal; „Round the Block" v. Jimmy Jeremie Delsart © Koka Media /Universal; „Gossip" v. Guy Jaques Skornik, Elisabeth Dominique Caron © Frederic Leibovitz Editeur Sarl.; „Deserted Mirage" v. Chris Wells © Chappell Recorded Music Library Ltd. / Universal

Musik Kapitel 7:
„Cat and Mouse" v. Chris Hajan © Intervox / 4Elements; „Dead Percussion" v. Robert Reale © Intervox/8118 Music; „Quickdraw Driving" v. Ethan Deppe © Intervox / 4Elements; „Spectacular Discovery" v. Didier Viseux © Intervox; „The Arc" v. Francisco Becker u. Moritz Binting © Intervox; „The Monument" v. Ralf Gscheidle © Intervox

Musik Kapitel 10:
„Unknown God" v. Milan Pilar © EMI Production Music GmbH / Selected Sound; „My only Love" v. Thomas Eichenbrenner © EMI Production Music GmbH / Selected Sound; „Ascensions" v. Stephen Julian Baker © EMI Production Music GmbH / KPM Music Ltd.; „Ilios Mera" v. Sergios Roth © TonVision

Audiomaterialien
Sprecherinnen und Sprecher:
Tobias Baum, Simone Brahmann, Farina Brock, Julia Cortis, Marco Diewald, Clara Gerlach, Linda Grätz, Walter von Hauff, Carlotta Immler, Vanessa Jeker, Johannes Kehrer, Crock Krumbiegel, Louis Kübel, Detlef Kügow, Annette Kuppler, Philipp Lainović, Sofia Lainović, Johannes Lange, Christof Lenner, Nina Pietschmann, Jakob Riedl, Marc Stachel, Kathrin Anna Stahl, Helge Sturmfels, Peter Veit, Sabine Wenkums

Lied:
„Lieblingsmensch" von Namika bei Jive Germany / Sony Music

Schnitt und Postproduktion: Christoph Tampe
Studio: Plan 1, München